ESCRAVIDÃO E DIREITO

Conselho editorial

Ana Paula Torres Megiani
Eunice Ostrensky
Haroldo Ceravolo Sereza
Joana Monteleone
Maria Luiza Ferreira de Oliveira
Ruy Braga

Mariana Armond Dias Paes

ESCRAVIDÃO E DIREITO

O estatuto jurídico dos escravos no Brasil oitocentista (1860-1888)

Copyright © 2019 Mariana Armond Dias Paes

Grafia atualizada segundo o Acordo Ortográfico da Língua Portuguesa de 1990, que entrou em vigor no Brasil em 2009.

Edição: Haroldo Ceravolo Sereza/Joana Monteleone
Editora assistente: Danielly de Jesus Teles
Projeto gráfico, diagramação e capa: Mari Ra Chacon Massler
Assistente acadêmica: Bruna Marques
Revisão: Alexandra Colontini
Editora de projetos digitais: Brunno Henrique Moura
Imagens da capa: Fotografia por Bernard Spragg. Disponível em: https://www.flickr.com/photos/volvob12b/ (Acesso em 22/05/2018)

Este livro foi publicado com o apoio da Fapesp - processo n. 2017/05420-9

CIP-BRASIL. CATALOGAÇÃO NA PUBLICAÇÃO
SINDICATO NACIONAL DOS EDITORES DE LIVROS, RJ

P144s

Dias Paes, Mariana Armond
 Escravidão e direito : o estatuto jurídico dos escravos no Brasil oitocentista (1860-1888) / Mariana Armond Dias Paes. - 1. ed. - São Paulo : Alameda, 2019.
 : il. ; 21 cm.

 Inclui bibliografia
 ISBN 978-85-7939-553-6

 1. Escravidão - Brasil - História. 2. Escravos - Brasil - Condições sociais. 3. Direito civil - História. 4. Pessoas (Direito). I. Título.

18-50217

CDU: 342.721

ALAMEDA CASA EDITORIAL
Rua 13 de Maio, 353 – Bela Vista
CEP 01327-000 – São Paulo, SP
Tel. (11) 3012-2403
www.alamedaeditorial.com.br

Se a lei é manifestamente parcial e injusta, não vai mascarar nada, legitimar nada, contribuir em nada para a hegemonia de classe alguma. A condição prévia essencial para a eficácia da lei, em sua função ideológica, é a de que mostre uma independência frente a manipulações flagrantes e pareça ser justa. Não conseguirá parecê-lo sem preservar sua lógica e critérios próprios de igualdade; na verdade, às vezes sendo realmente justa. E, ademais, não é frequentemente que se pode descartar uma ideologia dominante como mera hipocrisia; mesmo os dominantes têm necessidade de legitimar seu poder, moralizar suas funções, sentir-se úteis e justos. No caso de uma formação histórica tão antiga como o direito, matéria cujo domínio exige anos de estudo exaustivo, sempre existirão alguns homens que acreditam ativamente em seus procedimentos próprios e na lógica da justiça. O direito pode ser retórico, mas não necessariamente uma retórica vazia.

(THOMPSON. *Senhores e caçadores*, p.354)

Prefácio	9
Introdução	13
"Todo o ser capaz de adquirir direitos": o conceito de personalidade jurídica na doutrina	23
A doutrina e a formação do direito oitocentista	26
"Pessoa" e "personalidade" no "bom Moraes"	28
A personalidade jurídica nas trilhas de um bacharel	29
Personalidade jurídica: aproximação do conceito	47
"A fim de que possa intentar contra seu pretendido senhor as ações que a lei lhe faculta": o direito de ação dos escravos	55
O direito de ação dos escravos	55
O requisito da "vênia"	66
O curador	69
O Procurador da Coroa	78
Tipos de procedimento	86

"Blasfêmias jurídicas"? os escravos e o direito civil 113

A incapacidade civil da mulher casada 113

A família escrava 133

Direito de propriedade 148

Capacidade contratual 166

Direitos sucessórios 187

"Viviam como livres": personalidade jurídica e posse 193
da liberdade

Prescrição aquisitiva 193

Prescrição extintiva 223

"A justa decisão da nossa vontade": o voluntarismo 239
do direito civil e os direitos dos escravos

A vontade como princípio jurídico 239

Voluntarismo jurídico e vontade senhorial 251

O voluntarismo jurídico nas alforrias concedidas por testamento 254

O "verdadeiro dédalo" do direito brasileiro? 265
personalidade jurídica e categorização das pessoas
na civilística

A personalidade jurídica dos escravos e a civilística 266

Para além da civilística 283

Conclusão 307

Referências bibliográficas 311

Agradecimentos 335

Prefácio

Sidney Chalhoub

Há muitas maneiras de apreciar este estudo excepcional de Mariana Armond Dias Paes a respeito da personalidade jurídica dos escravos no Brasil oitocentista. A cada leitor ou leitora as suas manias, de modo que a primeira cousa que me ocorreu ao terminar o livro foi puxar da estante um exemplar de *Helena*, de Machado de Assis. No capítulo VI do romance, Estácio e Helena fazem um passeio a cavalo, a conversar sobre assuntos variados, quando se deparam com um "preto" à beira da estrada, "sentado no capim", a descascar uma laranja e a dar nacos da casca dela a uma das duas mulas que conduzia. O homem era "ao parecer, escravo". A mula recebia o mimo do condutor enquanto "olhava filosoficamente para ele". O animal meditabundo enseja uma tirada filosofante de Estácio, guapo cavalheiro do Andaraí, espírito senhoril, que compara a sua situação à condição do negro para concluir que o fato de que ele percorria a trilha a cavalo lhe permitia economizar tempo, chegar mais rápido ao destino. Estaria aí uma das vantagens da riqueza, que "compra até o tempo, que é o mais precioso e fugitivo bem que nos coube". Helena, que crescera em família pobre e acabara de se tornar uma das herdeiras da fortuna familiar por uma dessas peripécias de enredo romântico tão ao gosto do tempo, não deixa de estranhar aquele grão de sabedoria a respeito da importância de "comprar" o tempo. Afinal, vinha dum rapagão senhoril que nada precisava fazer para ganhar a vida. Ela observa o negro, acha que vê prazer no semblante dele, e diz que "o tempo corre do mesmo modo, quer o esperdicemos, quer o economizemos". Fazer "muita cousa no menor prazo" não parecia tão relevante; o importante era fazer algo "aprazível ou útil". O negro curtia um momento de "pura liberdade", esquecido de seu cativeiro.

Estácio não entendeu nada. Helena desconstruía o privilégio e a ociosidade dos senhores de escravos com fineza e argúcia. A passagem sugere que Helena é capaz de imaginar um vínculo entre ela e o escravo, pois ambos lidam com a vontade senhorial, com a ideologia de Estácio e seus pares, de um ponto de vista externo, potencialmente crítico. Moça bonita, educada, agora rica, Helena estava destinada a um bom casamento, "sociedade conjugal" na qual "o marido e a mulher se proponham o mesmo fim e confundam-se em uma só pessoa", mas na qual "é naturalmente chefe o marido, o qual mais forte e inteligente que sua companheira, deve protegê-la, dirigir suas ações e governar o casal". Pincei essa passagem num processo cível da década de 1860, não citado por Mariana, porém sobre caso que ela comenta em detalhe, a respeito de uma esposa que, às turras com um marido desses, "forte e inteligente", saiu de casa em companhia dos escravos que concordaram em ir com ela, para em seguida promover a tentativa de alforriar ao menos três deles em dois processos cíveis. Escravos e mulheres casadas compartilhavam, diante do direito civil do Brasil oitocentista, a experiência de se lhes atribuírem uma série de "incapacidades" tão legais quanto imaginárias, francamente risíveis quando pensamos nelas agora, em retrospectiva. Mariana analisa com maestria situações em que a possível aliança entre esposas e escravos rebelados contra seus senhores ensejava ações cíveis de liberdade de escravos, ou "ações de definição de estatuto jurídico", como prefere a autora, precisa e rigorosa em cada passo analítico de seu texto.

Há tanto a reparar no livro de Mariana Armond Dias Paes que fica difícil escolher alguns aspectos para oferecer como aperitivo ao leitorado. Faz tempo que historiadores têm utilizado processos cíveis de vária natureza para estudar a história social da escravidão brasileira. Todavia, faltava um estudo detalhado e acessível dos conceitos e formas jurídicas correntes nesses documentos, aspectos cruciais deles que permitem aos historiadores sociais uma melhor compreensão e aprofundamento da experiência dos sujeitos históricos neles presentes – sejam escravizados, senhores, pessoas livres de condição variada, autoridades, etc. A discussão das obras e dos autores mais frequentemente citados nas peças processuais fornece um guia primoroso dos caminhos possíveis às partes nas ações, assim como deixa ver o potencial e os limites do conceito de personalidade jurídica aplicado às pessoas escravizadas. O estudo mostra também o quanto a luta para alargar o entendimento de quais seriam os direitos dos escravos, e o alcance deles, foi um dos eixos decisivos em torno dos quais girou o processo de crise e extinção da escravidão.

No entanto, seria ingenuidade insistir na relevância do livro de Mariana a partir principalmente daquilo que ele tem a contribuir para um melhor entendimento dos processos cíveis "de definição de estatuto jurídico" como documentos históricos importantes para historiadores sociais. Há muito mais tutano nessas páginas. Veja-se, por exemplo, o que há aqui a respeito do mito, duro de matar, de que liberalismo e escravidão eram cousas incompatíveis. A partir da análise da doutrina e da prática jurídica, a autora mostra que "ideologia senhorial e voluntarismo do direito civil eram mutuamente constitutivos". Os preceitos liberais do sujeito individual das ações e da manifestação da vontade como fundamento dos atos jurídicos possibilitavam "que a vontade senhorial se reafirmasse como fonte hegemônica do reconhecimento de direitos".

Dito de outra forma, o arbítrio e a violência inerentes ao ato de escravizar o outro estavam justificados na potência da vontade senhorial, a qual exercia quem podia em função de circunstâncias específicas, socialmente construídas, porém legitimadas por um arcabouço jurídico que amarrava todos os fios dum pacto social excludente na defesa da propriedade, critério geral de poder (político, econômico, ou o que seja) em sociedades governadas pela ideologia liberal, como já o era a sociedade brasileira no Oitocentos. Por muito tempo, neste país, e não só nele, liberalismo e escravidão foram duas faces da mesma moeda. Mariana resume essa ideia com elegância e rigor: "O direito da escravidão não era um direito de exceção. Ele era regido pelas normas do direito civil liberal. (...) E assim, o voluntarismo jurídico atuava sancionando a lógica de dependência e de desigualdade que a ideologia da vontade senhorial procurava manter". Um desdobramento desse argumento é a noção, corrente no século XIX e não totalmente ultrapassada, de que seria possível combinar liberdade da pessoa e trabalho compulsório. Liberdade é conceito cheio de gradações, matizado por "incapacidades" diversas, tendente no mundo neoliberal à distopia do trabalhador sem direitos, vivendo às vezes em situação análoga à escravidão.

Um prefaciador sabe que deve sair de cena quando, ao querer dizer algo, não encontra forma melhor de fazê-lo do que reproduzir trechos da obra apresentada. Como fiz nos dois parágrafos anteriores. O livro de Mariana Armond Dias Paes é uma contribuição incrível aos estudiosos do Direito e da História em nosso país. Chega para ficar.

Introdução

É muito recorrente a afirmação de que, no Brasil escravista, os escravos eram coisa e, por isso, não tinham nenhum direito. Neste trabalho, desconstruirei essa noção. Argumento que os escravos brasileiros, pelo menos desde a década de 1860, além de sujeitos da história, eram, também, sujeitos de direitos, isto é, possuíam personalidade jurídica.[1] Essa personalidade jurídica era, sobretudo, limitada e precária, mas existia e não era incompatível com o fato de que os escravos eram sujeitos aos poderes inerentes ao direito de propriedade, com todas as barbaridades daí decorrentes. O reconhecimento da titularidade de direitos aos escravos tampouco fazia da escravidão brasileira um sistema de dominação "dócil" ou "brando", mas contribuía para legitimar um sistema de dominação profundamente violento.

---

1 Os escravos eram "sujeitos da história" na medida em que, apesar da violência da escravidão, tinham entendimentos próprios a respeito de sua realidade e atuavam para modificá-la com os escassos meios de que dispunham. CHALHOUB, S., SILVA, F. T. "Sujeitos no imaginário acadêmico"; JOHNSON, W. "On agency". Ver também HÉBRARD, J. M.; SCOTT, R. J. *Provas de liberdade.*

Para mostrar os contornos da personalidade jurídica dos escravos, exploro, no primeiro capítulo, o que juristas brasileiros e portugueses entendiam por "personalidade jurídica". Para tanto, faço uma descrição inicial dos usos correntes, à época, dos conceitos de "pessoa" e de "personalidade", com o objetivo de ressaltar que existia uma diferença entre o uso corrente dessas palavras e seu significado jurídico. Passo, então, à análise detalhada dos conceitos jurídicos de "pessoa" e de "personalidade jurídica", tendo como base textos de direito civil, identificando as concordâncias e discordâncias entres os autores. Por meio dessa análise, mostro que, no Brasil do século XIX, personalidade jurídica podia ser sumariamente definida como a aptidão para adquirir direitos e contrair obrigações. Essa definição poderia ter, como fundamento, a "teoria dos estados" ou a "teoria das capacidades", como descrevo ao final do capítulo.

Uma vez que "personalidade jurídica" era a aptidão para adquirir direitos, passo, então, à análise dos direitos que eram reconhecidos aos escravos pelo ordenamento jurídico brasileiro. No segundo capítulo, o foco é o direito de ação. Por meio da análise da documentação selecionada para esta pesquisa, demonstro que os escravos brasileiros tinham direito de ação, ou seja, poderiam figurar como autores ou réus em processos judiciais. No entanto, esse direito sofria diversas limitações. Uma delas era a necessidade de requerer autorização para ajuizar um processo, a chamada "vênia". Outra limitação do direito de ação dos escravos era a necessidade de serem representados, em juízo, por um curador. No entanto, apesar de reafirmar a incapacidade do escravo, a figura do curador assumia sentidos ambíguos, sendo central para a efetivação do direito de ação. Do mesmo modo, o Procurador da Coroa podia servir, na prática, à salvaguarda dos direitos dos escravos. Passo, então à análise dos diversos tipos de procedimentos que poderiam ser adotados pelos escravos para discutir seu estatuto jurídico, ou seja, a abrangência de sua personalidade jurídica. Nesse momento, meu propósito principal é destacar a grande diversidade de procedimentos judiciais que eram utilizados por escravos e libertos com o objetivo de discutir seu estatuto jurídico.

No terceiro capítulo, o foco passa aos direitos civis dos escravos. A primeira seção discute a personalidade jurídica no direito de família. Inicio analisando a concessão de alforrias por mulheres casadas, situações nas quais o estatuto jurídico de livre era negado aos escravos em razão da incapacidade civil da mulher casada. Em seguida, partindo de pesquisas que demonstram a existência fática da família escrava, discuto seu reconhecimento jurídico. O casamento entre escravos era reconhecido pelo Estado brasileiro e as relações de parentesco gozavam de certa proteção formal, sendo um caso de especial interesse a proibição de separação da família escrava. Na segunda seção desse mesmo capítulo, passo à análise do direito de propriedade dos escravos e de sua capacidade contratual. Não era excepcional que os escravos brasileiros, sejam os dos centros urbanos, sejam os do meio rural, possuíssem bens próprios, inclusive dinheiro. Também não era incomum que realizassem contratos como, por exemplo, contratos de depósitos e, em alguns casos, até mesmo contratos de locação. O direito de propriedade e a capacidade contratual, no entanto, também sofriam diversas restrições. O direito de propriedade, ao menos formalmente, deveria contar com a autorização do senhor. A capacidade contratual, por sua vez, também era precária, na medida em que o cumprimento de contratos firmados por escravos gozava de pouca exigibilidade judicial. Na seção final desse capítulo, abordo a abrangência da personalidade jurídica dos escravos no que dizia respeito aos direitos sucessórios. Nesse ponto, mostro que o direito civil era extremamente rígido com os escravos, não reconhecendo a eles capacidade de dispor de seus bens da maneira que melhor lhes aprouvesse, depois de sua morte.

Após a descrição da extensão da personalidade jurídica dos escravos no que dizia respeito ao direito civil processual e ao direito civil material, passo à análise, no quarto capítulo, da questão da posse da liberdade. Com base na teoria possessória e no instituto da prescrição aquisitiva, era possível que uma pessoa tivesse o estatuto jurídico de livre declarado judicialmente, após ter vivido por um longo período como tal. Ou seja, a abrangência da personalidade jurídica de um indivíduo poderia estar intimamente relacionada à maneira pela qual esse indivíduo vivia e era reconhecido em sua comunidade. Com base nos mesmos fundamentos jurídicos da teoria possessória, também era possível fortalecer um argumento judicial em prol da escravidão, convencendo o juiz de que o libertando, desde sempre, teria vivido como escravo. Esse tipo de questão, que atrelava a personalidade jurídica à condição social, costumava ser levantada em ações de manutenção de liberdade. Por isso, sigo, no capítulo, esclarecendo os fundamentos jurídicos desse tipo de procedimento. Em seguida, demonstro que, na década de 1860, houve uma disputa para inserir, no ordenamento jurídico, uma nova forma de aquisição, pela prescrição, do estatuto jurídico de livre: a prescrição extintiva da ação de escravidão.

O quinto capítulo tem como objetivo discutir o papel do voluntarismo do direito civil no reconhecimento e na efetivação dos direitos civis dos escravos brasileiros. A vontade senhorial, como ideologia de dominação, tinha seu correlato na civilística: a vontade como elemento essencial dos atos jurídicos. Assim, o reconhecimento de direitos aos escravos era intimamente dependente da vontade de seu senhor. Também o reconhecimento judicial do estatuto jurídico de liberto passava por um escrutínio minucioso da vontade do senhor, já que as alforrias eram atos jurídicos de direito civil.

Por fim, no sexto capítulo, descrevo o que os civilistas brasileiros e portugueses disseram, especificamente, a respeito da personalidade jurídica dos escravos. Por essa descrição, aponto que esses juristas trabalhavam com uma categorização binária dos sujeitos de direitos: livres ou escravos. Em alguns casos, fazia-se uma divisão das pessoas livres em libertas e ingênuas. No entanto, a realidade social e jurídica brasileira era muito mais variada do que a simplificação imposta pela categorização doutrinária. Existiam diversas "categorias" de pessoas que não eram mencionadas pela doutrina, mas que gozavam de estatuto jurídico próprio perante o direito brasileiro. Como exemplos, analiso a situação dos escravos em condomínio e dos *statu-liber*.

Para a realização dessa pesquisa, que acabo de descrever, considero imprescindível entender o direito e a sociedade como mutuamente constitutivos e, portanto, inseparáveis. O direito é um produto político--social que nasce do conflito entre sujeitos históricos. Porém, ele possui estruturas "relativamente autônomas", que atuam na conformação dos interesses dos grupos sociais.[2] Assim, tomo o instituto da personalidade jurídica tanto como produto de lutas sociais do Brasil oitocentista, quanto como conformador das próprias relações sociais.

O direito, na medida em que é um produto social, não decorre nem da natureza humana nem de valores universais de justiça, mas deve ser estudado nas suas relações com o contexto histórico no qual está inserido. Nesse sentido, ele não é um simples instrumento de dominação social, mas pode ser apropriado e ressignificado por diferentes sujeitos históricos, constituindo-se em uma arena de lutas entre os grupos sociais.[3] Nas palavras de Silvia Hunold Lara e Joseli Maria Nunes Mendonça, o "direito forma campos conflituosos, constitutivos das próprias relações sociais: campos minados pela luta política, cujos sentidos e significados dependem das ações dos próprios sujeitos históricos que os conformam".[4] Nesse sentido, os institutos jurídicos não são unívocos, dotados de significados homogêneos e consensuais, mas conformados pelos diversos valores em conflito na sociedade.

---

2   GORDON, R. W. "Critical legal histories", p.100-109.

3   LARA, S. H., MENDONÇA, J. M. N. "Apresentação", p. 9-19; THOMPSON, E. P. *Senhores e caçadores*, p.348-361.

4   LARA, S. H., MENDONÇA, J. M. N. "Apresentação", p.13.

Com o objetivo de apreender essa dupla dimensão da personalidade jurídica dos escravos, como produto e como conformadora de relações sociais, optei por analisar, especificamente, a personalidade jurídica dos escravos no âmbito do direito civil, seja processual, seja material.[5]

Como recorte temporal, elegi o período compreendido entre 1860 e 1888. Isso porque se pode afirmar que, desde os últimos anos da Regência até o início da década de 1860, as políticas de domínio senhorial eram mais hegemônicas e incontestes. Contudo, ao longo dos anos 1860, os debates políticos e sociais se intensificaram, emergindo uma crise no sistema de domínio vigente, que se tornou mais aguda em 1866, culminando com a Lei do Ventre Livre, de 1871.[6] Em meio a essa crise, ganhavam forças, na comunidade jurídica brasileira, propostas que tinham, como objetivo, implementar um direito liberal.[7] Por isso, esse recorte permite analisar a construção do instituto da personalidade jurídica dos escravos em uma ordem jurídica liberal em formação.

---

5   É importante ressaltar que o "direito civil" não se confunde com os chamados *civil rights*. Enquanto estes se referem, predominantemente, a direitos políticos, aquele abarca temas como família, propriedade, contratos e sucessão.

6   CHALHOUB, S. *Machado de Assis, historiador*, p.19, 41, 67.

7   Neste trabalho, entendo por "direito liberal" a concepção que ganhou força, em fins do século XVIII e início do século XIX, marcada, principalmente no âmbito do direito civil, pelo indivíduo como categoria jurídica fundamental e pela autonomia da vontade como princípio axiológico norteador dos institutos jurídicos. Por meio dessas categorias, o direito passou a ser concebido a partir de uma perspectiva subjetivista em relação às concepções anteriores. HESPANHA, A. M. *A história do direito na história social*, p. 71-95; HUNT, L. *A invenção dos direitos humanos*, p. 13-145; KOERNER, A. *Judiciário e cidadania na constituição da república brasileira*, p. 77-137; VILLEY, M. *La formation de la pensée juridique moderne*.

ESCRAVIDÃO E DIREITO

Utilizo, como fontes principais desta pesquisa, processos judiciais e livros jurídicos. Em relação aos processos judiciais, examino como a personalidade jurídica era vivenciada na prática, como estava inserida na dinâmica das relações sociais do Brasil escravista. Analisando os processos e cotejando-os com as demais fontes utilizadas na pesquisa, é possível identificar como o estatuto jurídico dos escravos era objeto de conflitos e disputas entre os agentes históricos. Assim, ao analisar essas ações, não pretendo identificar o que realmente ocorreu entre as partes, mas o modo pelo qual se articularam os discursos sobre as possibilidades jurídicas de aquisição e exercício de direitos por escravos e libertos.[8]

Selecionei as ações que tramitaram perante o Tribunal da Relação do Rio de Janeiro (TRRJ), em função da influência das decisões desse tribunal na conformação do direito nacional.[9] Essas ações se encontram no Arquivo Nacional do Rio de Janeiro (ANRJ). Parte delas foi microfilmada e esté disponível na série "Apelação Cível", do fundo "Relação do Rio de Janeiro", do Arquivo Edgard Leuenroth (AEL). Por uma questão de exequibilidade da pesquisa, adotei um procedimento de seleção aleatória desses documentos: dentre os processos com data de ajuizamento inicial entre 1860 e 1888, analisei apenas aqueles cuja data de ajuizamento ocorreu em anos ímpares.

No AEL, podem ser encontradas 57 ações ajuizadas em anos ímpares a partir do ano de 1861. O ano ímpar de ajuizamento mais recente presente no AEL é 1873. Portanto, analisei as ações microfilmadas que se encontram no AEL entre os anos de 1861 e 1873 e, a partir de então, consultei as ações que fazem parte do acervo do ANRJ. Na série "Apelação Cível", do fundo "Relação do Rio de Janeiro", do ANRJ, identifiquei 69 ações de liberdade ajuizadas em anos ímpares, entre 1875 e 1887. Como método de identificação dessas ações, adotei o

---

8 FARGE, A. *O sabor do arquivo*, p.32-34.

9 NEQUETE, L. *O escravo na jurisprudência brasileira*.

20　　　　　MARIANA ARMOND DIAS PAES

seguinte procedimento: no sistema de busca eletrônico do ANRJ, utilizei as palavras-chave "alforria", "escravidão", "escravo", "justificação", "libelo", "liberdade", "manutenção de liberdade", "nomeação de curador" e "pecúlio",[10] para identificar ações com data de ajuizamento entre os anos de 1874 e 1888, na série "Apelação Cível" do fundo "Relação do Rio de Janeiro". Desse total de 126 processos (57 do AEL mais 69 do ANRJ), fiz, ainda, outro recorte aleatório – por sorteio – e selecionei, ao final, 41 ações, que foram analisadas nesta pesquisa.

Em relação à doutrina, realizei uma seleção de textos de direito civil e processual civil, que são os ramos do direito que tratam de questões relacionadas à personalidade jurídica. Para essa seleção, utilizei dois critérios.

O primeiro consistiu em examinar os livros de direito civil utilizados pelos professores dos cursos jurídicos da Universidade de Coimbra[11] e das Faculdades de Direito de São Paulo e Recife[12]. São eles:

10　As palavras-chave são pré-definidas pelo sistema de busca.

11　A influência de Coimbra no meio jurídico brasileiro já era de longa data. De 1772, ano da reforma dos Estatutos da Universidade de Coimbra, a 1827, ano da criação dos cursos jurídicos no Brasil, 998 brasileiros lá obtiveram o grau de bacharel. 40 dos 69 parlamentares que participaram dos diversos debates acerca da criação dos cursos jurídicos, em 1823, 1826 e 1827, também eram bacharéis por essa Universidade. O Visconde da Cachoeira, quem elaborou o estatuto dos cursos jurídicos brasileiros, bacharelou-se nessa instituição, bem como os primeiros diretores das Faculdades de São Paulo e Olinda. CARVALHO, J. M. *A construção da ordem, teatro de sombras*, p. 65-88; ROBERTO, G. B. S. *O direito civil nas Academias Jurídicas do Império*, p. 18-19.

12　Neste trabalho, utilizei as nomenclaturas "Faculdade de Direito de São Paulo" e "Faculdade de Direito do Recife", estabelecidas pelo Decreto n. 1.386, de 28 de abril de 1854. Ou seja, no ano de 1860, essas instituições de ensino não mais se chamavam Academias de Ciências Jurídicas e Sociais.

Instituições de direito civil brasileiro, de Lourenço Trigo de Loureiro;

Instituições de direito civil português, de Paschoal José de Mello Freire;

Curso de direito civil brasileiro, de Antonio Joaquim Ribas;

Instituições de direito civil português, de Manuel Antonio Coelho da Rocha;

Curso de direito civil português, de Antonio Ribeiro de Liz Teixeira.

O segundo critério de seleção se subdivide em três procedimentos. O primeiro consistiu em mapear livros, de direito civil e de direito processual civil, de ampla circulação entre os juristas brasileiros da época. Para chegar a esses livros, recorri a uma amostra, aleatoriamente selecionada, de 20 ações judiciais de definição de estatuto jurídico,[13] que tramitaram perante o TRRJ e que foram propostas entre os anos de 1861 e 1887. A partir dessa amostra, realizei o segundo procedimento: dentre todos os textos de doutrina citados nesses processos, selecionei aqueles em que se podia identificar a referência completa do nome do autor e do título do livro. O terceiro e último procedimento de seleção baseou-se no número de vezes que cada texto era citado: todos citados mais de uma vez foram incluídos na análise. Essa contagem de citações dos textos de doutrina foi feita por peça judicial. Ou seja, se, em uma mesma peça, um texto e seu autor eram citados duas vezes, essa referência era contada apenas uma vez. Cheguei, finalmente, às seguintes obras:

---

13 Para uma maior discussão a respeito da opção pelo uso da expressão "ações de definição de estatuto jurídico", ver o capítulo 2.

22 MARIANA ARMOND DIAS PAES

Tabela 1 – Citação de doutrina em 20 ações de definição de estatuto jurídico (1861-1887)

Nº de livros citados	Obras	Nº de citações
1	PEREIRA E SOUSA. *Primeiras linhas sobre o processo civil*	12
2	MORAES CARVALHO. *Praxe forense.*	9
3	TEIXEIRA DE FREITAS. *Consolidação das leis civis.*	8
4	CORRÊA TELLES. *Doutrina das ações*	6
5	PERDIGÃO MALHEIRO. *A escravidão no Brasil*	6
6	CORRÊA TELLES. *Digesto português*	4
7	SOUZA PINTO. *Primeiras linhas sobre o processo civil brasileiro*	3
8	SILVA. *Commentaria ad Ordinationes Regni Portugalliae**	2
9	CAETANO GOMES. *Manual prático, judicial, civil e criminal*	2
10	FERREIRA BORGES. *Dicionário jurídico-comercial*	2
11	BORGES CARNEIRO. *Direito civil de Portugal*	2
12	ALMEIDA E SOUSA. *Segundas linhas sobre o processo civil*	2
	Outros**	12
	Total	**70**

* Não analisei o texto *Commentaria ad Ordinationes Regni Portugalliae*, de Manoel Gonçalves da SILVA, por estar em latim.

** A categoria "outros" refere-se à soma de todos os textos citados apenas uma vez, segundo o método de contagem descrito.

Além dos processos e dos livros de doutrina, consultei, ainda, revistas jurídicas e atos normativos – como, por exemplo, avisos, decisões, provisões, leis, decretos e alvarás – citados por essas fontes. As referências desses outros documentos serão feitas à medida que forem citados neste trabalho.

CAPÍTULO 1

"Todo o ser capaz de adquirir direitos": o conceito de personalidade jurídica na doutrina

Em Barra Mansa, Rio de Janeiro, Rita, sua filha Geralda e um outro filho seu, cujo nome não pude identificar, autuaram, no cartório do segundo ofício, uma ação de liberdade contra João Pedro de Andrade. Era então 24 de fevereiro de 1880. Rita e seus filhos alegaram que haviam sido escravos de Mathilde Ferreira de Toledo e que ela afirmou, em seu testamento, que não os havia matriculado, conforme determinava a Lei 2.040, de 28 de setembro de 1871,[1] porque tinha a intenção de torná-los libertos. Com esse fundamento, alegavam ter direito à liberdade, embora o réu os mantivesse sob seu poder, tratando-os como escravos.[2]

---

1 Daqui por diante, "Lei do Ventre Livre". Determinava a Lei: "Art. 8º O Governo mandará proceder à matrícula especial de todos os escravos existentes no Império, com declaração de nome, sexo, estado, aptidão para o trabalho e filiação de cada um, se for conhecida. [...] §2º Os escravos que, por culpa ou omissão dos interessados, não forem dados à matrícula até um ano depois do encerramento desta, serão por este fato considerados libertos." TRIBUNAL DE JUSTIÇA DO ESTADO DO RIO DE JANEIRO. *Legislação, escravidão, século XIX*, p.153.

2 Ação de liberdade, 1880, processo n. 1742, ANRJ.

João Pedro, o réu, contestou a petição inicial, alegando que havia recebido Rita como parte de um dote concedido por Mathilde e seu marido, o alferes Carlos Corrêa de Toledo, à sua sobrinha Flavia Demethilde de Andrade, na ocasião em que se casou com o réu. Assim, Rita já estava na posse mansa, pacífica, pública e sem contestação do réu há mais de vinte anos, sendo que Geralda nasceu em sua casa, e aí esteve sempre sob seu poder. Ele havia, inclusive, os matriculado como seus escravos. O réu alegava, ainda, que o testamento de Mathilde estava sendo contestado perante o juízo da cidade de Resende, pois a testadora não poderia conceder a liberdade a Rita e seus filhos, caso contrário, estaria dispondo de uma propriedade que não era sua.

O processo se desenrolou por aproximadamente dois meses até que o juiz de direito, José Maria do Valle, prolatou sentença a favor da liberdade de Rita e seus filhos, com o argumento de que a matrícula, por si só, não constituía título legítimo de propriedade de escravo; que o réu não havia apresentado título hábil a comprovar a doação de Rita; e que havia disposição expressa da senhora falecida conferindo aos autores a liberdade reclamada.

Não se conformando, o réu João Pedro opôs embargos de declaração à sentença. Nas contra-razões dos embargos, o curador dos autores, Antonio Leite Ribeiro, rebateu o argumento da posse mansa, pacífica, pública e sem contestação, dizendo:

> Parece-nos, entretanto, que neste ponto é terminante e decisiva a consideração de que a alegada posse, que é um fato, não pode valer contra a liberdade, que é um direito, porquanto os atributos da personalidade moral, ou jurídica, não são objeto de prescrição, nem estão sujeitas às mesmas leis do direito civil, que regulam as *coisas*.
> Só por uma ficção, e com exceção a todas as regras do direito natural e civil, é o homem reduzido à categoria de coisa, para ser considerado objeto de direito.

Não é lícito ampliar-se a ficção e confundir-se a exceção com a regra, para, tratando-se da liberdade, alegar contra ela o fato da posse mansa e pacífica.[3]

Percebe-se que o conceito central que o curador dos autores opõe contra o argumento da posse pacífica é a personalidade jurídica. A personalidade jurídica é um instituto extremamente importante para o direito, pois é pelo seu reconhecimento que um ente adquire o status de sujeito de direitos. A um ente sem personalidade jurídica não se atribui direitos. Dentre os entes dotados de personalidade jurídica, há uma variação da extensão dos direitos que são reconhecidos a cada um deles. Daí derivam diversas "categorias" de pessoas, ou de sujeitos de direitos. As categorias jurídicas funcionam como modelos organizadores da sociedade. Sendo carregadas de sentido, podem ser objeto de disputas entre determinados grupos sociais. Como disse António Manuel Hespanha:

> Realmente, muitos nomes não são apenas nomes. "Intelectual", "burguês", "proletário", "homem", "demente", "rústico", são, além de sons e letras, estatutos sociais pelos quais se luta, para entrar neles ou para sair deles. Numa sociedade de classificações ratificadas pelo direito, como a sociedade de Antigo Regime, esses estatutos eram coisas muito expressamente tangíveis, comportando direitos e deveres específicos, taxativamente identificados pelo direito. Daí que, por outro lado, classificar alguém era marcar a sua posição jurídica e política.[4]

O que o autor afirma para Portugal à época do Antigo Regime pode perfeitamente se estender para o objeto do presente estudo. O

---

3 Ação de liberdade, 1880, processo n. 1742, ANRJ, p.64-64v.

4 HESPANHA, A. M. *Imbecillitas*, p.18.

ordenamento jurídico brasileiro oitocentista classificava os sujeitos de direitos em determinados grupos. Essa classificação lhes proporcionava determinado rol de direitos e deveres. Assim, ser considerado "escravo", "*statu-liber*", "liberto", "ingênuo", "africano livre" ou "livre" determinava a abrangência da personalidade jurídica, ou seja, definia o grau de direitos que se atribuía a determinados entes.

Rita e seus filhos estavam lutando para estender a personalidade jurídica que lhes era reconhecida, para, assim, alterar a categoria pela qual o direito a tratava. Quais eram os direitos que Rita dispunha, enquanto escrava? Quais eram as limitações impostas ao exercício desses direitos? Afinal, qual era a luta de Rita? Para obter uma aproximação inicial a essa questão, descrevo o conceito de personalidade jurídica, tal qual ele se apresentava à comunidade jurídica brasileira da segunda metade do século XIX. Na persecução desse objetivo, analiso as formulações doutrinárias a respeito da personalidade jurídica. Antes disso, porém, é importante ressaltar qual o papel que desempenhava a doutrina no direito brasileiro oitocentista.

A doutrina e a formação do direito oitocentista

Ao final do século XVIII, em uma tentativa de consolidar o direito nacional português, o Marquês de Pombal estabeleceu novos padrões de julgamento e de interpretação jurídica, por meio da Lei da Boa Razão, promulgada em 18 de agosto de 1769, e dos Estatutos da Universidade de Coimbra, datados de 1772. A Lei da Boa Razão tinha como objetivo principal definir as fontes do direito português. Elas seriam: a legislação nacional, os assentos da Casa de Suplicação e os costumes. O direito romano seria fonte subsidiária. Entretanto, não era qualquer norma de direito romano que seria aceita: ela deveria estar de acordo com a boa razão, ou seja, com os princípios do direito divino, do direito natural e do direito das gentes. Já os Estatutos da Universidade de Coimbra, além de reformar o ensino do direito, direcionando-o para o estudo do ordenamento nacional, procuraram

ESCRAVIDÃO E DIREITO

estabelecer os procedimentos para se identificar as normas de direito romano que estivessem de acordo com a boa razão. Para tanto, os dispositivos dos Estatutos sugeriam o recurso ao uso que as "nações que habitam a Europa" faziam do direito romano: o chamado *usus modernus pandectarum*.[5]

Era esse, portanto, o contexto jurídico brasileiro ao longo do século XIX: em razão das reformas promovidas por Pombal, estavam em vigor diversos atos legislativos que não formavam um sistema coerente; os juristas se valiam das interpretações dessas normas feitas tanto pelos praxistas pré-ilustração, quanto pelos que estavam alinhados com os princípios da reforma; e havia a possibilidade de remissão ao direito de outros países. As literaturas jusracionalistas e do *usus modernus pandectarum* gozavam de grande prestígio na interpretação do direito vigente.[6]

Nesse contexto, os livros e as revistas jurídicas desempenharam um importante papel como instrumentos de identificação, seleção e difusão do direito brasileiro vigente: a eles cabia a função de determinar quais dispositivos do direito pré-ilustração e do direito romano estavam de acordo com o direito nacional, ou seja, com o direito natural e com os princípios adotados pelas "nações civilizadas". Era a doutrina oitocentista que, afinal, promovia a adaptação de todo o arcabouço jurídico aos novos interesses liberais e burgueses, que moldavam o poder político.[7] É importante ressaltar, também, que a doutrina jurídica, especialmente no século XIX, teve impacto direto na conformação do direito. Como disse, Hespanha:

---

5   BARBOSA, S. R. "Complexidade e meios textuais de difusão e seleção do direito civil brasileiro pré-codificação", p.362-365.

6   BARBOSA, S. R. "Complexidade e meios textuais de difusão e seleção do direito civil brasileiro pré-codificação", p.364-365.

7   HESPANHA, A. M. *A história do direito na história social*, p.71-95.

[...] o "direito" em que os juristas falam não é nada que exista como entidade definida antes e para além do discurso dos juristas. São estes, ao falar dele e ao transformá-lo em objeto de uma prática, que constituem o seu próprio corpo e lhe traçam os limites.[8]

A doutrina jurídica, no século XIX, portanto, não era apenas informativa, mas formativa do direito brasileiro. Ela constituía uma fonte do direito, assim como o eram, entre outros, a legislação e a jurisprudência. Ademais, livros jurídicos eram frequentemente citados em ações de definição de estatuto jurídico: dos 41 processos analisados, 21 apresentam citações de livros jurídicos.[9]

Justamente por essa importância das formulações doutrinárias, passarei, a seguir, à análise dos conceitos jurídicos de "pessoa" e de "personalidade jurídica", nos livros de direito civil selecionados para esta pesquisa, fazendo uma contraposição entre as concepções jurídica e cotidiana desses termos.

"Pessoa" e "personalidade" no "bom Moraes"

O *Dicionário da língua portuguesa* foi uma importante obra, ao longo de todo o século XIX, no Brasil. Era conhecido, entre a população alfabetizada, como "o Moraes", "o dicionário de Moraes" ou, simplesmente, "o bom Moraes". Ele foi publicado, pela primeira vez, em 1789, em Portugal. Ao longo do século XIX, foi reeditado nos anos de 1813, 1823, 1831, 1844, 1858, 1877 e 1889, o que demonstra a grande aceitação que tinha no circuito letrado brasileiro e português.[10]

---

8   HESPANHA, A. M. *A história do direito na história social*, p.72.

9   Para um levantamento de citações de doutrina em ações de definição de estatuto jurídico, que tramitaram perante o TRRJ, entre os anos de 1808 e 1888, ver GRINBERG, K. *O fiador dos brasileiros*, p.244.

10   VERDELHO, T. "O dicionário de Morais Silva e o início da lexicografia moderna".

Conforme o bom Moraes, a primeira e principal definição do verbete "pessoa" é: "criatura racional, composta de corpo, e alma". Outra definição presente no dicionário é: "indivíduo que subsiste por si"; ou, ainda, "estatura, corpo".[11] Já "personalidade" é definida como qualquer crítica que ofenda a pessoa do autor, sem se ater ao assunto que se trata. Também pode ter o sentido de algo "moderno, usual".[12]

Percebe-se, portanto, que a concepção de "pessoa" estava relacionada à definição de homem como indivíduo racional. A "pessoa" é identificada como um ente composto de uma dimensão material, o corpo, e uma dimensão imaterial, a alma. A "pessoa" é identificada, principalmente, com o homem, espécie provida de racionalidade.

Outro ponto de destaque é que a personalidade não é vista como um atributo da pessoa, mas apenas como uma maneira de se referir a alguém, sem levar em consideração o ponto principal do assunto sobre o qual se está tratando. Como mostro adiante, a definição de "pessoa" e de "personalidade jurídica", para o direito, tinha um outro sentido, mais específico. E, conquanto tenham ligações entre si, esses significados não se confundiam.

A personalidade jurídica nas trilhas de um bacharel

No dia 15 de março de 1860, mais um ano letivo se iniciava na Faculdade de Direito de São Paulo.[13] Nesse primeiro dia de aula, o contínuo, que era o profissional responsável pelo controle das faltas dos alunos, assinalou os lugares nos quais os aspirantes a bacharel deve-

---

11   No verbete, encontram-se, ainda, expressões com a palavra "pessoa" e suas definições gramaticais. SILVA, A. M. *Dicionário da língua portuguesa*, tomo II, p.462.

12   SILVA, A. M. *Dicionário da língua portuguesa*, tomo II, p.458.

13   Decreto n. 1.386 de 28 de abril de 1854, artigo 67.

30 MARIANA ARMOND DIAS PAES

riam se sentar, seguindo a ordem da matrícula. Os professores entraram nas salas e deu-se início à leitura dos compêndios obrigatórios.[14]

Lourenço Trigo de Loureiro

O conceito de personalidade jurídica era ensinado aos terceiranistas na aula de "Direito Civil Pátrio". O compêndio obrigatório era, tanto em São Paulo quanto em Recife, a obra do professor Lourenço Trigo de Loureiro,[15] *Instituições de direito civil brasileiro*.[16]

De acordo com Loureiro, "personalidade" era a faculdade jurídica que nascia da qualidade de homem ou do seu estado natural ou civil.[17] Ou seja, juridicamente, "pessoa" era todo ente capaz de adquirir direitos e contrair obrigações. A "pessoa", a quem o direito pertencia, era o "sujeito de direito" e a "coisa", sobre a qual recaía o direito, era o "objeto de direito".[18] Assim, os direitos que os homens gozavam na sociedade emanavam das qualidades, condições e circunstâncias que formavam sua personalidade.[19]

> A palavra *pessoa*, em fraseologia jurídica, não exprime somente, como em linguagem vulgar, a ideia do ser chamado *homem*, porquanto em Jurisprudência chama-se

---

14 Decreto de 7 de novembro de 1831, artigo 5º do capítulo II e artigos 3º e 4º do capítulo XI.

15 Sobre a atuação de Loureiro como professor, ver ROBERTO, G. B. S. *O direito civil nas Academias Jurídicas do Império*, p.152-170.

16 ROBERTO, G. B. S. *O direito civil nas Academias Jurídicas do Império*, p.166-170, 433.

17 LOUREIRO, L. T. *Instituições de direito civil brasileiro*, tomo I, 1851, p.2.

18 LOUREIRO, L. T. *Instituições de direito civil brasileiro*, tomo I, 1857, p.2; LOUREIRO, L. T. *Instituições de direito civil brasileiro*, tomo I, 1861, p.14.

19 LOUREIRO, L. T. *Instituições de direito civil brasileiro*, tomo I, 1861, p.29.

ESCRAVIDÃO E DIREITO

pessoa todo o ser capaz de adquirir direitos, e contrair obrigações.[20]

O autor afirmou, também, que "todo o homem é capaz de direitos; e, portanto, todo o homem é *pessoa*, por sua mesma natureza, e fim para si mesmo".[21] No entanto, outros entes não humanos também poderiam ser pessoas.

Os direitos das pessoas variavam segundo seu estado, que podia ser apenas natural ou podia ser natural e civil. No estado natural, todos eram iguais em direitos, o que não ocorria no estado civil. Em razão da existência de dois estados, o civil e o natural, as pessoas se classificavam em livres e escravas; cidadãs e estrangeiros; pais-famílias e filhos-famílias.[22]

O estado civil englobava os seguintes direitos civis: propriedade, transmissão de bens, hipotecas, reparação de lesões, matrimônio, poder paterno e autoridade marital, filiação, orfandade, maioridade, tutoria e curatela, capacidade de testar e contratar, dentre outros.[23]

Loureiro não identificou o conceito de "pessoa" com o de "homem". Para ele, "pessoa" era todo ente capaz de adquirir direitos e contrair obrigações, fosse ele humano ou não. Os estados diferenciavam as pessoas, pois determinavam em que medida elas gozavam de seus direitos, ou seja, o estado determinava a capacidade jurídica das pessoas. "Personalidade jurídica", por sua vez, era a faculdade que as

---

20 LOUREIRO, L. T. *Instituições de direito civil brasileiro*, tomo I, 1861, p.30.

21 LOUREIRO, L. T. *Instituições de direito civil brasileiro*, tomo I, 1857, p.2.

22 LOUREIRO, L. T. *Instituições de direito civil brasileiro*, tomo I, 1857, p.2-3; LOUREIRO, L. T. *Instituições de direito civil brasileiro*, tomo I, 1861, p.31-32.

23 LOUREIRO, L. T. *Instituições de direito civil brasileiro*, tomo I, 1861, p.6-7, 11, 14-15.

pessoas tinham de adquirir direitos e obrigações, cuja fruição era determinada por seu estado.

Paschoal José de Mello Freire

Um estudante como Brás Cubas, personagem de Machado de Assis, provavelmente, teria se contentado com esse conceito de "personalidade jurídica" aprendido nas primeiras lições de direito civil.[24]

> E foi assim que desembarquei em Lisboa e segui para Coimbra. A Universidade esperava-me com as suas matérias árduas; estudei-as muito mediocremente, e nem por isso perdi o grau de bacharel; deram-mo com a solenidade do estilo, após os anos da lei; uma bela festa que me encheu de orgulho e de saudades – principalmente de saudades. Tinha eu conquistado em Coimbra uma grande nomeada de folião; era um acadêmico estroina, superficial, tumultuário e petulante, dado às aventuras, fazendo romantismo prático e liberalismo teórico, vivendo na pura fé dos olhos pretos e das constituições escritas. No dia em que a universidade me atestou, em pergaminho, uma ciência que eu estava longe de trazer arraigada no cérebro, confesso que me achei de algum modo logrado, ainda que orgulhoso. Explico-me: o diploma era uma carta de alforria; se me dava a liberdade, dava-me a responsabilidade. Guardei-o, deixei as margens do Mondego, e vim por ali fora assaz desconsolado, mas sentindo já uns ímpetos, uma curiosidade, um de-

---

24 Não apenas Brás Cubas era um folião-acadêmico. Sobre os problemas relacionados com os modos pelos quais os alunos conduziam seus estudos e outros percalços do ensino jurídico em Portugal e no Brasil, ver ROBERTO, G. B. S. *O direito civil nas Academias Jurídicas do Império*, p.21-27, 434-457.

ESCRAVIDÃO E DIREITO   33

sejo de acotovelar os outros, de influir, de gozar, de viver,
de prolongar a universidade pela vida adiante...[25]

Mas não sejamos Brás-Cubas. Um aluno mais aplicado teria
ido além. Um diligente aspirante a bacharel poderia ter, por exemplo, consultado a obra de Paschoal José de Mello Freire,[26] *Instituições
de direito civil português*, que era o compêndio obrigatório antes
da adoção do de Loureiro, ou o *Curso de direito civil brasileiro*, de
Antonio Joaquim Ribas, que era utilizado, na Faculdade de Direito
de São Paulo, como texto complementar.[27] Também poderia ter
consultado as *Instituições de direito civil português*, livro escrito por
Manuel Antonio Coelho da Rocha, professor de Direito Civil Pátrio
da Universidade de Coimbra, e que foi aprovado como compêndio em 1843;[28] ou até mesmo o *Curso de direito civil português*,[29] de

---

25 MACHADO DE ASSIS, J. M. *Memórias póstumas de Brás Cubas*, p.78-79.

26 Nas palavras de Costa, Freire foi "o mais destacado executor" das refor-
    mas pombalinas no âmbito do direito. Para dados biográficos de Freire
    e análises de sua relação intestina com o Marquês de Pombal, ver COS-
    TA, M. J. A. *História do direito português*, p.416-425; MARCOS, R. M. F.
    A legislação pombalina; NEDER, G. "A recepção do constitucionalismo
    moderno em Portugal e a escrita da história do direito".

27 O texto de Ribas, apesar de ter como data de publicação o ano de 1865,
    foi aprovado pela Congregação da Faculdade de Direito de São Paulo em
    1862, o que indica que ele teria sido concluído muito antes da data de
    publicação. ROBERTO, G. B. S. *O direito civil nas Academias Jurídicas do
    Império*, p.314.

28 A obra de Rocha foi utilizada como compêndio obrigatório até 1867,
    quando foi substituída pelo Código Civil Português, promulgado em
    1867. ROBERTO, G. B. S. *O direito civil nas Academias Jurídicas do Im-
    pério*, p.64.

29 Essa obra foi publicada porque o autor sentiu a necessidade de corrigir
    os erros das versões litografadas de suas lições que circulavam entre os

34   MARIANA ARMOND DIAS PAES

Antonio Ribeiro de Liz Teixeira, também professor de Direito Civil Pátrio na Universidade de Coimbra.

Na obra de Freire, o diligente aspirante a bacharel teria aprendido que o direito das pessoas era aquele que nascia "da qualidade, e diferença dos homens, ou do seu estado tanto natural como civil". Ele afirmou, ainda, que o direito português não fazia distinção entre "pessoas" e "homens". Portanto, o direito das pessoas consistia na liberdade, na cidade e na família, o que fazia com que a suprema divisão dos homens fosse em livres e escravos.[30] Em linhas gerais, ele identificou "pessoas" e "homens" Também apresentou a ideia de que os direitos de determinada pessoa tinham origem no seu estado.

Antonio Joaquim Ribas

Ribas[31] entendia a questão de modo mais sistemático: "considerado como faculdade de obrar, o direito não pode existir sem um sujeito onde resida, ou que o exerça; esse sujeito denomina-se – *pessoa*".[32] Os homens eram constituídos pessoas pela própria natureza, pois foram dotados de racionalidade e liberdade. Entretanto, a lei criou outras pessoas e também despojou de pessoalidade alguns seres aos quais a natureza havia concedido a pessoalidade.[33]

---

    alunos. ROBERTO, G. B. S. *O direito civil nas Academias Jurídicas do Império*, p.64.

30   FREIRE, P. J. M. *Instituições de direito civil português*, livro II, p.10.

31   Sobre a atuação de Ribas como professor, ver ROBERTO, G. B. S. *O direito civil nas Academias Jurídicas do Império*, p.297-321.

32   A segunda edição da obra de Ribas, cuja edição fac-similar utilizei, foi publicada em 1880. RIBAS, A. J. *Curso de direito civil brasileiro*, tomo II, 1865, p.1; RIBAS, A. J. *Curso de direito civil brasileiro*, tomo II, 2003, p.18-19.

33   RIBAS, A. J. *Curso de direito civil brasileiro*, tomo II, 1865, p.2; RIBAS, A. J. *Curso de direito civil brasileiro*, tomo II, 2003, p.19.

A "pessoa", ou o "sujeito do direito", encontrava, no mundo, seres privados de razão e liberdade, os quais ela poderia sujeitar inteiramente a seus objetivos. Porém, também encontrava outros seres racionais e livres que eram, portanto, dotados de direitos iguais e deveriam ser respeitados. Para que esses sujeitos se relacionassem, frequentemente, ajustavam serviços prestados livremente, sem que fosse extinta a pessoalidade de quem prestava os serviços. Essas relações eram "filhas da vontade livre". Entretanto, existiam situações, geradas pela natureza, nas quais os homens se achavam submetidos independentemente de vontade própria. Esses direitos recebiam a denominação jurídica de "poder".[34] Dessas considerações iniciais, o autor extraiu os seguintes "corolários":

> I. Que as pessoas são em geral os sujeitos do direito; mas também podem figurar como objeto, somente em relação a alguns de seus atos, em virtude de estipulação filha de sua própria vontade, ou em virtude de sua posição no seio do organismo humanitário (relações de família), ou pela sua inação em relação a todos os direitos existentes no seio da humanidade.
>
> II. Que as coisas em geral são os objetos dos direitos, e como tais se consideram tanto os seres a quem a natureza negou a pessoalidade, como os que foram dela privados pela lei, violentando-se a natureza; mas que também às coisas pode a lei ligar uma pessoalidade de pura criação sua, e então podem ser sujeitos de direitos.[35]

Ribas passou, então, a uma depuração do conceito de "sujeito de direitos", que ele reafirmou ser sinônimo de "pessoa" e que era "o ente

---

34 RIBAS, A. J. *Curso de direito civil brasileiro*, tomo II, 1865, p.2-4; RIBAS, A. J. *Curso de direito civil brasileiro*, tomo II, 2003, p.19-21.

35 RIBAS, A. J. *Curso de direito civil brasileiro*, tomo II, 1865, p.5; RIBAS, A. J. *Curso de direito civil brasileiro*, tomo II, 2003, p.22.

36   Mariana Armond Dias Paes

capaz de adquirir e exercer direitos". A pessoa podia ser natural, quando fosse criada pela natureza, ou jurídica, quando fosse criada pela lei.[36] Segundo o direito racional, havia uma identificação entre a "pessoa" e o "homem": todo homem era pessoa e toda pessoa era homem. Entretanto, essa identificação direta não ocorria no direito positivo. No direito positivo, a lei criou outras pessoas e privou alguns homens, até certo ponto, da qualidade de pessoas. Ademais, as diversas pessoas não possuíam os mesmos direitos. Havia gradações de direitos.[37]

No direito romano,[38] dizia Ribas, os graus de capacidade eram chamados de estados. Eram eles: liberdade, cidade e família. A per-

---

36   RIBAS, A. J. *Curso de direito civil brasileiro*, tomo II, 1865, p.6; RIBAS, A. J. *Curso de direito civil brasileiro*, tomo II, 2003, p.25.

37   RIBAS, A. J. *Curso de direito civil brasileiro*, tomo II, 1865, p.8; RIBAS, A. J. *Curso de direito civil brasileiro*, tomo II, 2003, p.28.

38   É importante ressaltar que, ao utilizar o termo "direito romano", os juristas brasileiros tentavam passar uma ideia de antiguidade da norma. Faziam crer que se tratava, de fato, de uma norma aplicada no período do Império Romano. No entanto, é preciso ter cuidado com a utilização dessa palavra. Existiam vários filtros no "direito romano" ao qual os juristas brasileiros tinham acesso. Como fundamento desse "direito romano", os juristas analisados costumavam citar o *Corpus iuris civilis*. O *Corpus iuris civilis* foi o nome dado, no século XVI, a uma compilação de leis feita pelo imperador Justiniano, em meados do século VI. Ele era composto pelo *Digesto* ou *Pandectas* (resumo da legislação), pelo *Codex* (legislação imperial), pelas *Institutas* (manual de introdução) e pelas *Novelas* (compilação póstuma da legislação promulgada por Justiniano). Ou seja, a própria compilação feita por Justiniano – nos dizeres de Hespanha, "um nostálgico das antigas grandezas de Roma" – já representa um importante filtro no que diz respeito ao "direito romano" vigente no período do auge dessa sociedade. Além disso, ao longo dos séculos, foram feitas inúmeras releituras e reinterpretações desse "direito romano", pelo chamado "direito comum", a doutrina jurídica dos séculos XV ao XVII. Soma-se a esse quadro o fato de que, em diversos momentos, ao citar o "direito romano", os juristas brasileiros e portugueses faziam remissão

ESCRAVIDÃO E DIREITO

da do estado de liberdade levava à perda dos estados de cidade e família. A perda do estado de cidade conduzia à perda do estado de família. Tais perdas eram, na verdade, restrições da capacidade das pessoas. Em relação ao estado de liberdade, as pessoas eram classificadas em livres e escravas, sendo que os livres se subdividiam em ingênuos e libertos.[39]

Ribas, portanto, partiu da noção de direito natural, segundo a qual todos os homens eram racionais e livres e, portanto, pessoas. Entretanto, o direito positivo criou situações em que as pessoas foram despojadas de sua pessoalidade e as coisas foram dotadas de pessoalidade, não havendo, portanto, uma contradição necessária entre os conceitos de "pessoa" e "coisa". Pessoa, ou sujeito de direitos, era todo ente capaz de adquirir e exercer direitos. Porém, as diferentes pessoas não possuíam os mesmos direitos. Elas se diferenciavam por seus estados, que eram graus de capacidade.

Manuel Antonio Coelho da Rocha

Passo, então, à análise do que diziam os professores portugueses.

De acordo com Rocha, o direito subjetivo era "o poder legal, que compete a uma pessoa, de fazer alguma coisa, ou exigir que outrem a faça". Aos direitos, correspondiam as obrigações. "Para se dar direito

---

também aos juristas Heineccius (1681-1741) e Savigny (1779-1861). Ou seja, quando falavam de "direito romano", além dos filtros já mencionados, havia ainda os filtros impostos pelas interpretações empreendidas pelos adeptos do jusnaturalismo e do jusracionalismo dos séculos XVII, XVIII e, posteriormente, pelos integrantes da Escola Histórica, no século XIX. Sobre o *Corpus iuris civilis* e sua posterior interpretação pelo direito comum e pelas diversas correntes jusnaturalistas, ver HESPANHA, A. M. *A história do direito na história social*, p.70-149 e HESPANHA, A. M. *Cultura jurídica europeia*, p.121-147, 289-339.

39 RIBAS, A. J. *Curso de direito civil brasileiro*, tomo II, 1865, p.25-26; RIBAS, A. J. *Curso de direito civil brasileiro*, tomo II, 2003, p.46-48.

é necessário: 1º uma pessoa capaz, ou o *sujeito*, a quem compete o direito, ou sobre quem recai a obrigação; 2º o objeto, fato, ou *coisa*, sobre que versa; 3º a causa, ou *ato*, que o criou".[40]

Nesse sentido, "diz-se *Pessoa* no sentido jurídico todo o sujeito, a quem competem direitos". A princípio, só poderiam ser pessoas os homens, mas o direito admitia outros seres capazes de adquirir direitos e contrair obrigações. Eram as chamadas pessoas morais ou jurídicas, as quais se distinguiam das pessoas físicas.[41]

Rocha afirmou, ainda, que todo homem era pessoa, porque todos os homens eram capazes de adquirir direitos. Entretanto, os direitos que eram adquiridos por determinada pessoa variavam de acordo com as qualidades, posição e circunstâncias que ela ocupava na sociedade, ou seja, a capacidade de adquirir direitos e obrigações variava conforme o estado da pessoa. O estado podia ser oriundo da natureza ou da lei. O primeiro recebia o nome de estado natural e o segundo, de estado civil.[42]

---

40 ROCHA, M. A. C. *Instituições de direito civil português*, tomo I, 1848, p.28; ROCHA, M. A. C. *Instituições de direito civil português*, tomo I, 1852, p.28; ROCHA, M. A. C. *Instituições de direito civil português*, tomo I, 1857, p.28; ROCHA, M. A. C. *Instituições de direito civil português*, tomo I, 1867, p.28.

41 ROCHA, M. A. C. *Instituições de direito civil português*, tomo I, 1848, p.34; ROCHA, M. A. C. *Instituições de direito civil português*, tomo I, 1852, p.34; ROCHA, M. A. C. *Instituições de direito civil português*, tomo I, 1857, p.34; ROCHA, M. A. C. *Instituições de direito civil português*, tomo I, 1867, p.34.

42 ROCHA, M. A. C. *Instituições de direito civil português*, tomo I, 1848, p.34-42; ROCHA, M. A. C. *Instituições de direito civil português*, tomo I, 1852, p.34-42; ROCHA, M. A. C. *Instituições de direito civil português*, tomo I, 1857, p.34-42; ROCHA, M. A. C. *Instituições de direito civil português*, tomo I, 1867, p.34-42.

Assim sendo, verificamos que, para Rocha, pessoa era todo sujeito a quem competiam direitos. Todo homem era pessoa, pois todo homem podia adquirir direitos. Mas o autor ressaltou que os direitos passíveis de serem adquiridos variavam de acordo com o estado da pessoa, o que levava à diferenciação entre elas.

Antonio Ribeiro de Liz Teixeira

O *Curso de direito civil português*, de Teixeira, é objeto de uma das crônicas acadêmicas da Faculdade de Direito de São Paulo. O professor Prudêncio Giraldes Tavares da Veiga Cabral, primeiro a ocupar a cadeira de Direito Civil em São Paulo,[43] não permitia que seus alunos citassem Manuel de Almeida e Sousa, também conhecido como Lobão, e Teixeira, pois eram tidos como "meros anotadores" da obra de Freire. Os aspirantes a bacharéis ouviam dele a frase: "Lobão, nem ler! Liz Teixeira, nem ter!".[44]

Mas fato é que Teixeira foi professor na Universidade de Coimbra, que atraía inúmeros estudantes brasileiros e teve importância decisiva na configuração dos cursos jurídicos no Brasil.[45] Vamos, então, ao conceito de "personalidade jurídica" apresentado pelo professor português.

Teixeira afirmou que os elementos para se constituir o direito, enquanto faculdade de fazer, omitir ou exigir algo, eram as pessoas, as coisas e os fatos.[46] "Pessoa", no sentido jurídico, não era o mesmo que

---

43 Cabral lecionou direito civil de 1830 a 1860. ROBERTO, G. B. S. *O direito civil nas Academias Jurídicas do Império*, p.264.

44 ROBERTO, G. B. S. *O direito civil nas Academias Jurídicas do Império*, p.264.

45 ROBERTO, G. B. S. *O direito civil nas Academias Jurídicas do Império*, p.18-122.

46 TEIXEIRA, A. R. L. *Curso de direito civil português*, tomo I, 1845, p.66-68; TEIXEIRA, A. R. L. *Curso de direito civil português*, tomo I, 1848, p.66-67.

no sentido "vulgar", ou seja, "homem físico". Juridicamente, a palavra "pessoa" possuía duas acepções. Conforme a primeira, era pessoa "todo o ser considerado como capaz de ter, ou de dever direitos, ou de ser sujeito ativo e passivo de direitos". Nesse sentido, as pessoas podiam ser naturais ou jurídicas. Na segunda acepção, "pessoa" era "cada um dos papéis, que o homem representa na cena jurídica, isto é, cada qualidade, em virtude da qual ele tem pela Lei certos direitos e obrigações distintos dos que se dão no que tem uma qualidade diferente".[47]

> As diferentes qualidades, que se dão nos homens, em virtude das quais segundo as Leis eles gozam direitos e têm obrigações que satisfazer, ainda que muitas e diversas, concentram-se, segundo o sistema dos Romanos, em qualidades mais principais, que reunidas na mesma pessoa formam para ela o que eles chamavam *status*, *caput*, palavras de ideia muito complexa, pois que abrangem todos os direitos e deveres sociais, em cuja fruição consiste a perfeita vida civil.[48]

A reunião de direitos e obrigações formava três elementos que constituíam o estado: a liberdade, a cidade e a família.[49]

Dessa maneira, Teixeira corroborava as conceituações que já analisamos. Pessoa era o sujeito ativo ou passivo do direito. Em outras palavras, pessoa era o ente que podia adquirir direitos ou dever direitos a

---

47 TEIXEIRA, A. R. L. *Curso de direito civil português*, tomo I, 1845, p.68-69; TEIXEIRA, A. R. L. *Curso de direito civil português*, tomo I, 1848, p.68-69.

48 TEIXEIRA, A. R. L. *Curso de direito civil português*, tomo I, 1845, p.69; TEIXEIRA, A. R. L. *Curso de direito civil português*, tomo I, 1848, p.69.

49 TEIXEIRA, A. R. L. *Curso de direito civil português*, tomo I, 1845, p.69-70; TEIXEIRA, A. R. L. *Curso de direito civil português*, tomo I, 1848, p.69-70.

outras pessoas. As diferentes pessoas desempenhavam papeis distintos diante da "cena jurídica". Isto porque elas gozavam de estados desiguais, que abrangiam diferentes complexos de direitos e deveres.

Augusto Teixeira de Freitas

Um aluno ainda mais aplicado procuraria ler outros dos numerosos livros de juristas brasileiros e portugueses que circulavam na cidade de São Paulo, no século XIX. Afinal de contas, os livros jurídicos eram uma parte importante do circuito do livro oitocentista. Façamos uma breve pausa na árdua delimitação do conceito de personalidade jurídica para entender melhor a dinâmica da produção da bibliografia jurídica neste momento.

A Lei de 11 de agosto de 1827, que determinou a criação dos cursos jurídicos em São Paulo e Olinda, estipulava que os Estatutos do Visconde da Cachoeira, elaborados com base nos Estatutos da Universidade de Coimbra de 1772, seriam o diploma regulamentador dos novos cursos jurídicos. Neles, havia a obrigatoriedade de que os professores elaborassem ou escolhessem, dentre os já existentes, compêndios para o estudo de cada disciplina. Tais compêndios, elaborados ou escolhidos, deveriam estar "de acordo com o sistema jurado pela nação" e ser aprovados pela Assembleia Geral Legislativa após terem sido submetidos à Congregação da Faculdade. Após sua aprovação, o governo imprimiria e distribuiria aos alunos os exemplares, cabendo ao autor os direitos econômicos sobre a obra durante dez anos. As aulas, de duração de uma hora e meia, compreenderiam, na primeira meia hora, perguntas aos alunos sobre os temas abordados na lição anterior e, no tempo restante, o professor deveria se dedicar à leitura e explicação do compêndio.[50]

A sistemática do uso dos compêndios obrigatórios foi mantida pelas reformas de 1831 e 1854, sendo abolida pela reforma de 1885,

---

50 Lei de 11 de agosto de 1827, artigo 7º.

que determinava que o professor deveria continuar a usar compêndios, mas poderia escolhê-los livremente e poderia "ensinar quaisquer doutrinas", desde que não ofendessem a lei e os bons costumes.[51] Os compêndios foram sendo elaborados lentamente, tendo sido inicialmente adotados pelos professores os sugeridos nos Estatutos do Visconde da Cachoeira.[52]

Em relação aos compêndios, sua produção, no Brasil, iniciou-se em razão da necessidade de se atender à demanda dos cursos jurídicos e, mais especificamente, de seus alunos. Dessa maneira, é possível concluir que a implantação de cursos jurídicos em Olinda e São Paulo fomentou a indústria do livro nessas cidades. No caso de São Paulo, um comércio livreiro regular se estabeleceu em torno da Faculdade a partir da década de 1840.[53] Nesse sentido, havia diversos outros livros jurídicos em circulação que poderiam ser consultados por um aluno diligente.[54] Passo à análise do conceito de personalidade jurídica em alguns deles, iniciando pela *Consolidação das leis civis*.

Para Augusto Teixeira de Freitas:

> *Coisa* é tudo, que se distingue de *pessoa*; e separados os direitos sobre coisas, não podem existir outros direitos, senão os relativos às pessoas, que são os *direitos pessoais*.

---

51 Decreto n. 9.360 de 17 de janeiro de 1885, artigo 73.

52 ROBERTO, G. B. S. *O direito civil nas Academias Jurídicas do Império*, p.20-21, 69-70, 100-121.

53 DEAECTO, M. M. *O império dos livros*, p.30-31.

54 Além do livro de Deaecto, *O império dos livros*, também podem ser encontradas informações sobre a produção da bibliografia jurídica no século XIX em DUTRA, P. *Literatura jurídica no império*. Para um levantamento dos periódicos jurídicos que circulavam no Brasil oitocentista, ver FORMIGA, A. S. C. *Periodismo jurídico no Brasil do século XIX*.

ESCRAVIDÃO E DIREITO

Engendrem-se todas as combinações possíveis, investiguem-se as variadas relações da vida civil, e não achar-se-ão outros direitos, que não sejam os *reais* e os *pessoais*.[55]

De acordo com Freitas, os direitos civis eram: casamento, pátrio poder, parentesco, tutela e curatela, contratos domínio, hipoteca, prescrição aquisitiva e herança.[56]

A partir desse rol de direitos, Freitas conceituou pessoas como "entes capazes de ter e dever direitos". Todos os direitos pertenciam às pessoas, nunca às coisas. No caso em que se afirmava que as coisas eram investidas de direitos, era em razão apenas de um uso da linguagem e deveria ser entendido no sentido de que estavam representando a pessoa física ou jurídica. As pessoas podiam ser singulares ou coletivas. Também podiam ser chamadas de morais, abstratas, fictícias, civis ou jurídicas, quando eram compostas por diversos indivíduos.[57]

Os direitos existem por causa das *pessoas*, e onde não há pessoas não pode haver questão de direitos. Deve-se tratar primeiro, e separadamente, dos dois elementos dos direitos – *pessoas* e *coisas* –, já que a sua existência deve ser suposta para todos os direitos.[58]

---

55 FREITAS, A. T. *Consolidação das leis civis*, 1857, p.LXXV-LXXVI. FREITAS; A. T. *Consolidação das leis civis*, 1865, p.LXI; FREITAS, A. T. *Consolidação das leis civis*, 1876, p.XCIII.

56 FREITAS, A. T. *Consolidação das leis civis*, 1857, p.CI-CII; FREITAS, A. T. *Consolidação das leis civis*, 1865, p.LXXX-LXXXI; FREITAS, A. T. *Consolidação das leis civis*, 1876, p.CXIV-CXV.

57 FREITAS, A. T. *Consolidação das leis civis*, 1857, p.CVIII-CIX; FREITAS, A. T. *Consolidação das leis civis*, 1865, p.LXXXVI-LXXXVI; FREITAS, A. T. *Consolidação das leis civis*, 1876, p.CXXI.

58 FREITAS, A. T. *Consolidação das leis civis*, 1857, p.CXXXVI; FREITAS, A. T. *Consolidação das leis civis*, 1865, p.CIX; FREITAS, A. T. *Consolidação das leis civis*, 1876, p.CXLVI.

Assim sendo, identifiquei que Freitas baseava sua concepção de personalidade jurídica em noções diferentes das que vínhamos encontrando até então. Ele abandonou a doutrina dos estados e baseou a diferença entre as pessoas na teoria da capacidade. Ademais, para ele, existia uma contraposição necessária entre pessoas e coisas, já que todos os direitos pertenciam às pessoas.

José Homem Corrêa Telles

Outro livro bastante conhecido no meio jurídico brasileiro oitocentista era o *Digesto Português*, de José Homem Corrêa Telles. Nesse livro, o jurisconsulto português definia direito como "toda a faculdade, que a Lei concede a alguma pessoa de dar, fazer ou não fazer, ou de proibir que outro dê, ou faça".[59]

> É bastante que a Lei conceda um direito, para se entender que impõe obrigação àqueles, contra os quais aquele direito pode ser exercitado.
> *Vice-versa*: é bastante que a Lei imponha certa obrigação a um, para se subentender que concede direito aos interessados no cumprimento daquela obrigação.[60]

Telles afirmou que o exercício de direitos civis não dependia da qualidade de cidadão.[61] Os direitos civis eram: poder dispor de sua

---

59 TELLES, J. H. C. *Digesto português*, tomo I, 1835, p.7; TELLES, J. H. C. *Digesto português*, tomo I, 1838, p.7; TELLES, J. H. C. *Digesto português*, tomo I, 1860, p.7.

60 TELLES, J. H. C. *Digesto português*, tomo I, 1835, p.7; TELLES, J. H. C. *Digesto português*, tomo I, 1838, p.7; TELLES, J. H. C. *Digesto português*, tomo I, 1860, p.7.

61 TELLES, J. H. C. *Digesto português*, tomo I, 1835, p.10; TELLES, J. H. C. *Digesto português*, tomo II, 1835, p.7; TELLES, J. H. C. *Digesto português*, tomo I, 1838, p.10; TELLES, J. H. C. *Digesto português*, tomo II, 1838, p.7;

pessoa e empregar-se na ocupação que quiser, se tornar pai de família, adquirir bens móveis ou imóveis, alienar ou empenhar seus bens, fazer testamento, ser herdeiro, demandar o que lhe fosse devido.[62]

Telles, assim como Freire, não apresentou um conceito sistemático de pessoa ou de personalidade jurídica. Contudo, é possível deduzir que ele considerava pessoa aquele a quem o direito concedeu a faculdade de dar, fazer ou não fazer algo ou de proibir que outro o fizesse. Outro ponto importante de seu texto é a concepção de que poderia haver pessoas aptas a exercerem direitos políticos e civis – os cidadãos – e outras pessoas, que, independentemente de serem cidadãos, poderiam exercer direitos civis e não os direitos políticos. Isto é, existiam desigualdades entre as pessoas no que concerne ao exercício de direitos.

José Ferreira Borges

No *Dicionário jurídico-comercial*, de José Ferreira Borges,[63] não há os verbetes "personalidade" e "pessoa". Entretanto, pela leitura de verbetes correlatos, é possível apreender importantes elementos para a conceituação de personalidade jurídica.

Borges conceituou capacidade como a aptidão para o livre exercício dos direitos civis. Capacidade era, também, a habilidade de contratar; dispor de seus bens; fazer testamento; dar, aceitar e receber bens por ato entre vivos ou por testamento; suceder; transigir e exercer a mercancia. A capacidade podia ser, ainda, absoluta ou relativa, tanto

---

TELLES, J. H. C. *Digesto português*, tomo I, 1860, p.10; TELLES, J. H. C. *Digesto português*, tomo II, 1860, p.7.

62 TELLES, J. H. C. *Digesto português*, tomo II, 1835, p.6-7; TELLES, J. H. C. *Digesto português*, tomo II, 1838, p.6-7; TELLES, J. H. C. *Digesto português*, tomo II, 1860, p.6-7; TELLES, J. H. C. *Adições ao Digesto português*, p.11.

63 Para uma breve biografia de Borges, ver LOUREIRO, J. P. *Jurisconsultos portugueses do século XIX*, vol. 2, p.202-311.

no que dizia respeito a um ato específico, quanto no que estava relacionado ao estado de uma pessoa.[64] A incapacidade, por sua vez, era a falta de aptidão para fazer, dar, receber, transmitir ou recolher algo. A incapacidade tinha sua origem na natureza, na lei ou em ambas. Eram exemplos de incapazes em razão da natureza o filho nascido morto, o surdo-mudo e o "demente". Eram incapazes, pela lei, os sujeitos à morte civil, os estrangeiros e os bastardos. O exemplo que o autor dava de incapacidade, pela lei e pela natureza, era a mulher casada.[65]

Direito pessoal era a faculdade que cada pessoa tinha de fazer algo ou de gozar do que lhe pertencia. O autor mencionava como exemplos de direitos pessoais o exercício do poder paterno e a aquisição de crédito. Afirmava, ainda, que os benefícios concedidos às mulheres e aos menores também deveriam ser entendidos como direitos pessoais. O direito era real quando esta faculdade estava unida a algum bem de raiz. Eram exemplos: usufruto, direito de uso, habitação e hipotecas.[66] A respeito dos direitos civis afirmou:

> Esta locução ao plural compreende os direitos em geral, cujo gozo a lei segura a todo o cidadão. Estes direitos são relativos à pessoa e à propriedade. Consistem no direito de estar em juízo como autor ou réu, de ser testemunha, arbitrador, ou árbitro, tutor, ou curador; de contrair matrimônio, de suceder e transmitir os seus bens por doação ou testamento, e outros.[67]

Pela análise desses verbetes, contata-se que, a despeito da inexistência de conceitos explícitos de "pessoa" e "personalidade", esta-

---

64 BORGES, J. F. *Dicionário jurídico-comercial*, p.65.

65 BORGES, J. F. *Dicionário jurídico-comercial*, p.199.

66 BORGES, J. F. *Dicionário jurídico-comercial*, p.126-127, 131.

67 BORGES, J. F. *Dicionário jurídico-comercial*, p.131.

va subjacente a noção de pessoa como ente dotado da faculdade de adquirir direitos. O exercício desses direitos, contudo, dependia da capacidade, que era determinada pela lei ou pela natureza.

Manuel Borges Carneiro

Já para o jurista Manuel Borges Carneiro,[68] "pessoa era o homem considerado em seus direitos, qualquer que fosse a sua idade, sexo, condição". Em relação à condição, as pessoas se classificavam em livres e escravos. Essa diferença entre as pessoas se originava nas instituições civis, não na natureza. O autor afirmou, ainda, que o direito romano classificava as pessoas de acordo com seus estados de liberdade, cidade e família. Quem perdia algum desses estados e seus direitos correspondentes estava sujeito à *capitis minutio, maxima, media* ou *minima*.[69]

Nesse caso, também, o conceito de pessoa, ainda que pouco sistematizado, está relacionado à aquisição de direitos. Carneiro afirmou que todos os homens eram pessoas, independentemente de sua condição. Isto é, todos os homens eram passíveis de adquirir direitos. Essa situação, porém, não impedia que existissem diferenças entre as pessoas.

Personalidade jurídica: aproximação do conceito

Após esse percurso pelas obras jurídicas, é possível concluir, de maneira aproximada, que, no Brasil do século XIX: *personalidade jurídica era a aptidão para adquirir direitos e contrair deveres, ou obrigações*. Todos os juristas analisados compartilhavam a noção de

---

68 Para uma breve biografia de Carneiro, ver LOUREIRO, J. P. *Jurisconsultos portugueses do século XIX*, vol. 2, p.1-25.

69 CARNEIRO, M. B. *Direito civil de Portugal*, tomo I, 1826, p.65-70; CARNEIRO, M. B. *Direito civil de Portugal*, tomo I, 1851, p.65-70.

que pessoas, ou sujeitos de direitos, eram aqueles entes dotados de personalidade jurídica, ou seja, aqueles que podiam adquirir direitos e contrair deveres.

Os civilistas eram cautelosos com a identificação dos conceitos de "pessoa" e "homem". Essa identificação era feita, por exemplo, por Freire, Rocha e Carneiro. Em relação aos demais autores, havia aqueles que não identificavam a pessoa diretamente com o homem, mas que opunham pessoas e coisas de maneira contundente, como Freitas. E havia, ainda, os que não consideravam pessoas e coisas como categorias contraditórias, como Ribas.

Os autores analisados, sem exceção, admitiam que havia diferenças entre as pessoas no que dizia respeito à aquisição de direitos. Essa diferenciação era atribuída à teoria da capacidade, para Freitas e Borges, e à teoria dos estados, para os demais juristas. Mas qual era a diferença entre a teoria dos estados e a teoria das capacidades? Passo, agora, à análise delas.

Teoria dos estados

Ao tratar da teoria dos estados, os autores analisados faziam constantes referências ao direito romano.[70] Por isso, para analisá-la, utilizei os livros que tratam de direito romano e foram citados na amostra de ações já descrita na introdução deste trabalho.[71] São eles: *Recitationes in elementa iuris civilis secundum ordinem Institutionum*, de Heineccius e *Sistema do direito romano atual*, de Friedrich Karl von Savigny.

---

70 "Direito romano" no sentido já explicitado anteriormente: um complexo de normas que sofreu diferentes interpretações e esteve sujeito a diversos processos de seleção ao longo dos séculos.

71 As obras não foram explicitadas na Tabela 1, porque foram citadas apenas uma vez. Tratam-se das obras agregadas sob a categoria residual "Outros".

De acordo com a teoria dos estados, "pessoa" era o homem que tinha "estado". Estado, por sua vez, era uma qualidade em razão da qual os homens possuíam direitos. Outra denominação possível para "estado" era *caput*.[72] O estado podia ser natural ou civil. O estado natural provinha da natureza dos seres e o estado civil era o que derivava das disposições do direito civil. O estado civil podia ser de liberdade, de cidade ou de família. Assim, de acordo com o direito romano, todo aquele que não gozava de algum desses três estados civis não era pessoa, apesar de ser homem. Ocorria *capiter minuitur* quando alguém perdia total ou parcialmente algum desses estados. A mutação do estado anterior era chamada de *capitis diminutio*, que podia ser máxima, média ou mínima. Máxima era a privação da liberdade, o que fazia perder, também, os estados de cidade e de família. A média era quando se perdiam os direitos de cidadania. Nesse caso, a pessoa continuava a ser livre, mas estrangeira, o que fazia com que também perdesse o estado de pai de família. Já a mínima era a posição de dependência no núcleo familiar, permanecendo a liberdade e os direitos de cidadania.[73]

De acordo com o estado civil de liberdade, os homens podiam ser livres ou escravos. Livres eram os que não estavam sujeitos à escravidão, ou seja, não estavam sujeitos ao poder senhorial. Os livres podiam ser ingênuos ou libertos. Ingênuos eram os que nunca estiveram sujeitos à escravidão, que já nasceram livres. Já os libertos eram os que foram manumitidos da escravidão. Escravos eram aqueles que estavam vivendo em escravidão. A contraposição se dava, dessa maneira, entre liberdade e escravidão. Liberdade era entendida como a faculdade de se fazer o que quiser, a menos que fosse impedido pela força ou pelo direito. A escravidão era uma instituição introduzida

---

72 HEINECIO, J. *Recitaciones del derecho civil*, tomo I, p.77-78.

73 HEINECIO, J. *Recitaciones del derecho civil*, tomo I, p.78, 196-198; SAVIGNY, F. K. *Traité de droit romain*, tomo II, p.22-25, 58-169.

pelo direito, segundo a qual o homem estava sujeito ao domínio de outro, contra sua natureza de ser livre.[74]

No que dizia respeito ao estado de cidade, as pessoas podiam ser *cives, latini* ou *peregrini. Cives* eram aquelas que possuíam *connubium* e *commercium*, sem qualquer restrição. No direito romano, a expressão *connubium* dizia respeito ao direito de contrair casamento romano, do qual se originava uma relação de parentesco romana e, consequentemente, o direito de sucessão. Já a expressão *commercium* referia-se ao direito de vender e de comprar, ou seja, de contratar. Aos *peregrini* não eram reconhecidos nem o *connubium*, nem o *commercium*. Os *latini*, por sua vez, possuíam um estado de cidade intermediário, uma vez que a eles era reconhecido o *commercium*, mas não o *connubium*.[75]

Em relação ao estado civil de família, as pessoas se dividiam em donas de si mesmas (*sui juris*) e sujeitas ao poder alheio (*alieni juris*). *Sui iuris* eram as pessoas que não estavam sujeitas nem ao poder senhorial e nem ao pátrio poder e eram chamadas de pais de família. Já as pessoas *alieni juris* eram as que estavam sujeitas ao pátrio poder – chamadas de filhos-família – ou ao poder senhorial – como era o caso dos escravos.[76]

Hespanha ressalta que, a respeito do direito português do Antigo Regime, o conceito de personalidade jurídica não deve ser entendido como o atributo de pessoas, mas como uma forma de qualificar estados. A noção de estado, no Antigo Regime português, estava ligada à concepção de que Deus criou a natureza e que, nela, os entes ocupavam posições específicas. Portanto, a atribuição de direitos e deveres a cada ente dependia de seu lugar na ordem do mundo, e não de sua

---

74 HEINECIO, J. *Recitaciones del derecho civil*, tomo I, p.79-81; SAVIGNY, F. K. *Traité de droit romain*, tomo II, p.28-36.

75 SAVIGNY, F. K. *Traité de droit romain*, tomo II, p.22, 25-26, 36-48.

76 HEINECIO, J. *Recitaciones del derecho civil*, tomo I, p.113-114; SAVIGNY, F. K. *Traité de droit romain*, tomo II, p.48-58.

eventual condição humana. O "estado" era, então, o elemento central na atribuição de personalidade jurídica, na identificação dos sujeitos de direitos e isso tinha duas consequências: em primeiro lugar, não havia uma distinção rigorosa entre sujeitos e objetos de direitos e, em segundo lugar, vários estados podiam coincidir no mesmo ente.[77]

Teoria da capacidade

Como já demonstrei, para Borges, a capacidade era a aptidão para o exercício de direitos. É Freitas quem nos dá uma dimensão mais aprofundada dessa noção. Mas não na *Consolidação das leis civis*, já analisada. A teoria das capacidades foi por ele desenvolvida em seu *Código Civil*.

A capacidade civil podia ser de direito ou de fato. A capacidade de direito era a aptidão que as pessoas tinham para adquirir direitos e para exercer, por si ou por meio de outra pessoa, os atos que não eram proibidos pela lei. Não era possível valer-se do conceito de capacidade de direito para diferenciar as pessoas, porque, nesse caso, ter-se-ia que admitir a existência de homens que não eram pessoas. Uma vez que todo homem era suscetível de adquirir direitos, ainda que de maneira restrita, não era possível diferenciá-los com base na capacidade de direito. Por maiores que fossem as proibições, não existia pessoa sem capacidade de direito. Para Freitas, capacidade de direito e personalidade jurídica eram conceitos correlatos.[78]

A capacidade de fato era o grau de aptidão das pessoas para exercerem, por si, os atos da vida civil. Essa aptidão podia ser completa ou incompleta. A aptidão era incompleta nos casos de incapacidade rela-

---

77 HESPANHA, A. M. *O direito dos letrados no império português*, p.41-50; HESPANHA, A. M. *Como os juristas viam o mundo*, p.203-209.

78 FREITAS, A. T. *Código civil*, vol. 1, p.24-26.

tiva. Em outras palavras, nos casos de incapacidade relativa, a pessoa era capaz para praticar alguns atos por si só e incapaz para outros.[79]

Quando os atos eram diretamente proibidos pela lei, as pessoas eram incapazes de direito. A incapacidade de fato ocorria quando determinados atos não eram diretamente proibidos pela lei, mas não podiam ser praticados por algum outro impedimento. A incapacidade de fato sempre podia ser suprida pela representação. Freitas citou, como exemplo, os menores, que não podiam realizar transações de compra e venda diretamente, mas o podiam fazer por meio de seus tutores. Nesse caso, havia capacidade de direito e incapacidade de fato.[80]

Desse modo, é possível concluir que, de acordo com a teoria das capacidades, as pessoas eram entes suscetíveis de adquirir direitos e, por isso, eram dotadas de personalidade jurídica ou capacidade de direito. Contudo, as pessoas tinham diferentes graus de aptidão para exercerem, por si ou por seus representantes, os atos da vida civil, ou melhor, no que concerne à capacidade de fato, as pessoas podiam ser capazes ou incapazes.

***

Por conseguinte, na segunda metade do século XIX, no Brasil, "personalidade jurídica" era considerada pelos juristas analisados como a aptidão para adquirir direitos e contrair deveres. Eram exemplos desses direitos e deveres: casamento, pátrio poder, parentesco, tutela, curatela, capacidade contratual, domínio, hipoteca, prescrição aquisitiva, direito de demandar em juízo, herança, reparação de lesões, autoridade marital, maioridade, capacidade de testar e suceder, exercer a mercancia, adquirir crédito, usufruto, livre disposição da própria pessoa, etc. Contudo, a aquisição e o exercício desses direitos adquiriam contornos diferentes de acordo com a pessoa em questão.

---

79 FREITAS, A. T. *Código civil*, vol. 1, p.26-27.
80 FREITAS, A. T. *Código civil*, vol. 1, p.25-27.

Com base nessa noção, nos capítulos seguintes, analisarei a personalidade jurídica dos escravos brasileiros. Quais desses direitos podiam exercer os escravos? Quais as limitações impostas aos escravos no exercício desses direitos? O que significava afirmar que pessoas como Rita e seus filhos possuíam personalidade jurídica? O que significava negar a personalidade jurídica a essas pessoas?

CAPÍTULO 2

"A fim de que possa intentar contra seu pretendido senhor as ações que a lei lhe faculta": o direito de ação dos escravos

O direito de ação dos escravos

Em 3 de março de 1871, em Limeira, Francisca deu início a uma "ação de liberdade e depósito" contra Affonso Levy. Ela alegava que tinha recebido carta de liberdade de seu antigo senhor, mas que o réu, Affonso, que pretendia ser seu senhor atual, afirmava tê-la comprado e a mantinha como escrava.[1] Por isso, pedia ao juiz que:

> [...] na forma da Lei digne-se mandar pôr a suplicante em depósito a fim de que possa intentar contra seu pretendido senhor as ações que a lei lhe faculta, nomeando--lhe, em atenção à fraqueza e condição de seu estado, um curador que depois do depósito, possa defender os seus direitos e requerer o que convir em seu benefício.[2]

1   Apelação cível sobre liberdade de escravos, 1871, processo n. 173, AEL.
2   Apelação cível sobre liberdade de escravos, 1871, processo n. 173, AEL, p.4-4v.

Depois de nomeado o curador e realizado o depósito da libertanda, foi requerido ao juiz, para que o processo prosseguisse, que, "com a devida vênia sirva-se ordenar a citação requerida [do réu Affonso]".[3]

Também no ano de 1871, no dia 31 de julho, Clelia Leopoldina de Oliveira compareceu perante o juiz da 2ª vara cível da Corte,[4] apresentando a seguinte petição:

> Diz D. Clelia Leopoldina d'Oliveira, que a sua escrava Brasilia, parda, tendo sido manutenida na posse da liberdade a requerimento do Dr. Olympio Giffenig de Niemeyer, nomeado por este juízo escrivão Caetano da Silva, quer propor a sua competente ação de libelo, para o fim de havê-la para o seu poder como escrava, que é de sua propriedade; e assim requer que distribuída esta por dependência ao mesmo escrivão, *sejam citados o dito Dr. Olympio e a dita manutenida*, para na 1ª audiência virem falar à referida ação, e afinal ser julgada procedente, e reconhecida a mesma como sua escrava e custas, protestando no libelo mostrar melhor o seu direito.[5]

Ambos os processos tinham como objetivo discutir o estatuto jurídico de alguém. O primeiro foi proposto por uma suposta escrava contra um suposto senhor e o segundo, por uma suposta senhora contra uma suposta escrava. Esse tipo de ação não era algo excepcional no Judiciário brasileiro. Já há algumas décadas, os historiadores identificaram que os escravos brasileiros eram figuras presentes em processos judiciais. Tal presença poderia se dar em diferentes tipos de processos. Tome-se, como exemplo, o levantamento feito por Thiago

---

3   Apelação cível sobre liberdade de escravos, 1871, processo n. 173, AEL, p.11.

4   Apelação cível sobre liberdade de escravos, 1871, processo n. 178, AEL.

5   (*Grifos meus*). Apelação cível sobre liberdade de escravos, 1871, processo n. 178, AEL, p.4.

ESCRAVIDÃO E DIREITO

de Azevedo Pinheiro Hoshino no fundo "Poder Judiciário Estadual", do Departamento de Arquivo Público do Estado do Paraná. Dentre todos os processos judiciais que tramitaram na comarca de Curitiba, entre 1868 e 1888, aos quais o autor teve acesso, houve presença de escravos em 12,5% do total de 1.600. Essas ações eram cíveis e criminais. As ações cíveis versavam sobre os mais variados temas: inventários, execuções fiscais, embargos em questões fundiárias, indenizações, contratos, penhoras, hipotecas, doações e questões de liberdade. Nesses processos, os escravos poderiam figurar como bens, ou seja, como objetos do litígio, ou como partes litigantes.[6]

---

6 HOSHINO, T. A. P. *Entre o espírito da lei e o espírito do século*, p.27-28, 31-35. Para uma análise da presença do escravo em processos criminais que tramitaram perante o TRRJ, entre 1751 e 1808, com base em alvarás de fiança, cartas de seguro e provisões, ver WEHLING, A.; WEHLING, M. J. *Direito e justiça no Brasil colonial*, p.479-498. Existe, ainda, uma vasta produção historiográfica que analisa processos nos quais os escravos eram partes litigantes e estavam discutindo sua condição de liberdade. Como exemplos, destaco AZEVEDO, E. Para além dos tribunais; AZEVEDO, E. *O direito dos escravos*; CHALHOUB, S. *Visões da liberdade*; GRINBERG, K. *Liberata, a lei da ambiguidade*; GRINBERG, K. "Reescravização, direitos e justiças no Brasil do século XIX"; GRINGERG, K. "Senhores sem escravos"; MAMIGONIAN, B. G. "O direito de ser africano livre"; MATTOS, H. M. *Das cores do silêncio*; MENDONÇA, J. M. N. *Entre a mão e os anéis*; PENA, E. S. *Pajens da casa imperial*. Sobre a presença de escravos como autores e réus em processos que versavam sobre a definição de seu estatuto jurídico, ainda no século XVIII, ver PINHEIRO, F. A. D. *Em defesa da liberdade* e PINHEIRO, F. A. D. "Transformações de uma prática contenciosa". Para pesquisas que analisam o ajuizamento de processos judiciais por escravos, em outras jurisdições americanas, ver CANDIOTI, M. "Altaneros y libertinos"; DE LA FUENTE, A. "Su 'único derecho'"; GONZÁLEZ UNDURRAGA, C. *Esclavos y esclavas demandando justicia*; JIMÉNEZ MENESES, O., PÉREZ MORALES, E. *Voces de esclavitud y libertad*; McKINLEY, M. *Fractional Freedoms*; MERIÑO FUENTES, M. A., PERERA DÍAZ, A. *Estrategias de*

Tendo em vista o fato de que escravos eram figuras recorrentes em processos judiciais e que, em um número expressivo deles, eram partes litigantes, impõe-se a seguinte questão: tinham os escravos direito de ação e seu correlato direito de defesa? Se sim, em que medida eram esses direitos exercidos? O que significava para Francisca requerer a nomeação de um curador e que fosse colocada em depósito? Por que ela pedia "vênia" para que o réu fosse citado? A "vênia" que ela mencionou em seu pedido era mera fraseologia jurídica ou tinha um significado processual? Quais eram os fundamentos jurídicos que permitiam que Clelia requeresse a citação de Brasilia? Esses são os problemas que investigarei neste capítulo.

No direito brasileiro oitocentista, não havia nenhuma lei que, expressamente, declarasse o direito de ação dos escravos.[7] No entanto,

---

libertad; REBAGLIATI, L. E. *Pobreza, caridad y justicia en Buenos Aires*; SCHAFER, J. K. *Slavery, the Civil Law, and the Supreme Court of Louisiana*; SCHAFER, J. K. *Becoming Free, Remaining Free*; SCOTT, R. J. *Paper Thin*; SILVA JÚNIOR, W. L. *Entre a escrita e a prática*; VANDERVELDE, L. *Redemption Songs*.

7 A bem da verdade, mesmo nos dias de hoje, não existe nenhuma norma com a fórmula explícita "todos têm direito de ação". Existem dispositivos que, interpretados, levam à conclusão de que o ordenamento jurídico brasileiro garante o direito de ação. Cito, como exemplos, o artigo 5°, XXXV ("a lei não excluirá da apreciação do Poder Judiciário lesão ou ameaça a direito"), LIV ("ninguém será privado da liberdade ou de seus bens sem o devido processo legal") e LV ("aos litigantes, em processo judicial ou administrativo, e aos acusados em geral são assegurados o contraditório e ampla defesa, com os meios e recursos a ela inerentes"), da Constituição de 1988. Destaco, também, o artigo 7° ("Toda pessoa que se acha no exercício dos seus direitos tem capacidade para estar em juízo"), do Código de Processo Civil. Ora, se, hoje em dia, ninguém contesta que os sujeitos de direitos têm direito de ação, mesmo sem uma norma que o explicite com a fórmula "todos têm direito de ação", não há motivos para que o reconhecimento da existência do direito de ação dos escravos, no

ESCRAVIDÃO E DIREITO

desde o período colonial, a possibilidade de os escravos figurarem, como partes, em juízo, já era mencionada em diversos dispositivos legais.[8] Além do mais, a legislação não era a única fonte do direito, não era o único meio de produção do direito vigente. A jurisprudência, a doutrina e os atos emanados de outros centros do poder estatal também eram considerados como fontes do direito no século XIX.[9]

---

século XIX, dependesse de uma fórmula legal desse tipo. A constatação ou não da existência do direito de ação dos escravos, no século XIX, deve ser feita, assim como nos dias de hoje, a partir de uma análise do ordenamento jurídico como um todo. A ausência de norma explícita, como ocorria no caso brasileiro, não era a regra em outras partes da América. Para o caso da Louisiana, por exemplo, ver SCHAFER, J. K. *Becoming Free, Remaining Free*, p.1-33. No caso das colônias espanholas, havia o *Real Mandamiento*, de 15 de abril de 1540, que determinava que as *Reales Audiencias* ouvissem os que, tidos como escravos, afirmassem que eram livres. SALMORAL, M. L. *Leyes para esclavos*, p.648. Sobre escravos no Judiciário, em Cuba, ver DE LA FUENTE, A. "Slaves and the Creation of Legal Rights in Cuba" e DE LA FUENTE, A. "Su "único derecho"".

8 Alguns exemplos, do período colonial, são: Ordenações Manuelinas, livro 3°, título 28, §8°; Ordenações Filipinas, livro 3°, título 11, §4° e título 18, §8°; Alvará de 10 de março de 1682; Carta régia de 20 de março de 1688; Alvará de 16 de janeiro de 1759; Aviso de 3 de novembro de 1783. LARA, S. H. *Legislação sobre escravos africanos na América portuguesa*, p.56, 93-95, 186-189, 198, 337, 364. Para o Brasil Império, são exemplos: Decisão n. 234 de 22 de junho de 1866; Decisão n. 345 de 2 de agosto de 1869; Decisão n. 54 de 9 de fevereiro de 1870; Aviso n. 158 de 15 de junho de 1870; Lei n. 2.040 de 28 de setembro de 1871, artigo 7°; Decreto n. 5.135 de 13 de novembro de 1872, artigos 80 e 81; Decisão n. 600 de 6 de outubro de 1876. TRIBUNAL DE JUSTIÇA DO ESTADO DO RIO DE JANEIRO. *Legislação, escravidão, século XIX*, p.132, 146, 149-150, 153, 179-180, 206-207.

9 CARNEIRO, M. B. *Direito civil de Portugal*, tomo I, 1826, p.2-64; CARNEIRO, M. B. *Direito civil de Portugal*, tomo I, 1851, p.2-64; LOUREIRO, L. T. *Instituições de direito civil brasileiro*, tomo I, 1862, p.15-20; RIBAS, A. J. *Curso de direito civil brasileiro*, tomo I, 1865, p.99-191; RIBAS, A.

60   MARIANA ARMOND DIAS PAES

Tendo isso em mente, passo à análise do que diziam os juristas brasileiros e portugueses a respeito do direito de ação dos escravos.

De acordo com Joaquim José Caetano Pereira e Sousa,[10] "autor" era "a pessoa que pede em Juízo que se lhe dê, ou faça alguma coisa, ou que se lhe julgue algum direito".[11] Podiam demandar em juízo todos os que não fossem disso expressamente proibidos. Ou seja, todos podiam demandar em juízo, exceto os escravos sem autorização de seu senhor, as mulheres sem autorização de seus maridos, os menores sem assistência de tutores e curadores, os maridos que litigassem sobre bens imóveis sem a outorga da mulher, além dos julgadores temporais, "furiosos", "dementes", "pródigos", banidos, mudos, surdos, filhos-famílias sem autorização de seus pais e religiosos sem autorização de seu prelado. A regra de que o escravo não podia demandar sem autorização de seu senhor era indicada, pelo autor, como retirada do direito romano.[12]

J. *Curso de direito civil brasileiro*, tomo I, 2003, p.108-199; ROCHA, M. A. C. *Instituições de direito civil português*, tomo I, 1848, p.17-23; RO-CHA, M. A. C. *Instituições de direito civil português*, tomo I, 1852, p.17-23; ROCHA, M. A. C. *Instituições de direito civil português*, tomo I, 1857, p.17-23; ROCHA, M. A. C. *Instituições de direito civil português*, tomo I, 1867, p.17-23. Freire era mais reticente do que os autores do século XIX a respeito da doutrina como fonte do direito. Ele afirmou que a interpretação doutrinal era admitida pelo direito, mas não tinha toda a força da interpretação autêntica, que era a feita pelo rei. FREIRE, P. J. M. *Instituições de direito civil português*, livro I, p.101-102.

10   Para uma pequena biografia de Pereira e Sousa, ver LOUREIRO, J. P. *Jurisconsultos portugueses do século XIX*, vol. 1, p.432-437.

11   SOUSA, J. J. C. P. *Primeiras linhas sobre o processo civil*, tomo I, p.29.

12   SOUSA, J. J. C. P. *Primeiras linhas sobre o processo civil*, tomo I, p.29-31. Já o jurista português Almeida e Sousa, em *Segundas linhas sobre o processo civil*, fez vários apartes ao texto de Pereira e Sousa. Em relação aos escravos, limitou-se a elencar uma referência a Blasius Altimaris. SOUSA, M. A. *Segundas linhas sobre o processo civil*, tomo I, 1868, p.18-21.

ESCRAVIDÃO E DIREITO

A despeito dessa afirmação de Pereira e Sousa, o procedimento judicial para reconhecimento da liberdade, no direito romano, como descrito por Alan Watson, era bem diferente do que vigorava em Portugal e no Brasil. Watson argumenta que, no direito romano, a possibilidade de escravos figurarem em juízo para pleitear sua liberdade estava fundamentada em uma ficção jurídica. Somente pessoas livres poderiam ser partes em processos judiciais. Para figurar em juízo, o escravo teria que alegar ser um homem livre, ilegalmente escravizado. Assim, apesar de Pereira e Sousa ter afirmado que a possibilidade dos escravos figurarem em juízo como partes era oriunda do direito romano, este último não era, de fato, o fundamento levado em consideração nos processos que tramitaram perante o Judiciário brasileiro ou o português das últimas décadas da colonização.[13]

Já o réu, para Pereira e Sousa, era a pessoa contra quem se dirigia a ação. Ou seja, era contra quem se propunha o processo. Em geral, podiam ser demandados todos os que tinham a livre administração de seus bens. Assim, não poderiam ser réus: os escravos, as mulheres casadas, os "furiosos", os "mentecaptos", os "pródigos", os menores sem assistência de tutores ou curadores, os presos, os mudos, os surdos, os filhos-famílias, os religiosos e os magistrados temporais. A regra sobre os escravos era retirada das Ordenações Filipinas, livro 4º, título 81 – dispositivo que proibia os escravos de fazerem testamento –[14] e

---

13 WATSON, A. *Roman Slave Law*, p.24-25. No *Digesto*, as chamadas *liberali causa* também têm pouca relação com o tipo de processo que era ajuizado perante o Judiciário brasileiro. WATSON, A (trad.). *The Digest of Justinian*, vol. 2, livro 40, título 12. Sobre ações de determinação de estatuto jurídico no Brasil colônia, ver PINHEIRO, F. A. D. "Transformações de uma prática contenciosa".

14 Ordenações Filipinas, livro 4º, título 81, §4º: "Item, o herege, ou apóstata não pode fazer testamento, nem o escravo, nem o religioso professo, nem o pródigo, a que é defesa, e tolhida a administração de seus bens;

do direito romano, no qual também se encontraria a determinação de que os escravos poderiam figurar como réus nos crimes públicos.[15]

A invocação da ficção jurídica do direito romano para fundamentar a presença de escravos em juízo foi reforçada por Telles. Ele considerava que os escravos não tinham direito de ação. No que dizia respeito às ações de escravidão, eles poderiam figurar como réus, porque estavam vivendo como pessoas livres. Por outro lado, nas ações de liberdade, a parte autora era a "pessoa livre, que é tratada por escrava" ou quem tivesse interesse na liberdade dessa "pessoa livre".[16] Essa norma era similar ao que ocorria no direito romano, pois o escravo deveria alegar que já era uma pessoa livre, ilegalmente escravizada, não requerer que o Judiciário declarasse essa liberdade.

Ao contrário de seus compatriotas portugueses, Carneiro não considerava que o direito de ação dos escravos estivesse fundamentado no direito romano. Quando se questionava se determinada pessoa era livre ou escrava, o próprio escravo poderia ajuizar uma ação de liberdade. Caso ele não o fizesse, era permitido que outra pessoa iniciasse o procedimento em seu nome. Como essa ação tratava da definição do estado de uma pessoa, ela era prejudicial e deveria ser decidida antes de qualquer outra ação que dependesse da determinação desse estatuto jurídico. Ao fazer essa afirmação, o autor baseou o direito de ação dos escravos no direito natural, mais especificamente

---

nem outros semelhantes a estes." ALMEIDA, C. M. *Código filipino*, vol. 4, p.909-910.

15 SOUSA, J. J. C. P. *Primeiras linhas sobre o processo civil*, tomo I, p.33-34.

16 TELLES, J. H. C. *Doutrina das ações*, 1824, p.12-13; TELLES, J. H. C. *Doutrina das ações*, 1869, p.13-14; TELLES, J. H. C. *Digesto português*, tomo II, 1835, p.220; TELLES, J. H. C. *Digesto português*, tomo II, 1838, p.220; TELLES, J. H. C. *Digesto português*, tomo II, 1860, p.220. Ressaltamos, ainda, que no *Manual do processo civil*, Telles não indicou os escravos no rol de pessoas que não poderiam figurar, como partes, em processos. TELLES, J. H. C. *Manual do processo civil*, 1844, p.5-8.

na obra de Heineccius.[17] Carneiro era um conhecido líder do movimento liberal português.[18] No final do século XVIII e ao longo do século XIX, o liberalismo estava frequentemente associado a teorias jusnaturalistas.[19] Assim, muito provavelmente por causa de seu ideário político, Carneiro considerava que os escravos tinham direito de ação e que ele tinha seu fundamento jurídico no direito natural, não no direito romano.

Ligeiramente diferente era o tratamento que os juristas brasileiros davam à questão. Eles também optaram por não fundamentar o direito de ação dos escravos no direito romano. José Maria Frederico de Souza Pinto, por exemplo, afirmou que o escravo não podia ser autor sem a autorização de seu senhor, exceto quando propusesse ação de liberdade, caso em que se deveria nomear-lhe um curador. Fazendo uma interpretação extensiva das Ordenações Filipinas, livro 3º, título 9º, §1º,[20] Pinto argumentou, também, que, nos casos em que

---

17 Carneiro afirmou, ainda, que esse tipo de ação gozava de "muitos privilégios concedidos em favor da liberdade". Eram eles: a) o ônus da prova cabia a quem requeria contra a liberdade, pois todo homem se presumia livre; b) essa causa não admitia estimação, porque a liberdade era de valor inestimável; c) nessas causas, deveria ocorrer o depósito do libertando. CARNEIRO, M. B. *Direito civil de Portugal*, tomo I, 1826, p.96-97; CARNEIRO, M. B. *Direito civil de Portugal*, tomo I, 1851, p.96-97.

18 LOUREIRO, J. P. *Jurisconsultos portugueses do século XIX*, vol. 2, p.1-25.

19 HESPANHA, A. M. *A história do direito na história social*, p.71-95; HUNT, L. *A invenção dos direitos humanos*, p.113-176.

20 Ordenações Filipinas, livro 3º, título 9, §1º: "Outrossim, não poderá o pai natural e legítimo, ou natural somente, nem outro ascendente, macho, ou fêmea, ser citado por seu filho, ou outro qualquer descendente, posto que seja emancipado, por nenhuma causa cível, nem crime, nem o patrono, nem quaisquer descendentes, ou ascendentes do dito patrono por seu liberto, sem primeiro impetrarem licença do Juiz, que da causa houver de conhecer. E o que o contrário fizer, incorrerá em pena de cinquenta cruzados para aquele, que assim for citado, sem a dita licença do Juiz ser

o escravo litigasse contra seu senhor, era necessário que o juiz autorizasse esse processo. Essa autorização era chamada de "vênia" e deveria anteceder a citação do senhor.[21]

Alberto Antonio de Moraes Carvalho também afirmou que os escravos não podiam litigar sem a autorização de seus senhores. Entretanto, acrescentou que, quando a questão fosse com o próprio senhor, deveriam ser nomeados um tutor e um curador ao escravo.[22]

Freitas também não endossava a ideia de que o direito de ação dos escravos estava fundamentado em uma ficção jurídica. Mas isso não impedia que ele defendesse que os escravos necessitavam de representação por curador, quando em juízo, pois entrariam no "número das pessoas incapazes". Ao comentar as *Primeiras linhas sobre o processo civil*, de Pereira e Sousa, Freitas também afirmou que a autorização do senhor era necessária nos processos que os escravos ajuizassem contra outras pessoas, que não fossem seu senhor. Ou seja, para ele, além de os escravos terem direito de ação no que dizia respeito a processos que versassem sobre seu estatuto jurídico, também poderiam figurar como partes em outros tipos de processos, desde que autorizados por seus senhores.[23]

---

primeiro impetrada, se a dita pena quiser demandar. Porém, se antes que seja citado pela dita pena, quiser desistir da citação e instância daquele Juízo, pode-lo-á fazer, e fazendo-o, não poderá ser demandado pela dita pena. E se aquele, que nela incorrer, não tiver fazenda, por que a possa pagar, será punido corporalmente, segundo a qualidade das pessoas e arbítrio do Julgador." ALMEIDA, C. M. *Código filipino*, vol. 3, p.571.

21 PINTO, J. M. F. S. *Primeiras linhas sobre o processo civil brasileiro*, tomo I, 1850, p.28-31, 37-38; PINTO, J. M. F. S. *Primeiras linhas sobre o processo civil brasileiro*, tomo I, 1875, p.36, 45.

22 CARVALHO, A. A. M. *Praxe forense*, tomo I, p.72-73.

23 FREITAS, A. T. *Consolidação das leis civis*, 1865, p.16; FREITAS, A. T. *Consolidação das leis civis*, 1876, p.24; FREITAS, A. T. *Primeiras linhas sobre o processo civil*, tomo I, p.45.

Já Ribas, em seu livro de direito administrativo, afirmou que os escravos tinham o direito de "comparecer em juízo em nome próprio, como autores ou réus, com a assistência de curador, nas causas espirituais e matrimoniais [...] ou para defenderem a sua liberdade."[24]

Agostinho Marques Perdigão Malheiro afirmou, em relação ao direito de ação, que, como regra geral, o escravo não tinha "o direito de figurar em juízo". Essa norma, porém, tinha exceções. O escravo poderia figurar em juízo: a) nas causas espirituais, como, por exemplo, as que diziam respeito a casamentos; b) nos processos que discutissem sua liberdade; e c) nas ações de evidente interesse público. Ademais, a bem da defesa de sua liberdade, o escravo poderia constituir procurador.[25]

Diante do exposto, conclui-se que, no século XIX, a maior parte dos juristas brasileiros não encampava a defesa da ficção jurídica de direito romano, mas considerava que os escravos gozavam de um direito de ação limitado. Assim, uma vez fundado no direito romano, o direito de ação dos escravos foi sendo reinterpretado pelos princípios de direito natural ao longo do século XIX. Esse direito, componente da personalidade jurídica, era, portanto, reconhecido aos escravos, que, com as limitações apontadas, efetivamente o exerciam. As restrições ao direito de ação dos escravos eram de diversas ordens. A seguir, analiso duas dessas restrições: o requisito de vênia e a necessidade de representação por curador. Como visto, ambas as restrições aparecem no caso de Francisca.

---

24 RIBAS, A. J. *Direito administrativo brasileiro*, p.373-374.

25 MALHEIRO, A. M. P. *A escravidão no Brasil*, vol. 1, p.67, 125. A afirmação de que o escravo poderia constituir procurador, a bem de sua defesa, também foi feita por Pinto. PINTO, J. M. F. S. *Primeiras linhas sobre o processo civil brasileiro*, tomo I, 1850, p.69.

O requisito da "vênia"

Francisca requereu, "com a devida vênia", que o juiz municipal de Limeira mandasse citar o réu Affonso. Alguns juristas consideravam a "vênia" como um procedimento essencial quando os escravos eram partes processuais: para que o direito de ação fosse exercido, era indispensável que o escravo requeresse autorização do seu senhor ou do juiz. No processo ajuizado por Marianna e Antonia contra Pedro Celestino,[26] por exemplo, o advogado do réu alegou que:

> A essa nulidade [ausência de citação do réu] acresce a outra de falta de imploração de vênia: visto que, seguindo o disposto na Ord. L. 3. tit. 9, os que pugnam pela sua liberdade não podem comparecer em juízo a demandar seus senhores, sem antes implorarem vênia nos termos da citada Ord.[27]

Ora, a citada ordenação nada mencionava a respeito de supostos escravos que litigavam contra seus supostos senhores acerca de sua liberdade. Como já mencionei, na seção anterior, essa norma determinava que os libertos deveriam requerer vênia ao juiz caso quisessem processar seus ex-senhores – os chamados "patronos". Ademais, a ordenação tratava de processos em geral, não especificamente de processos de definição de estatuto jurídico.[28]

Para embasar esse argumento, o advogado do réu também citou Pereira e Sousa e Almeida e Sousa. Porém, também esses autores estavam se referindo à vênia que deveria ser pedida pelo liberto. Nenhum

---

26 Apelação cível sobre liberdade de escravos, 1863, processo n. 103, AEL. Esse processo é analisado pormenorizadamente no capítulo 4.

27 Apelação cível sobre liberdade de escravos, 1863, processo n. 103, AEL, p.88.

28 ALMEIDA, C. M. *Código filipino*, vol. 3, p.571-574.

deles mencionou a situação do escravo. É interessante notar, inclusive, que Almeida e Sousa se posicionou contra o pedido de vênia para citar magistrados, pois assim não mais se procedia em "muitas nações". Mas Almeida e Sousa afirmou, também, que, ainda que por um procedimento simplificado, a vênia deveria continuar obrigatória nos casos em que filhos citassem seus pais, pois "a reverência é devida aos pais pelo direito divino e natural das gentes e romano".[29] Assim, é possível concluir que, para o autor, a "reverência" era um direito ao qual o pai fazia jus. É plausível que essa também fosse a concepção quando se exigia a vênia nos casos em que o liberto citasse seu ex-senhor.

Ao comentar a obra de Pereira e Sousa, Freitas também citou a vênia como requisito essencial, mas apenas para libertos. Como mencionei, ele argumentou que os escravos deveriam requerer autorização de seus senhores para figurar em juízo contra outras pessoas. No entanto, não utilizou o termo "vênia" para esses casos e tampouco citou as Ordenações Filipinas. Nada mencionou a respeito de processos ajuizados contra os próprios senhores.[30]

No caso de Marianna e Antonia, ao alegar a ausência da vênia, o advogado do réu tinha três objetivos: a) anular todo o processo; b) limitar o exercício do direito de ação das autoras, pois para ajuizar a ação elas teriam que pedir a vênia ao juiz; e c) especificamente em relação a Antonia, negar a ela o estatuto jurídico de ingênua, pois ao se exigir a vênia, estava sendo reafirmado seu estatuto de escrava. O

---

29 SOUSA, J. J. C. P. *Primeiras linhas sobre o processo civil*, tomo I, p.61-62, 85. SOUSA, M. A. *Segundas linhas sobre o processo civil*, tomo I, 1868, p.76-77.

30 FREITAS, A. T. *Primeiras linhas sobre o processo civil*, tomo I, p.87-88. Essa afirmação também pode ser encontrada em FREITAS, A. T. *Consolidação das leis civis*, 1865, p.118-119; FREITAS, A. T. *Consolidação das leis civis*, 1876, p.164-165. Também Malheiro só mencionou a necessidade de vênia quando se tratava de libertos ajuizando ações contra seus ex-senhores. MALHEIRO, A. M. P. *A escravidão no Brasil*, vol. 1, p.135.

pleito do advogado do réu, no entanto, foi completamente ignorado pelo advogado das autoras, que não o rebateu nas suas contra-razões. A arguição de nulidade também não foi sequer apreciada pelos desembargadores do TRRJ.[31]

De 1861 até 1871, a vênia só foi requerida em 3 dos 18 processos selecionados para análise nesse período. Apesar de ter aparecido poucas vezes, a necessidade da vênia foi reafirmada no Decreto n. 5.135, de 13 de novembro de 1872, que regulamentou a Lei do Ventre Livre. Estava previsto, em seu artigo 84, que: "Para a alforria por indenização do valor, para a remissão, é suficiente uma petição, na qual, exposta a intenção do peticionário, será solicitada a vênia para a citação do senhor do escravo ou do possuidor do liberto".[32]

Como fica patente no texto de Almeida e Sousa, o requisito da vênia representava uma deferência que escravos e libertos tinham que prestar a seus senhores e ex-senhores mesmo numa situação extrema, como o era o ajuizamento de um processo judicial.[33] Na segunda metade do século XIX, o movimento abolicionista, as teorias de direito natural e a prática cotidiana de escravos e libertos – incluindo seu recurso ao Judiciário – contribuíram para deslegitimação do sistema escravista. Nesse contexto, a reiteração do requisito da vênia no Decreto n. 5.135 pode indicar a necessidade de se reafirmar a centralidade do poder dos senhores em uma sociedade escravista. Mas, ao que tudo indica, esse objetivo não parece ter sido bem sucedido: dos 23 processos que foram ajuizados depois da promulgação do decreto, a citação com vênia foi pedida em apenas 4 deles.

Além da vênia, outra restrição imposta ao direito de ação dos escravos era a necessidade de constituição de um curador. Analisarei essa exigência judicial na seção seguinte.

---

31 Apelação cível sobre liberdade de escravos, 1863, processo n. 103, AEL.

32 TRIBUNAL DE JUSTIÇA DO ESTADO DO RIO DE JANEIRO. *Legislação, escravidão, século XIX*, p.180.

33 HOSHINO, T. A. P. *Entre o espírito da lei e o espírito do século*, p.138, 218.

O curador

Como visto, para que um escravo fosse parte em um processo, era necessário que ele fosse representado por um curador.[34] O requisito da representação por curador não significava que os escravos brasileiros não tinham direito de ação. Significava que era necessário preencher determinados requisitos para que esse direito fosse exercido. Os escravos tinham direito de ação, mas não podiam exercê-lo por si próprios. Eles precisavam de um representante, o curador. Algumas vezes, o próprio curador atuava também como advogado do escravo. Em outros casos, o curador constituía outra pessoa como advogado do escravo.

Apenas para que as diferenças entre as funções de curador e de advogado – mesmo quando elas eram exercidas pela mesma pessoa – fiquem claras, mobilizarei, provisoriamente, os conceitos contemporâneos de capacidade de ser parte, capacidade processual e capacidade postulatória. Tais conceitos não existiam no século XIX. Porém, uma lógica similar à que subjaz da sua atual utilização estava presente nas teorias e nas práticas processuais oitocentistas e eles podem constituir um bom instrumento para clarificar os aspectos técnicos dessas práticas.

---

34 É importante ressaltarmos que o Curador dos Africanos Livres não tinha a mesma função do curador *in litem*, o qual estamos analisando nesta seção. O curador *in litem* era um representante do libertando em juízo. Já o Curador dos Africanos Livres se ocupava da fiscalização das questões que se referiam aos africanos livres, aqueles que haviam sido "libertados" dos navios apreendidos no tráfico ilegal. Assim, ele funcionava mais como um fiscal do que como um representante, tendo um papel, em certo sentido, próximo ao do Procurador da Coroa, que será analisado na próxima seção. Sobre a atuação dos Curadores dos Africanos Livres, ver MAMIGONIAN, B. G. *To Be a Liberated African in Brazil*. Sobre representantes judiciais dos escravos em Cuba, ver MERIÑO FUENTES, M. A., PERERA DÍAZ, A. *Estrategias de libertad*, tomo I, p.137-180. Para o caso argentino, ver REBAGLIATI, L. E. *Pobreza, caridad y justicia en Buenos Aires*.

"Capacidade de ser parte" é a "aptidão para, em tese, ser sujeito da relação jurídica processual (processo) ou assumir uma situação jurídica processual (autor, réu, assistente, excipiente, excepto, etc.)". Já a "capacidade processual" é a "aptidão para praticar atos processuais independentemente de assistência e representação (pais, tutor, curador, etc.), pessoalmente".[35] Em relação à "capacidade postulatória", afirma um autor contemporâneo:

> Já se viu que os atos processuais exigem um especial tipo de capacidade de exercício denominado de capacidade processual: não basta simplesmente a capacidade para a prática de atos materiais para que se possam praticar validamente os atos processuais, que exigem capacidade específica.
>
> Alguns atos processuais, porém, além da capacidade processual, exigem do sujeito uma capacidade técnica, sem a qual não é possível a sua realização válida. É como se a capacidade, requisito indispensável à prática dos atos jurídicos, fosse bipartida: a) capacidade processual; b) capacidade técnica. A essa capacidade técnica dá-se o nome de capacidade postulatória. Frise-se: há atos processuais que não exigem a capacidade técnica, (por exemplo, o ato de testemunhar e o ato de indicar bens à penhora); a capacidade postulatória somente é exigida para a prática de alguns atos processuais, os postulatórios (pelos quais se solicita do Estado-juiz alguma providência).
>
> A capacidade postulacional abrange a capacidade de pedir e de responder. Têm-na os advogados regularmente inscritos na Ordem dos Advogados do Brasil, o Ministério Público e, em alguns casos, as próprias pessoas não-advogadas, como nas hipóteses do art. 36 do CPC, dos Juizados Especiais Cíveis (causas inferiores a vinte

---

35   DIDIER JR., F. *Curso de direito processual civil*, vol. 1, p.247, 249.

salários-mínimos), das causas trabalhistas e no habeas corpus.

[...]

As pessoas não-advogadas precisam, portanto, integrar a sua incapacidade postulatória, nomeando um representante judicial: o advogado.[36]

Analogamente ao que ocorre nos dias de hoje, o processo civil brasileiro oitocentista trabalhava com três níveis de capacidade: uma, para figurar como parte; outra, para exercer por si atos processuais; e uma última, para postular em juízo. Os escravos gozavam apenas do primeiro nível: podiam ser partes, mas não podiam exercer atos processuais por si próprios e, por isso, eram representados por um curador. Os escravos e, algumas vezes, os curadores também não podiam realizar alguns atos processuais – os postulatórios – e, para tanto, era necessário a figura do procurador. No século XIX, o procurador poderia ser advogado ou solicitador. Advogados eram os bacharéis em direito. Os solicitadores eram aqueles que não possuíam o grau de bacharel em direito, mas recebiam autorização para atuarem como procuradores em juízo.[37] Era comum, especialmente em comarcas

---

36 DIDIER JR., F. *Curso de direito processual civil*, vol. 1, p.252-253.

37 Decreto n. 5.618 de 2 de maio de 1874, artigo 14, §10 e artigos 43, 44, 45, 46, 47 e 48. O processo ajuizado por Isabel, Anna e Hilária também deixa entrever que havia um outro ator nos bastidores dessas ações. Era um ator ao qual, como nos dias de hoje, provavelmente cabiam as diligências menos solenes: o estudante de direito. Ao receber a ordem de citação dos réus, o escrivão anotou no processo: "Aos vinte e oito de setembro de mil oitocentos setenta e um, nesta Imperial Cidade de São Paulo, em meu Cartório, aí pelo estudante da Faculdade de Direito desta Capital Crescêncio José de Oliveira Costa me foi apresentada a ordem retro, expedida pelo Superior Tribunal da Relação do Distrito da Corte do Rio de Janeiro a requerimento de Anna e Isabel por seu curador". Apelação cível sobre liberdade de escravos, 1869, processo n. 165, AEL, p.47. De acordo com a

72   MARIANA ARMOND DIAS PAES

pequenas, que pessoas que não eram bacharéis em direito atuassem como solicitadores. Os solicitadores, após nomeados pelas partes, requeriam autorização ao juiz para atuar no feito. Deferida a autorização, estes assinavam um termo de responsabilidade.[38]

Apenas em um dos processos analisados não foi nomeado um curador para os libertandos. Em todos os outros, o curador foi nomeado.[39] O processo no qual não houve nomeação de curador foi anulado, por esse mesmo motivo, pelo TRRJ.[40] Não importava se a pessoa cujo estatuto jurídico estava sendo discutido vivia como livre ou como escrava à época da propositura da ação. Consequentemente, a nomeação de um curador a uma pessoa livre significava uma limitação no seu direito de ação, já que, em outros tipos de ação, ela seria representada apenas por seu procurador. Quando os processos analisados eram iniciados, o estatuto jurídico do libertando era posto em discussão. Assim, mesmo com essa indeterminação, o Judiciário passava a tratar todos os libertandos como se tivessem o estatuto jurídico de escravos, no que dizia respeito à nomeação do curador. A incapacidade que, a princípio, era apenas do escravo, era alargada e abarcava, também, outras categorias de pessoas como, por exemplo, os libertos ou ingênuos. Uma vez que as ações de definição de estatuto

---

base de dados da Associação dos antigos alunos da Faculdade de Direito da Universidade de São Paulo, Crescêncio bacharelou-se em 1873.

38 Apelação cível sobre liberdade de escravos, 1865, processo n. 123, AEL, p.29, 31-31v.

39 Pinheiro analisou ações de definição de estatuto jurídico entre 1750 e 1769 e entre 1850 e 1869. De 1750 a 1769, os juízes de Mariana não nomearam curadores para os libertandos. Eles eram representados apenas por seus procuradores. Já de 1850 a 1869, foram nomeados curadores para todos os libertandos. PINHEIRO, F. A. D. "Transformações de uma prática contenciosa", p.260-261.

40 Ação de liberdade, 1881, processo n. 3.243, ANRJ.

ESCRAVIDÃO E DIREITO

tinham início, pouco importava a condição social do libertando: ele era tratado como incapaz e era representado por um curador.

Novamente, não havia nenhuma norma escrita com a fórmula: "devem ser nomeados curadores aos escravos". Porém, existiam atos emanados do Estado que reconheciam a existência da figura do curador. Um exemplo eram as provisões, isto é, ordens expedidas pelos tribunais em nome do soberano. Elas se originavam de resoluções dadas a casos particulares, cuja dúvida era encaminhada ao tribunal.[41] Ou seja, a princípio, seriam decisões para casos concretos, sem força normativa geral. Mas não era o que acontecia. As provisões, de 20 de setembro de 1823, e de 15 de dezembro de 1823, por exemplo, eram mencionadas por juristas como fundamento para que curadores gratuitos fossem nomeados em processos que discutissem o estatuto jurídico de escravo ou livre das pessoas.[42]

Também a doutrina trata a nomeação do curador como norma. De acordo com Malheiro, o juiz da causa deveria designar curador *in litem* ao libertando, "como aos menores e demais pessoas miseráveis, isto é, dignas da proteção da lei pelo seu estado ou condição". Caso o curador não fosse nomeado, mas o feito fosse decidido a favor da liberdade, ele não poderia ser, posteriormente, considerado nulo. Mas, se o curador não tivesse intervido e a decisão fosse favorável à escravidão, o processo poderia ser anulado. Freitas também afirmou que, aos escravos, deveria ser nomeado curador *in litem* quando sua liberdade estivesse sendo questionada em juízo, pois eram incapazes. Na mesma

---

41 MARTINHEIRA, J. S. *Catálogo dos códices do fundo do Conselho Ultramarino relativos ao Brasil existentes no Arquivo Histórico Ultramarino.*

42 Ver, por exemplo, FREITAS, A. T. *Consolidação das leis civis*, 1865, p.16; FREITAS, A. T. *Consolidação das leis civis*, 1876, p.24; MALHEIRO, A. M. P. *A escravidão no Brasil*, vol. 1, p.125. As provisões podem ser encontradas em ARAÚJO, J. P. F. N. *Legislação brasileira*, tomo IV, p.131-132, 174-175.

linha, Carvalho dizia que o curador deveria ser nomeado porque o escravo, "como miserável, é equiparado aos menores". Pinto também mencionou a necessidade de um curador, mas não fez nenhuma referência à incapacidade.[43]

É possível perceber que a necessidade de um curador foi afirmada por autores que trataram do direito brasileiro. Dentre os juristas que se ocuparam do direito português, mesmo quando mencionavam a possibilidade do escravo estar em juízo, não havia menção à figura do curador. Considerando, também, que a figura do curador não era tão comum no século XVIII,[44] é razoável levantar a hipótese de que essa instituição tenha sido forjada na prática judiciária brasileira oitocentista. Outro ponto importante é que, ao se referir ao curador, tanto os autores quanto os advogados e juízes, sempre partiam do pressuposto de que era um instituto que visava proteger os interesses do libertando, que tinha como objetivo garantir seus direitos. Assim, é de se supor que a criação da obrigatoriedade da nomeação do curador, além de ser forjada na prática do Judiciário, tinha como objetivo resguardar direitos dos libertandos. E como diversos outros institutos

---

43 CARVALHO, A. A. M. *Praxe forense*, tomo I, p.72-73; FREITAS, A. T. *Consolidação das leis civis*, 1865, p.16; FREITAS, A. T. *Consolidação das leis civis*, 1876, p.24; MALHEIRO, A. M. P. *A escravidão no Brasil*, vol. 1, p.125; PINTO, J. M. F. S. *Primeiras linhas sobre o processo civil brasileiro*, tomo I, 1850, p.97-98; PINTO, J. M. F. S. *Primeiras linhas sobre o processo civil brasileiro*, tomo I, 1875, p.35-36. Sobre o instituto jurídico dos "miseráveis", ver DÍAZ HERNÁNDEZ, M. "La identidad de los esclavos negros como miserables en Nueva España"; DUVE, T. "La condición jurídica del indio y su consideración como persona miserabilis en el derecho indiano"; DUVE, T. "Miserabiles"; REBAGLIATI, L. E. *Pobreza, caridad y justicia en Buenos Aires*.

44 PINHEIRO, F. A. D. "Transformações de uma prática contenciosa", p.260-261.

jurídicos, sob o argumento da proteção, também se reafirmava a condição de incapaz daquela pessoa.

Então, a partir de, pelo menos, a década de 1860, escravos e libertos eram considerados partes legítimas para figurar em processos judiciais, como autores ou réus, ainda que sob diferentes tipos de limitações. Nos processos analisados neste trabalho, é o nome dos libertandos e não o de seus curadores que figura na capa dos processos como partes.[45] Ademais, as petições protocoladas costumam iniciar com a expressão "Diz [nome do libertando], por seu curador", o que indica que era o libertando que formalmente falava no processo. O curador atuava como um mediador. Ele representava o libertando, que era efetivamente o autor ou o réu do processo. Ademais, ao longo dos procedimentos, os libertandos eram referidos, por juízes e escrivães, como "autor", "réu", "apelante", "apelado", "embargante", "embargado", etc.

Os curadores eram figuras centrais para a efetividade do exercício do direito de ação pelos libertandos. A declaração judicial da liberdade de uma pessoa dependia consideravelmente da eficiência do curador em constituir um bom procurador ou, nos casos em que atuava como tal, em elaborar as peças processuais, em anexar os documentos ao processo, em articular argumentos que fundamentassem o direito à liberdade e em identificar e indicar boas testemunhas.

Alguns curadores eram negligentes e, simplesmente, abandonavam o feito, fazendo com que os juízes tivessem que nomear outra

---

45 Na Louisiana, por exemplo, a situação era diferente. Como para a admissão de uma ação de definição de estatuto jurídico era necessário partir do pressuposto de que se tratava de uma pessoa livre, ilegalmente escravizada, o libertando (ressaltamos que essa expressão não era utilizada nesses processos) deveria ter, depois de seus nomes, as expressões "f.w.c." (*free woman of color*) ou "f.m.c." (*free man of color*). SCHAFER, J. K. *Becoming Free, Remaining Free*, p.17. No Brasil, era comum que o nome dos libertandos fosse sucedido por sua "cor". Sobre o uso da cor em processos judiciais, ver MATTOS, H. M. *Das cores do silêncio*, p.93-104.

pessoa para o encargo.[46] Muitas vezes, os homens nomeados como curadores de escravos e libertos não aceitavam o encargo e pediam ao juiz que fossem exonerados. Os motivos para esse tipo de pedido eram os mais variados: problemas de saúde, necessidade de realizar viagens constantes, falta de prática em assuntos jurídicos.[47] Outras vezes, os senhores alegavam que o curador havia aceitado a nomeação porque tinha interesses escusos no cargo, fosse porque queria auferir benefícios com isso, fosse porque era inimigo do senhor. Por meio desse argumento, os senhores, na verdade, estavam tentando deslegitimar a própria figura do curador.

Situações curiosas também envolviam os curadores. No caso de Angelica e seus descendentes, por exemplo, o curador requereu extensão do prazo para apresentar as razões da apelação porque "ontem das nove para as dez horas da noite penetraram ladrões na casa de sua morada e levaram muitos trastes, quase todos seus livros de direito, e bem assim os trabalhos feitos das ditas razões".[48] Curioso, não? Ladrões que roubavam livros de direito e razões de apelação manuscritas... A sabotagem física ou moral dos curadores era parte das disputas pela liberdade.

Já no processo ajuizado por Ricardo, o curador, José Xavier da Silva Capanema – conhecido deputado contrário à Lei do Ventre Livre[49] –, sumiu com os autos a fim de retardar o andamento do feito. Ele alegou que os havia perdido, ao mudar seu escritório da rua do Rosário, n. 103, no Rio de Janeiro, para o n. 62 da mesma rua.

---

46 Apelação cível sobre liberdade de escravos, 1865, processo n. 123, AEL, p.46v-47.

47 Apelação cível sobre liberdade de escravos, 1865, processo n. 123, AEL, p.13-14v.

48 Apelação cível sobre liberdade de escravos, 1865, processo n. 123, AEL, p.154. Esse processo será analisado detalhadamente no capítulo 4.

49 CAPANEMA, J. X. S. *Reforma do estado servil.*

O advogado do réu requereu que o juiz tomasse providências e um oficial de justiça foi até o escritório de Capanema com um "mandado de cobrança dos autos" e, como não encontrou o processo, penhorou bens do escritório. Foram feitas diligências, inclusive na Câmara dos Deputados. Depois de um tempo, Capanema apareceu novamente com os autos.[50]

Já no processo de Marianna e Antonia, após o ajuizamento da ação, o juiz, Fernando Lourenço de Freitas, nomeou, como curador das autoras, o advogado Marciano Máximo Franco e, como depositário, João José Antunes Guimarães. Porém, Marciano afirmou que não poderia aceitar a curadoria porque iria fazer uma viagem. O reverendo Manoel Theotonio de Castro foi, então, nomeado como curador. João também não aceitou o encargo de depositário, sem maiores explicações. O juiz nomeou, então, como depositário, o capitão José Vicente de Azevedo. Pouco tempo depois – não se sabe como –, o juiz constatou que José Vicente, o então depositário, tinha interesse na causa e o exonerou do encargo.[51] Foi nomeado, na sequência, como curador e depositário, o reverendo Manoel Theotonio de Castro.[52] Vejamos um relato sobre o juiz e o curador desse caso:

> [Fernando Lourenço de Freitas] Foi juiz municipal de Lorena em 1862 e posteriormente, tomando parte nas lutas políticas locais, foi ali um dos chefes do partido liberal, juntamente com o padre Manuel Teotônio de Castro, os Moreiras Limas e o dr. Silveira Machado.[53]

---

50 Apelação cível sobre liberdade de escravos, 1869, processo n. 154, AEL, p.72v-82v. Esse processo será analisado detalhadamente no capítulo 3.

51 Tratamos desse conturbado processo de exoneração mais à frente, neste capítulo.

52 Apelação cível sobre liberdade de escravos, 1863, processo n. 103, AEL, p.4v-14v.

53 NOGUEIRA, J. L. A. *A academia de São Paulo*, vol. 4, p.241.

Ora, parece que as relações entre Fernando e Manoel iam muito além das estabelecidas no foro, entre um juiz e um curador. Pode ter sido, inclusive, em razão dessas relações prévias que Fernando tenha sabido do interesse de José Vicente na causa, já que o reverendo havia sido nomeado curador pouco antes da nomeação de José como depositário.

Assim como o requisito de vênia, a exigência do curador significava, portanto, uma limitação do direito de ação dos escravos. Porém, havia duas diferenças importantes entre esses institutos. Em primeiro lugar, a nomeação de curador era exigida de maneira mais rigorosa pelo Judiciário do que o requisito da vênia. E, em segundo lugar, a nomeação do curador tinha um significado mais ambíguo: ao passo que o requisito de vênia manifestava uma exigência de deferência dos libertandos aos seus supostos senhores, a necessidade de nomeação do curador, embora significasse uma limitação da capacidade processual dos libertandos, atuava também como modo de resguardar os seus direitos. Na seção seguinte, examino outra figura cujo objetivo era atuar na proteção dos direitos dos libertandos: o Procurador da Coroa.

O Procurador da Coroa

O cargo de Procurador da Coroa, Fazenda e Soberania Nacional já existia há algum tempo na estrutura burocrática do Brasil Imperial, ocupando-se, principalmente, de processos criminais e causas que envolviam a Coroa. Mas, na década de 1860, o alargamento de suas funções começou a ser discutido.

Em 15 de maio de 1866, José Thomaz Nabuco de Araújo, então ministro da justiça, apresentou à Câmara dos Deputados, um projeto de lei para a organização do Ministério Público. Já na sua exposição de motivos aos deputados, Araújo afirmou que uma das atribuições do Ministério Público deveria ser defender os "sagrados direitos" da mulher casada, do órfão, dos interditados, dos ausentes, dos escravos e dos estabelecimentos pios. O chefe do Ministério Público seria o

ESCRAVIDÃO E DIREITO

Procurador da Coroa, Fazenda e Soberania Nacional e seria nomeado para o cargo um "jurisconsulto notável".[54]

De acordo com o projeto, a competência do Ministério Público seria ampliada, também, para a área cível, incluindo "as causas de liberdade dos escravos como autores ou réus". Nesse caso, os escravos seriam partes nos processos e o Ministério Público funcionaria como "adjunto", ou seja, seria ouvido sobre a causa antes e no ato do julgamento, não podendo interpor recursos. Mas ele também poderia ser a própria parte em ações de liberdade, se houvesse "impossibilidade da pessoa lesada, ou pela falta de pessoa interessada". Além disso, quando achasse conveniente, pela gravidade do caso, o Procurador da Coroa poderia, pessoalmente, assistir ao julgamento pela Relação.[55]

O projeto de Araújo não foi aprovado e a Reforma Judiciária, empreendida pela Lei n. 2.033, de 20 de setembro de 1871, não modificou consideravelmente a estrutura anterior do Ministério Público e as atribuições do Procurador da Coroa. Foi no Decreto n. 5.618, 2 de maio de 1874, que o Procurador da Coroa passou a exercer algumas das funções propostas por Araújo, em 1866. No artigo 18, ficou estabelecido que ele seria "o órgão do ministério público perante a Relação". E, no artigo 19, §1°, inciso 6°, foi conferida a ele a competência de oficiar em "questões de liberdade das pessoas".[56] Vejamos

---

54 *Anais do parlamento brasileiro*, tomo I, 1866, p.97. Esse projeto também foi mencionado por Malheiro. MALHEIRO, A. M. P. *A escravidão no Brasil*, vol. 1, p.125.

55 *Anais do parlamento brasileiro*, tomo I, 1866, p.97-98.

56 Decreto n. 5.618 de 2 de maio de 1874. De acordo com Ribas, a presença do Procurador da Coroa em um feito dispensava a nomeação do curador *in litem*. Quando a parte era "desprotegida", era necessário que tivesse em juízo um "defensor idôneo", e nenhum outro "o pode ser mais do que o Procurador da Coroa, que tem por missão a defesa de parte, que tais, conforme a índole da instituição". No entanto, isso não ocorreu nos processos analisados: o libertando sempre tinha um curador, mesmo quan-

como essa alteração nas funções do Procurador da Coroa se refletiu nos processos analisados.

---

do o Procurador da Coroa atuava no feito. RIBAS, A. J. *Consolidação das leis do processo civil*, p.87-88.

ESCRAVIDÃO E DIREITO

Tabela 2 – Atuação do Procurador da Coroa (1875-1887)

Ano	Processo	Vista	Parecer	Procurador	Posicionamento*	Acórdão
1875	305	Sim	Sim	Lobato	Faça-se justiça	Contrário
1875	1.639	Sim	Sim	Campos	Pró-libertando	Extinto
1875	36	Sim	Sim	Lobato	Pró-libertando	Confirmado
1877	165	Sim	Sim	Lobato	Pró-libertando	Confirmado
1877	208	Sim	Sim	Lobato	Pró-libertando	Confirmado
1877	3.995	Sim	Sim	Lobato	Pró-libertando	Contrário
1879	382	Sim	Sim	Lobato	Pró-libertando	Confirmado
1879	284	Sim	Sim	Castro	Pró-libertando	Confirmado
1879	1.742	Sim	Sim	Lobato	Pró-libertando	Confirmado
1881	465	Sim	Sim	Campos	Pró-libertando	Confirmado
1881	1.380	Sim	Sim	Campos	Pró-libertando	Confirmado
1881	3.243	Sim	Sim	Campos	Faça-se justiça	Extinto
1883	208	Sim	Sim	Campos	Pró-libertando	Confirmado
1883	1.428	Sim	Sim	Campos	Pró-libertando	Confirmado
1883	289	Sim	Não	-	-	Extinto
1885	159	Sim	Sim	Villaboim	Faça-se justiça	Contrário
1885	333	Sim	Sim	Villaboim	Faça-se justiça	Contrário
1885	2.499	Sim	Não	-	-	Extinto
1887	249	Sim	Sim	Villaboim	Faça-se justiça	Extinto
1887	25	Sim	Sim	Villaboim	Faça-se justiça	Extinto
1887	1.321	Sim	Sim	Villaboim	Faça-se justiça	Extinto

* Os pareceres dos Procuradores da Coroa podiam ser de três tipos: "Faça-se justiça", "Pró-libertando" e "Contra Libertando". "Faça-se justiça" é o parecer em que os Procuradores se limitavam a escrever "faça-se justiça" – ou, apenas "F. J.". "Pró-libertando" é o parecer em que os Procuradores defenderam que o TRRJ tomasse uma decisão favorável ao libertando e "Contra libertando" é o parecer em que os Procuradores defenderam que o TRRJ tomasse uma decisão contrária ao libertando. Não foram encontrados pareceres deste último tipo.

Dos 21 processos ajuizados após o Decreto n. 5.618, foram abertas vistas para o Procurador da Coroa em todos. O Procurador chegou a se manifestar em 19 deles. Os dois em que não constam manifestações do Procurador foram extintos antes que ele tivesse ocasião para tal: um, por acordo entre as partes, e o outro, por desistência.

Nos processos ajuizados nos anos de 1875, 1877 e 1879, quem atuou como Procurador da Coroa foi João Evangelista de Negreiros Sayão Lobato. Em um desses processos, ele foi substituído por Olegário Herculano Aguiar e Castro, cujo parecer foi a favor do libertando e foi confirmado pelo acórdão.[57] Também foi substituído, em um outro processo, por João Batista Gonçalves Campos, que deu parecer favorável ao libertando, mas não houve acórdão, pois o libertando morreu antes que a questão fosse decidida pelo TRRJ.[58] Dos 7 pareceres emitidos por Lobato, 6 foram a favor dos libertandos. Desses 6 pareceres favoráveis aos libertandos, 5 foram confirmados pelos desembargadores no acórdão.[59] O único acórdão que não confirmou o parecer de Lobato não foi unânime: houve voto vencido.

Votos vencidos não eram tão comuns nos processos analisados. Ao menos no que dizia respeito às questões de definição de estatuto jurídico, o TRRJ se mostrou um tribunal bastante coeso. Dos 41 processos analisados nesta pesquisa, 35 tiveram decisão do TRRJ. Desses 35 processos nos quais houve decisão por acórdão do TRRJ, apenas 4 não foram unânimes. Desses quatro, dois discorriam sobre alforria concedida por mulher casada e serão analisados no próximo capítu-

---

57 Ação de liberdade, 1879, processo n. 284, ANRJ.

58 Ação de liberdade, 1875, processo n. 1.639, ANRJ.

59 Os processos nos quais os pareceres foram confirmados pelo acórdão são: Ação de liberdade, 1875, processo n. 36, ANRJ; Ação de liberdade, 1877, processo n. 165, ANRJ; Ação de liberdade, 1877, processo n. 208, ANRJ; Ação de liberdade, 1879, processo n. 382, ANRJ e Ação de liberdade, 1879, processo n. 1.742, ANRJ.

lo.[60] Um outro discorria sobre liberdade por abandono, mas mesmo por decisão não unânime, confirmou o parecer do então Procurador da Coroa, João Batista Gonçalves Campos.[61]

O quarto, que não confirmou o parecer de Lobato, foi proferido na ação ajuizada por Guilherme contra João Antunes Corrêa Benjamim. Guilherme alegava ser filho de uma mulher importada após a Lei de 7 de novembro de 1831, que aboliu o tráfico de escravos. Ele deveria ser considerado livre, pois sua mãe tinha sido importada ilegalmente e, portanto, não deveria ser considerada escrava. O documento preservado no ANRJ é um traslado, não o processo completo.[62] Assim, não há muitas informações sobre o caso, mas o processo inicial era uma ação de embargos a uma execução civil. Fato é que a questão chegou ao TRRJ e Lobato deu parecer favorável à liberdade de Guilherme, pois considerou manifesto que sua mãe tinha sido importada ilegalmente. Os desembargadores, porém, consideraram que os embargos à execução civil não eram o procedimento adequado para se discutir essa matéria e não o conheceram, nem mesmo entrando na questão de mérito. Com essa decisão, não concordou o desembargador Andrade Pinto, mas o traslado não apresenta os motivos dessa discordância.[63]

Como afirmei, dos 7 pareceres emitidos por Lobato, 6 eram favoráveis aos libertandos. O que não o era, também não era contrário. Nele, Lobato se valeu da fórmula vaga: "F.J.", que significava "faça-se justiça". Tratava-se da ação de Tito contra Manuel José da Silva Cabral.

---

60 Apelação cível sobre liberdade de escravos, 1863, processo n. 105, AEL. Apelação cível sobre liberdade de escravos, 1867, processo n. 135, AEL.

61 Ação de liberdade, 1881, processo n. 1.380, ANRJ.

62 Os traslados eram transcrições das peças consideradas como mais importantes de um processo quando os autos eram remetidos do TRRJ de volta para a primeira instância, para que diligências fossem cumpridas.

63 Ação de liberdade, 1877, processo n. 3.995, ANRJ.

O que ocorreu foi que Joaquim Pinto Carneiro do Rego compareceu em juízo para pagar 400 mil réis pela liberdade de Tito. Seu senhor, Manuel, afirmou que aceitava os 400 mil réis, desde que Joaquim reconhecesse que era seu pai. Joaquim afirmou que não reconheceria que era pai de Manuel. Manuel, então, disse que não aceitava os 400 mil réis e que se deveria proceder ao arbitramento do valor "justo" de Tito. O arbitramento foi feito e Tito foi avaliado em 1 conto e 300 mil réis, mais do que o triplo da quantia oferecida por Joaquim. Houve, então, apelação e o processo foi remetido ao TRRJ. Os desembargadores confirmaram a sentença que homologou o arbitramento no valor de 1 conto e 300 mil réis.[64]

Além do processo no qual substituiu Lobato, Campos atuou como Procurador da Coroa nos processos que analisamos para os anos de 1881 e 1883. Nesses 5 processos, Campos emitiu 4 pareceres a favor dos libertandos e todos foram confirmados pelo TRRJ.[65] O outro parecer se limitou ao "faça-se justiça". Era a ação na qual Rita alegava ter pagado 2 contos de réis por sua liberdade a Antonio José Pereira da Fonseca. A despeito do pagamento, Rita foi matriculada e vendida como escrava. Esse foi o processo que, como anteriormente mencionamos, foi anulado pelo TRRJ, por ausência de nomeação de curador.[66]

Já o Procurador da Coroa que atuou nos processos ajuizados nos anos de 1885 e 1887 era menos diligente que seus colegas Lobato e Campos: todos os seus 5 pareceres seguiam a fórmula do "faça-se justiça". O TRRJ decidiu contra os libertandos em 2 desses processos.[67]

---

64 Ação de liberdade, 1875, processo n. 305, ANRJ.

65 Ação de liberdade, 1881, processo n. 465, ANRJ; Ação de liberdade, 1881, processo n. 1.380, ANRJ; Ação de liberdade, 1883, processo n. 208, ANRJ e Ação de liberdade, 1883, processo n. 1.428, ANRJ.

66 Ação de liberdade, 1881, processo n. 3.243, ANRJ.

67 Ação de liberdade, 1885, processo n. 159, ANRJ e Ação de liberdade, 1885, processo n. 333, ANRJ.

Os outros 3 processos foram extintos por perda de objeto, em razão da abolição da escravidão.[68]

Como se pode perceber, os Procuradores da Coroa não emitiram pareceres propriamente contrários aos libertandos, nos processos analisados. Quando não eram explicitamente a favor deles, emitiam um parecer genérico, com a fórmula "faça-se justiça". Também é interessante notar que, em todas as vezes em que esse tipo de parecer genérico foi emitido, o tribunal decidiu contra os libertandos ou extinguiu o processo.

A partir dos dados apresentados nessa seção, conclui-se que a atuação dos Procuradores da Coroa era, no mínimo, intrigante: nunca falaram explicitamente contra os libertandos e o TRRJ só decidiu contra o libertando quando os pareceres foram genéricos. Esses resultados preliminares indicam que, talvez, os Procuradores da Coroa tenham tido um papel mais importante na luta pela liberdade que se travou no Judiciário do que se pensa até hoje.

Pois bem, até aqui, examinei dois elementos marcadamente restritivos do direito de ação dos escravos – o requisito da vênia e a necessidade de nomeação de curador, Foi tratada, também, a figura do Procurador da Coroa, que atuava, nos processos judiciais, para proteger os direitos dos escravos. Na seção seguinte, trato dos procedimentos por meio dos quais os libertandos buscavam conseguir a ampliação de sua personalidade jurídica, reconhecida de maneira limitada e protegida pela já mencionada instituição do Procurador da Coroa. Argumento que, na prática, os procedimentos judiciais eram ressignificados no sentido de ampliar a efetividade do direito de ação dos escravos.

---

68 Ação de liberdade, 1887, processo n. 249, ANRJ; Ação de liberdade, 1887, processo n. 25, ANRJ e Ação de liberdade, 1887, processo n. 1.321, ANRJ.

Tipos de procedimento

Keila Grinberg identificou três tipos de ações que tinham como objeto definir o estatuto jurídico de livre ou escravo de alguém: as que eram ajuizadas pelo escravo e tinham como objetivo conseguir sua liberdade (ações de liberdade), as que eram ajuizadas pelo liberto e tinham como objetivo resguardar sua liberdade (ações de manutenção de liberdade) e as que eram ajuizadas pelos senhores e tinham como objetivo declarar a condição de escravo de uma determinada pessoa (ações de escravidão).[69] A autora considera, ainda, as ações de manutenção de liberdade e as ações de escravidão como ações de reescravização.[70] Contudo, essa classificação, como aponta Lara, deve ser utilizada levando-se em consideração que ela agrupa, sob o mesmo rótulo, de "ações de reescravização", dois procedimentos judiciais com objetos diferentes: as ações de manutenção discutem a liberdade de um suposto liberto, enquanto as ações de escravidão discutem a escravidão de um suposto escravo.[71]

Sobre os fundamentos jurídicos das ações de liberdade e das ações de escravidão, não existe muita controvérsia. Ademais, eles já foram objeto da análise de Grinberg. Sobre as ações de manutenção de escravidão, adicionarei elementos à análise da autora no capítulo 4. Ocorre, porém, que os procedimentos judiciais para discutir o estatuto jurídico de uma pessoa não se limitavam apenas a esses três tipos de ações. Outras vias também eram utilizadas por aqueles que queriam ter sua liberdade judicialmente declarada.

Por exemplo, em 18 de agosto de 1869, Isabel, Anna e Hilária ajuizaram, em Guaratinguetá, um procedimento judicial contra Bernardo Gavião e Ribeiro Gavião. O procedimento ajuizado era um

---

69 GRINBERG, K. "Reescravização, direitos e justiças no Brasil", p.104.

70 GRINBERG, K. "Reescravização, direitos e justiças no Brasil", p.105.

71 LARA, S. H. "O espírito das leis", p.89.

"embargo à penhora". Isabel, Anna e Hilária tinham sido penhoradas na execução da dívida que Manoel José Costa Oliveira e Maria Silveria do Espírito Santo tinham contraído com os Gavião. As autoras da ação alegavam que não poderiam ser penhoradas, porque eram libertas. Foi aplicado ao procedimento o rito sumário (sem réplica, sem tréplica e sem dilação probatória), como era a regra para processos de embargos. Em ações de liberdade e de escravidão, seguia-se o rito ordinário. Também é relevante ressaltar que, mesmo seguindo o rito geralmente aplicado a processos de embargos, foi nomeado curador para as autoras, já que seu estatuto jurídico estava em discussão e, nesses casos, como demonstrei, presumia-se a incapacidade.

Nesse caso, portanto, foi usado um procedimento diverso das chamadas ações de liberdade para discutir o estatuto jurídico das libertandas. Fez-se uso dos embargos à penhora. O acórdão, inclusive, usou os termos próprios a esse tipo de procedimento:

> Acórdão em Relação que reformam a sentença apelada f. 23 para julgar, como julgam, procedentes e provados os embargos f. 5, e insubsistente a penhora feita nas Apelantes como escravas do Executado; porquanto, são elas libertas em vista do título f. 2, que não se provou fosse passado em simulação ou fraude da execução, não constando além disto dos presentes autos nem a insolvabilidade do Executado, nem o concurso indicados, digo, nem o concurso de credores, indicados na sobredita sentença quando foi concedida aquela liberdade. Também não seria exequível a penhora nos serviços das Apelantes, como em último caso se pretende por parte dos Exequentes Apelados, pois que o mencionado título f. 2 não

as obrigou à prestação de serviços, mas só a morarem em companhia da Libertante durante sua vida.[72]

Outro procedimento possível, para discutir o estatuto jurídico dos libertandos, eram as ações de arbitramento, instituídas pela Lei do Ventre Livre.[73] Essas ações não são propriamente "ações de liberdade", tendo em vista seu fundamento jurídico específico – pagamento do valor do escravo – e seu rito processual próprio.

No caso de Brasilia, que já mencionei, depois de um conturbado processo, ao longo do qual foram discutidos diversos tipos de argumentos, o advogado de Brasilia opôs embargos ao acórdão, que a tinha julgado escrava. Mas, antes que os embargos fossem julgados, apresentou a seguinte petição: "Constando-me que a Embargante, a quem a pedido de amigos defendi, já pela 1ª Vara Cível da Corte propusera ação de arbitramento, e portanto transigiu, entendo não deva continuar no patrocínio da causa".[74] O advogado de Brasilia desistiu de lutar por sua liberdade no processo inicial e optou por seguir a via da ação de arbitramento. Essa parece ter sido a via seguida por muitos outros escravos: dos 23 processos analisados e posteriores à Lei do Ventre Livre, 8 eram ações de arbitramento.

---

72 Apelação cível sobre liberdade de escravos, 1869, processo n. 165, AEL, p.57v-58.

73 Lei n. 2.040 de 28 de setembro de 1871, artigo 4º, §2º: "O escravo que, por meio de seu pecúlio, obtiver meios para a indenização de seu valor, tem direito à alforria. Se a indenização não for fixada por acordo, o será por arbitramento. Nas vendas judiciais ou nos inventários o preço da alforria será o da avaliação". TRIBUNAL DE JUSTIÇA DO ESTADO DO RIO DE JANEIRO. *Legislação, escravidão, século XIX*, p.152. Para uma análise das diversas tensões entre senhores e escravos nas ações de arbitramento, ver MENDONÇA, J. M. N. *Entre a mão e os anéis*, p.191-242.

74 Apelação cível sobre liberdade de escravos, 1871, processo n. 178, AEL, p.97v-98.

Em razão dessa diversidade de procedimentos usados para discutir o estatuto jurídico dos libertandos, optei por, neste trabalho, referir-me aos processos analisados sempre como "ações de definição de estatuto jurídico" e não como "ações de liberdade". Outro motivo para a adoção dessa nomenclatura é evitar a confusão entre a acepção geral do termo "ações de liberdade" e as ações de liberdade propriamente ditas. Nesta seção, tratarei de outros dois procedimentos em que se podia discutir judicialmente o estatuto jurídico de uma pessoa: as ações de depósito e as ações de justificação. Ao tratar das ações de depósito, aproveitarei, também, para analisar o depósito como procedimento preparatório das ações de definição de estatuto jurídico.

Ação de depósito

Em 27 de novembro de 1863, foi autuada, no cartório do juízo municipal de Angra dos Reis, uma petição, assinada por João Teixeira de Carvalho Almada, em nome de Tomé, Joaquim pedreiro, Benedicto Joaquim, Maria da nação e seus filhos menores Frederico, Izabel, Idalina, Benedicto, Felinto e um recém-nascido, que ainda não tinha sido batizado. Na petição, os autores afirmavam que eram livres pelo testamento do comendador José Francisco da Silva e pretendiam ser depositados, apesar de alguns deles já se acharem "fora do poder" dos administradores da massa do finado. O escrivão autuou, então, "autos de depósito" contra os administradores da massa do finado. O objetivo deles era "defenderem sua liberdade no caso de lhes ser proposta qualquer ação de escravidão". No caso de Maria, em um pedido de certidão autuado junto com a petição de depósito, havia ainda a seguinte justificativa: "e isso para que a Suplicante se possa conduzir na sociedade, como pessoa livre que é, e mostrar sua condição onde e quando lhe for mister".[75]

---

75   Apelação cível sobre liberdade de escravos, 1863, processo n. 104, AEL.

As ações de depósito estavam previstas no §2º, título 30, livro terceiro, das Ordenações Filipinas[76] e seguiam o rito sumário. O rito sumário era aquele segundo o qual o processo seguiria sua "ordem natural", sem as solenidades civis, que eram: exposição do fato e direito de pedir; citação; audiência do réu, com apresentação de defesa; conhecimento da causa; produção de provas; decisão e recebimento da apelação apenas no efeito devolutivo. Assim, nas causas sumárias, não havia libelo articulado, contestação meticulosa, dilação ordinária e alegações finais. Pinto afirmou que não havia lei expressa, no direito brasileiro, que especificasse os atos do processo sumário. No entanto, se propôs a apresentar a ordem instituída pela prática, que uma vez legitimamente introduzida, teria força de lei. Nesse caso, a ação sumária era instaurada por simples petição apresentada pelo autor, contendo a narração dos fatos e o pedido, e sua acusação em audiência com a citação do réu. Se houvesse necessidade de inquirição de testemunhas, elas deveriam constar da petição inicial. O réu poderia apresentar contestação na forma de embargos ou em audiência, mas sem réplica e tréplica.[77]

---

76 Ordenações Filipinas, livro terceiro, título 30, §2º: "Em todo o caso, em que o autor demandar em Juízo quantia, que passe de mil réis, ou coisa, que os valha, seja obrigado dar sua petição por escrito em forma devida, mostrando logo escritura pública daquilo, que demandar, se for caso, em que por Direito, ou Ordenação se requeira prova por escritura. Porém, se a demanda for por escritura pública, proceder-se-á, segundo dissemos no Título 25: 'Em que maneira se procederá contra os demandados por escrituras'. [...] §2º Outrossim, na demanda movida sobre força, roubo, guarda e depósitos, ou soldadas, não será o autor obrigado formar petição por escrito, posto que passe a dita quantia de mil réis, porém, pode-lo-á fazer, se quiser. E no caso da guarda, depósito e soldadas, será obrigado mostrar escritura pública, quando a quantia for tamanha, em que se requeira, segunda a forma das Ordenações". ALMEIDA, C. M. *Código filipino*, vol. 3, p.614-615.

77 O processo sumário estava previsto, no caso de ações penais, no título 2 da Lei de 29 de novembro de 1832, e, no caso das ações comerciais, no

Telles afirmou sobre as ações de depósito:

> §327. Compete 1º ao depositante contra o depositário, para lhe pedir restituição da coisa depositada, com seus acessórios e rendimentos, e indenização dos prejuízos, causados por dolo, ou culpa larga.
>
> §328. Compete 2º ao depositário contra o depositante, para lhe pedir a indenização das despesas feitas com a coisa depositada, ou salário do seu trabalho.[78]

Ora, caso se considere as hipóteses elencadas por Telles, nas quais era possível o ajuizamento de ação de depósito, seríamos levados a concluir que Tomé, Joaquim pedreiro, Benedicto Joaquim, Maria da nação e seus filhos menores Frederico, Izabel, Idalina, Benedicto, Felinto e o recém-nascido não poderiam ter ajuizado essa ação perante o juízo municipal de Angra dos Reis. Joaquim José Pereira da Silva Ramos, ao "acomodar" a *Doutrina das ações* ao direito brasileiro, não mencionou nada a respeito da possibilidade de escravos e libertos ajuizarem ação de depósito.[79] No *Manual do processo civil*, que era um

---

título 3 do Decreto n. 737 de 25 de novembro de 1850. CARVALHO, A. A. M. *Praxe forense*, tomo I, p.12-14; GOMES, A. C. *Manual prático, judicial, cível e criminal*, p.143-148; PINTO, J. M. F. S. *Primeiras linhas sobre o processo civil brasileiro*, tomo I, 1850, p.86-87; PINTO, J. M. F. S. *Primeiras linhas sobre o processo civil brasileiro*, tomo II, 1850, p.63-67; RAMOS, J. J. P. S. *Doutrina das ações*, p.12-13; SOUSA, J. J. C. P. *Primeiras linhas sobre o processo civil*, tomo IV, p.6-11; SOUSA, M. A. *Segundas linhas sobre o processo civil*, tomo I, 1868, p.2; TELLES, J. H. C. *Adições à Doutrina das ações*, 1861, p.6; TELLES, J. H. C. *Doutrina das ações*, 1824, p.8-10, 131-132; TELLES, J. H. C. *Doutrina das ações*, 1869, p.8-10, 154-155; TELLES, J. H. C. *Manual do processo civil*, 1844, p.43-44, 213.

78 TELLES, J. H. C. *Doutrina das ações*, 1824, p.131-132; TELLES, J. H. C. *Doutrina das ações*, 1869, p.154.

79 RAMOS, J. J. P. S. *Doutrina das ações*, p.127-128.

92   Mariana Armond Dias Paes

suplemento do *Digesto português*, Telles apresentou ainda uma outra hipótese para ajuizamento de ação de depósito:

> Quando alguém para conservação do seu direito quer pagar, e a parte não quer aceitar, faz Petição ao Juiz, que lhe mande tomar Termo de depósito, e que este se notifique ao outro, para lhe constar. O Juiz manda depositar, ou no Depósito Público, ou no Depositário Geral do Juízo; e feita a notificação, pode a parte opor Embargos, que se disputam sumariamente.[80]

Tampouco essa hipótese seria suficiente para embasar o processo dos autores. Somando esse quadro com o fato de que esse foi o único processo autuado como "autos de depósito" que encontrei ao longo da pesquisa, poderiam ter ocorrido duas hipóteses alternativas.

A primeira é a de que pode ter havido um erro do escrivão e do juiz no processamento do feito. Isso pode ter ocorrido em razão da existência do instituto do depósito, medida que antecedia a instauração de processos que discutiam o estatuto de livre ou de escravo de alguém. O depósito, no entanto, era uma fase da ação, que tinha como objeto a discussão da liberdade ou da escravidão, não um procedimento independente, como ocorreu nesse caso. Nesse processo, não foi explicitado, na petição inicial, a intenção de se propor outra ação, que seria a via normal de discussão do estatuto jurídico dos libertandos envolvidos. Apenas se mencionou vagamente que os autores tinham como objetivo se resguardar de possíveis tentativas de escravização. Ademais, ao fim do processamento, foram calculadas as custas do processo. Nas demais ações analisadas nesta pesquisa, as custas do depósito eram calculadas junto com os demais atos do processo, ao fim de sua tramitação na primeira instância. Essa hipótese, de erro na

---

80   TELLES, J. H. C. *Manual do processo civil*, 1844, p.213.

ESCRAVIDÃO E DIREITO 93

autuação do feito, é fortalecida pelo fato de que o juiz, Estevão José Pereira, e o escrivão, Francisco Teixeira de Carvalho, que nele atuaram não serem formados em direito.[81]

A segunda hipótese é a de que não houve erro na autuação, mas sim uma apropriação e ressignificação de um procedimento judicial de depósito para discutir o estatuto jurídico dos libertandos em questão. Como os próprios autores explicitaram na petição de autuação, eles estavam propondo aquela ação de depósito por medo de que fosse proposta, contra eles, alguma ação de escravidão. Ou seja, os libertandos estavam adotando um procedimento preventivo, não previsto pelo processo civil brasileiro, para resguardar seus direitos. Nessa mesma petição, eles também indicaram que alguns dos autores já estavam "fora do poder" do inventariante. Assim, pode ser que tivessem como segundo objetivo dessa "ação de depósito" justamente livrar os demais do poder do inventariante.

A seguir, analiso as diferenças entre a ação de depósito e o depósito como medida preparatória, em ações de definição de estatuto jurídico. Ao final da seção, argumento que o depósito preparatório era uma importante ferramenta na efetivação do direito de ação dos libertandos, embora fosse também um elemento de reafirmação de sua incapacidade.

Depósito

O depósito era um instituto de direito civil. De acordo com Borges, depósito vem "de *ponere*, pôr num lugar, nas mãos de alguém, é em geral um ato pelo qual se recebe a coisa de outrem com obrigação de guardá-la, e restituí-la em espécie".[82] A princípio um contrato

---

81 *Almanak administrativo, mercantil e industrial da corte e província do Rio de Janeiro*, 1863, p.163.

82 BORGES, J. F. *Dicionário jurídico-comercial*, p.115. Definições parecidas podem ser encontradas em outros livros jurídicos portugueses e brasileiros. FREIRE, P. J. M. *Instituições de direito civil português*, livro IV, p.57;

94   MARIANA ARMOND DIAS PAES

gratuito, o depósito também poderia ser judicial, caso em que era denominado sequestro.

Muitos autores não tratavam do sequestro civil como ato preparatório de ações que discutiam o estatuto jurídico de uma determinada pessoa. No entanto, apresentavam hipóteses que poderiam dar ensejo a essa interpretação. Freire, por exemplo, afirmou ser possível o sequestro desde que houvesse risco de rixa ou tumulto no decorrer do processo. Já Telles admitiu a possibilidade do depósito da mulher casada nas ações de divórcio que tivessem como fundamento sevícias praticadas por seu marido contra ela; e do filho ou filha que temessem ser maltratados por seus pais, nas ações para suprir o consentimento para casamento.[83] Para Loureiro, havia a possibilidade do depósito se corresse o risco que as partes "venham a pelejas, e arruidos".[84]

LOUREIRO, L. T. *Instituições de direito civil brasileiro*, tomo II, 1851, p.140; LOUREIRO, L. T. *Instituições de direito civil brasileiro*, tomo II, 1857, p.222-223; LOUREIRO, L. T. *Instituições de direito civil brasileiro*, tomo II, 1862, p.259; ROCHA, M. A. C. *Instituições de direito civil português*, tomo II, 1848, p.613; ROCHA, M. A. C. *Instituições de direito civil português*, tomo II, 1852, p.613; ROCHA, M. A. C. *Instituições de direito civil português*, tomo II, 1857, p.613; ROCHA, M. A. C. *Instituições de direito civil português*, tomo II, 1867, p.613; TELLES, J. H. C. *Digesto português*, tomo III, 1835, p.110; TELLES, J. H. C. *Digesto português*, tomo III, 1838, p.110; TELLES, J. H. C. *Digesto português*, tomo III, 1860, p.110.

83   Sobre o depósito da mulher casada, em ações de divórcio, ver AMARAL, I. G. R. *Resistência feminina no Brasil oitocentista*, p.238-239.

84   BORGES, J. F. *Dicionário jurídico-comercial*, p.380; FREIRE, P. J. M. *Instituições de direito civil português*, livro IV, p.58-59; GOMES, A. C. *Manual prático, judicial, cível e criminal*, p.88-92; LOUREIRO, L. T. *Instituições de direito civil brasileiro*, tomo II, 1851, p.141-142; LOUREIRO, L. T. *Instituições de direito civil brasileiro*, tomo II, 1857, p.225-226; LOUREIRO, L. T. *Instituições de direito civil brasileiro*, tomo II, 1862, p.261-262. Rocha não apresentou nenhuma possibilidade que pudesse fundamentar o depósito de escravos e libertos. ROCHA, M. A. C. *Instituições de direito*

ESCRAVIDÃO E DIREITO

Carneiro admitiu a possibilidade de depósito dos escravos nas ações de liberdade. Ele citou, especificamente, o Aviso de 3 de novembro de 1783, que "declarou que as Pretas que se achavam presas em cadeia pública, enquanto se litigava sobre sua liberdade, fossem por esta ser mui favorável transferidas para depósitos particulares, onde seus contendores as sustentassem durante o litígio".[85]

Freitas e Malheiro também mencionaram o depósito judicial de escravos e libertos. Na primeira edição da *Consolidação das leis civis*, Freitas, no entanto, tratou do depósito de escravos de maneira geral, sem especificar o caso das ações que discutiam seu estatuto jurídico. Em nota ao artigo 451, que determinava que as despesas legais com os bens depositados seriam pagas com o produto das arrematações, afirmou que os escravos, durante o depósito, deveriam continuar prestando serviços, cujo produto seria de seu senhor. Desse valor, seriam deduzidas as despesas com sustento e curativos. Os serviços dos escravos não deveriam ser "a cômodo do depositário, como por abuso se pratica". Já na segunda edição, afirmou que essa norma não tinha aplicação quando os escravos fossem depositados por "questões de liberdade". "Como coagir a trabalhar pessoas cuja escravidão está em dúvida?"[86]

---

civil português, tomo II, 1848, p.617-619; ROCHA, M. A. C. *Instituições de direito civil português*, tomo II, 1852, p.617-619; ROCHA, M. A. C. *Instituições de direito civil português*, tomo II, 1857, p.617-619; ROCHA, M. A. C. *Instituições de direito civil português*, tomo II, 1867, p.617-619; TELLES, J. H. C. *Digesto português*, tomo III, 1835, p.114-116; TELLES, J. H. C. *Digesto português*, tomo III, 1838, p.114-116; TELLES, J. H. C. *Digesto português*, tomo III, 1860, p.114-116; TELLES, J. H. C. *Doutrina das ações*, 1824, p.60, 74, 79; TELLES, J. H. C. *Doutrina das ações*, 1869, p.68, 85, 91-92.

85 CARNEIRO, M. B. *Direito civil de Portugal*, tomo I, 1826, p.96-97; CARNEIRO, M. B. *Direito civil de Portugal*, tomo I, 1851, p.96-97.

86 FREITAS, A. T. *Consolidação das leis civis*, 1865, p.249-250. FREITAS, A. T. *Consolidação das leis civis*, 1876, p.315. Essa norma foi retirada do Al-

Malheiro também defendeu o posicionamento de que, durante o depósito, o libertando não era obrigado "a servir como escravo em proveito do pretendido senhor". Para ele, o depósito era "uma providência [que] costuma preceder a propositura dessas ações". Ele ocorria em analogia ao depósito da mulher casada nas ações de divórcio ou de nulidade do casamento. Era feito "a bem da segurança" do libertando e "da liberdade de sua defesa". Afirmou, também, que o depósito não era necessário quando a pessoa já estava na posse de sua liberdade e deveria ser feito, preferencialmente, sob a responsabilidade de um particular.[87] A despeito dessa afirmação, nos processos analisados, o libertando era depositado independentemente de estar ou não na posse de sua liberdade.

Mas as relações entre depositários, escravos e libertos depositados e senhores eram, muitas vezes, tensas e controversas. Havia casos em que o suposto senhor fazia reclamações ao juiz, alegando que o processo estava demorando demais e que isto lhe causava inúmeros prejuízos, pois estava privado dos serviços do libertando.[88] Essa tensão entre depositários e supostos senhores era tão recorrente que

---

vará de 5 de março de 1825; do Aviso de 16 de novembro de 1850, enviado pelo então ministro da Justiça, Eusébio de Queirós Coutinho Matoso da Câmara, ao presidente da Província do Rio de Janeiro; da Decisão n. 366 de 23 de novembro de 1855, do então ministro da Justiça, José Thomaz Nabuco de Araújo, ao juiz municipal da 1ª vara da Corte; do Aviso n. 372 de 26 de novembro de 1859, expedido pelo então ministro da Justiça, João Lustosa da Cunha Paranaguá, ao presidente da província do Rio de Janeiro; e do Alvará de 5 de março de 1825. TRIBUNAL DE JUSTIÇA DO ESTADO DO RIO DE JANEIRO. *Legislação, escravidão, século XIX*, p.89-90, 103-104, 113-114.

87 MALHEIRO, A. M. P. *A escravidão no Brasil*, vol. 1, p.127-128.

88 Apelação cível sobre liberdade de escravos, 1863, processo n. 203, AEL; Apelação cível sobre liberdade de escravos, 1865, processo n. 123, AEL, p.38-40v.

pode estar na origem da redação do §2°, do artigo 81 do Decreto n. 5.135, de 13 de novembro de 1872, que determinava:

> Os manutenidos em sua liberdade deverão contratar seus serviços durante o litígio, constituindo-se o locatário, ante o juiz da causa, bom e fiel depositário dos salários, em benefício de qualquer das partes que vencer o pleito. Se o não fizerem, serão forçados a trabalhar em estabelecimentos públicos, requerendo-o ao juiz o pretendido senhor.[89]

Já no caso de Tomé, Joaquim pedreiro, Benedicto Joaquim, Maria da nação e seus filhos menores, Frederico, Izabel, Idalina, Benedicto, Felinto e um recém-nascido, o depositário João Pereira Peixoto protocolou pedido para que fosse arbitrada uma quantia para a alimentação dos "presumíveis libertos" que estavam "em seu poder". Os peritos arbitraram o valor em 320 réis diários, provavelmente com base no Aviso n. 372, de 26 de novembro de 1859.[90] O advogado dos réus prontamente apresentou uma petição de protesto, na qual afirmava que não havia sido intimado do arbitramento, mas ficara sabendo por um "particular". Também não concordava com essa medida porque não havia previsão legal para o arbitramento de alimentos a escravos depositados. Pelo contrário, era expresso que o depositário se responsabilizasse pelos jornais e serviços dos escravos depositados. O protesto não chegou a ser julgado pelo juiz, pois a causa se encerrou logo depois.[91]

---

89 TRIBUNAL DE JUSTIÇA DO ESTADO DO RIO DE JANEIRO. *Legislação, escravidão, século XIX*, p.180.

90 TRIBUNAL DE JUSTIÇA DO ESTADO DO RIO DE JANEIRO. *Legislação, escravidão, século XIX*, p.113-114.

91 Apelação cível sobre liberdade de escravos, 1863, processo n. 104, AEL.

Muitas vezes, os escravos não eram nem mesmo "entregues" ao depositário. O que aconteceu também nessa ação. Quando do primeiro mandado de depósito, Tomé e Joaquim pedreiro não foram depositados por estarem "ausentes", "fora da cidade", tendo sido depositados meses depois dos outros autores.

Outras vezes, a idoneidade do depositário era contestada. No caso da libertanda Gabriela,[92] por exemplo, Delfino José Correia Marques foi nomeado depositário. Contra essa nomeação se insurgiu o réu Armand Habiaga, afirmando que o depositário não atendia aos requisitos legais para o cargo, tendo em vista que só possuía uma casa pequena na vila, térrea, sem assoalho nem forro, que não deveria valer mais do que um conto de réis, valor inferior ao da suposta escrava. Ademais, era amigo de Domingos de Queiros, amante de Gabriela e que, naquele momento, encontrava-se presente na Vila de Caçapava por ter conseguido licença do corpo no qual servia, em Pirahí. Domingos havia levado Gabriela para Palma, distrito da Cachoeira, onde residia, com permissão do depositário. O réu receava que Domingos a levasse para o acampamento da força e, dali, desse-lhe "descaminho". Diante desses fatos, o réu requereu nomeação de outro depositário, que não tivesse amizade com Domingos. O pedido foi prontamente atendido pelo juiz e – pasmem – Gabriela foi depositada sob o poder de Joaquim de Mello Azevedo Seixas, o procurador de seu suposto senhor.

O procurador do réu também foi nomeado depositário na ação ajuizada por Marianna e Antonia contra o monsenhor Dom Pedro Celestino de Alcântara Pacheco.[93] Era ele o capitão José Vicente de Azevedo. Ao saber da nomeação, o curador das libertandas requereu

---

92 O caso de Gabriela será analisado no capítulo 3. Apelação cível sobre liberdade de escravos, 1863, processo n. 105, AEL.

93 Apelação cível sobre liberdade de escravos, 1863, processo n. 103, AEL.

ao juiz, Fernando Lourenço de Freitas, nomeação de novo depositário. O juiz deferiu o pedido:

> [...] como para as suplicantes poderem defender os seus direitos é essencial que estejam fora do domínio das pessoas que têm interesse na causa contra elas, exonero o capitão José Vicente d'Azevedo de depositário das referidas suplicantes e nomeio para substituí-lo nesse cargo o atual curador.[94]

O capitão José Vicente foi intimado a entregar Marianna e Antonia, mas afirmou ao oficial de justiça que não as entregaria. No mesmo dia, o juiz determinou, novamente, a entrega, sob pena de desobediência. Pela segunda vez, o oficial de justiça bateu à porta do capitão José Vicente e, dessa vez, recebeu do capitão, como resposta, que desobedecia a ordem e não entregava as escravas. Diante da resistência do capitão, o juiz Fernando determinou que fossem remetidas certidões de cópias dos despachos e certidões de intimação ao Promotor Público da comarca para proceder "conforme for de justiça"[95] e mandou prosseguir o feito, ficando salvo ao curador o direito de requerer a entrega de Marianna e de Antonia "pelos meios legais". Até onde se sabe, Marianna e Antonia permaneceram sob o poder do capitão José Vicente ao longo de todo o procedimento.

---

94 Apelação cível sobre liberdade de escravos, 1863, processo n. 103, AEL, p.8v.

95 O objetivo de Fernando, provavelmente, seria que o Promotor Público apresentasse denúncia contra o capitão José Vicente, com base no artigo 128 do Código Criminal: "Desobedecer ao empregado público em ato do exercício de suas funções, ou não cumprir as suas ordens legais. Penas – de prisão por seis dias a dois meses."

No caso de Maria das Mercês, as tensões não ocorreram entre depositário e senhor, mas entre depositário e depositada.[96] Após aproximadamente dois anos de tramitação do processo, o depositário Thomaz d'Azevedo Caripuna, que também era o curador da autora, apresentou uma petição ao juiz informando que Maria das Mercês, depois de ofender sua esposa com injúrias, saiu de casa, por volta de 11 horas da manhã e até aquele momento, 3 horas da tarde, não havia retornado. Logo em seguida, Maria das Mercês apresentou petição, assinada a rogo pelo padre Bento José Pereira Maya, informando que lhe faltavam forças para suportar os maus-tratos que lhe eram impostos pelo seu curador e depositário, requerendo remoção de depósito e nomeação de outro curador, se possível, o padre Bento. O juiz determinou que o curador respondesse, ao que Thomaz afirmou que concordava com o pedido de Maria das Mercês, por ser notório na cidade o quanto havia sofrido com o encargo da curadoria e que era uma ousadia falar de maus-tratos sem os provar. Desejava não ser mais importunado a respeito da questão. O juiz escusou Thomaz da curadoria e do depósito, mas não nomeou o padre Bento, que, por ter assinado a petição de Maria das Mercês, deveria ser de sua confiança. O escolhido foi João Luiz da Costa. O advogado do suposto senhor não perdeu a oportunidade de se valer do fato contra Maria das Mercês:

> Esta causa está mostrando ser movida por intrigas e despeitos contra o apelante. O primitivo motor dela e protetor da apelada o dá a entender bem explicitamente na resposta a f. 76v, queixando-se das contrariedades e desgostos que lhe provieram de ter abraçado semelhante causa. É a consequência de abraçar uma má causa, e além

---

96   O caso de Maria das Mercês será analisado no capítulo 5. Apelação cível sobre liberdade de escravos, 1861, processo n. 91, AEL.

de ser de natureza má, deita-la a perder por mal dirigida se torne boa.[97]

Portanto, o depósito judicial, ou sequestro, era, a princípio, um instituto reificador do escravo. O escravo era depositado em juízo, como objeto de propriedade, enquanto o domínio sobre ele era contestado entre dois supostos senhores. Na prática, porém, esse instituto foi ressignificado. Fazendo uma analogia com a possibilidade reconhecida a mulheres casadas e filhos menores de serem depositados nos casos em que houvesse a possibilidade de serem maltratados pelo réu – que era também aquele que exercia o poder marital ou o pátrio poder sobre eles –, escravos e libertos eram depositados no início dos processos judiciais que discutiam seu estatuto jurídico. Assim, por meio de um instituto jurídico reificador ressignificado, escravos e libertos podiam garantir, em certa medida, sua integridade física, pelo menos durante a tramitação processual.[98]

---

97 Apelação cível sobre liberdade de escravos, 1861, processo n. 91, AEL, p.95v.

98 Havia, em alguns juízes, a preocupação com a integridade física dos libertandos. Além do instituto do depósito, outras figuras jurídicas eram forjadas na prática dos tribunais. Um exemplo é o mandado de manutenção que o tenente coronel Antonio José de Faria, juiz municipal de Antonina, mandou passar em favor de Angelica e seus descendentes, no qual determinava que o réu não ofendesse e nem maltratasse os autores, enquanto estivesse em curso a ação. Apelação cível sobre liberdade de escravos, 1865, processo n. 123, AEL, p.36-36v. Pinheiro afirma que o depósito dos libertandos não aconteceu nos processos por ela analisados entre os anos de 1750 e 1769. No entanto, os libertandos requeriam ao juiz que recomendassem a seus supostos senhores que não os maltratasse no decorrer do processo. PINHEIRO, F. A. D. "Transformações de uma prática contenciosa", p.261-262. Sobre o instituto do depósito em Cuba, ver MERIÑO FUENTES, M. A., PERERA DÍAZ, A. *Estrategias de libertad*, tomo I, p.180-197.

Essa garantia possibilitada pelo depósito efetivamente influenciava o direito de ação de escravos. Caso não fosse possível o ajuizamento de uma ação fora do alcance imediato dos senhores, acredito que um número muito menor de escravos tivesse conseguido recorrer ao Judiciário para conseguir a tão esperada liberdade. Assim, o depósito funcionava como garantidor do direito de ação de escravos e libertos, ainda que o acesso ao Judiciário fosse bastante difícil e precário, mesmo com esse instituto.

Em todas as ações analisadas, o depósito dos libertandos foi efetuado. Isso leva a pensar que, na prática, ele era um requisito essencial para ações que discutiam estatuto jurídico. Sem o depósito, não era possível a instauração do procedimento judicial. Considerando, ainda, que o depósito representava a possibilidade de o escravo ser retirado do poder imediato de seu senhor, para ter seu direito de ação resguardado, é possível concluir que o depósito era uma garantia que o ordenamento jurídico brasileiro reconhecia aos escravos.

Mas, assim como a nomeação de curador, o depósito era uma garantia que também tinha o caráter de reafirmar a incapacidade de pessoas que já estavam vivendo como livres. O depósito de libertandos que já viviam como livres, ou seja, já não estavam ao alcance imediato de seu suposto senhor, faz crer que, para o direito brasileiro, partia-se do pressuposto que eles seriam escravos, pois eram tratados da mesma maneira que os que ainda viviam em cativeiro.

Outro instrumento ressignificado pelos libertandos em sua luta judicial por liberdade foi a ação de justificação. Originalmente prevista como um procedimento preparatório, ela podia, na prática, acabar servindo à declaração de um estatuto jurídico. É sobre essa questão que trato na seção seguinte.

Ação de justificação

Em 17 de junho de 1863, o chefe de polícia de Desterro, capital da província de Santa Catarina, Bellarmino Peregrino da Gama e Mello, enviou ofício ao juiz municipal com o seguinte teor:

> Apresentando-se-me a parda Rita, que diz ser livre, queixando-se-me que Manoel Luiz Fernandes a quer chamar ao cativeiro, e vendê-la, afirmando a mesma parda que sua mãe já era liberta ao tempo de dá-la à luz: e como a tal respeito [ilegível] dúvida sobre a qualidade da dita parda, cuja condição somente pode ser decidida em o Juízo de V.Sª e por ação competente, envio-a a V.Sª para que tomando na consideração, que merecer o que ela expõe, proveja na forma da lei.[99]

No dia seguinte, foi autuada uma "ação de liberdade" e nomeado, como curador de Rita, o Promotor Público Marcellino Antonio Dutra. No entanto, dias depois, o curador informou ao juiz que não tinha obtido nenhum dado que fundamentasse a propositura da ação. Foi expedido, então, mandado de levantamento de depósito de Rita com a ressalva de que seu suposto senhor Domingos Gomes da Cunha, para quem ela havia sido vendida por Manoel, não a vendesse para fora da província, pelo prazo de seis meses, em razão da suspeita de que fosse liberta.

Antes do cumprimento do mandado de levantamento de depósito, o curador apresentou petição afirmando que tinha sido informado, no dia anterior, por uma pessoa que morou muitos anos em Canas-Vieiras, que Rita tinha nascido de ventre livre, porque Domingos de Oliveira havia passado carta de alforria a Maria Conga, antes do nascimento de sua filha Rita. Requereu que fosse suspensa a

---

99 Apelação cível sobre liberdade de escravos, 1863, processo n. 203, AEL, p.3.

execução do despacho de levantamento do depósito e fossem intimadas as testemunhas para dizer o que sabiam sobre o caso.

Em 18 de julho de 1863, se reuniram na sala de audiências públicas, o juiz municipal suplente em exercício, Antonio Francisco de Faria; o escrivão interino; o curador geral de órfãos, Marcellino Antonio Dutra; e o advogado do réu, Joaquim da Silva Ramalho. Joaquim protestou contra a justificação que se queria produzir, por ser ilegal, tendo em vista que ainda não havia ação proposta e, por meio da justificação, queria-se provar aquilo que só deveria ser discutido em uma ação ordinária. Ademais, a petição do curador não tinha oferecido base para essa justificação, pois expunha os fatos de maneira geral, sem especificar sobre quais eventos as testemunhas deveriam ser inquiridas. Alegou, também, que justificações em geral só eram facultadas aos réus, nunca aos autores. Assim, retirou-se da sala de audiências, afirmando que não assistiria a uma inquirição nula e ilegal.

O curador contra-argumentou que o direito de justificar a liberdade em geral tanto pertencia aos réus quanto aos autores. Ademais, as justificações tinham o valor de prova que os juízes julgassem que elas merecessem. O objetivo era unicamente justificar o que estava exposto na petição: que Rita era livre, porque sua mãe possuía carta de liberdade passada por seu legítimo senhor. O juiz decidiu prosseguir com a justificação e procedeu à inquirição das testemunhas. Ao final, o juiz proferiu decisão determinando que os autos de justificação fossem entregues ao curador de Rita, para que fizesse uso da maneira que melhor lhe conviesse e condenou o réu nas custas do processo.

Ao ser intimado da decisão, o procurador do réu protocolou petição alegando que o curador, ao invés de "intentar ação como manda o direito", começou a tratar da questão de maneira irregular e tumultuária, pois, ao invés de propor a ação competente, produziu uma justificação por meio da qual pretendia provar seu estado de liberdade. Terminada a justificação, foi julgado e condenado o réu nas custas. Ora, se a justificação teve como único fim declarar Rita livre, era nula, pois questões de liberdade deveriam ser discutidas em ritos ordinários, em vista de sua importância e alcance. Alegou, ainda, que, se a justificação fosse entendida como um documento particular, concedido a uma das partes litigantes, as custas deveriam ser pagas pela parte que requereu a justificação e que dela tiraria proveito.

O juiz Estanisláo Antonio da Conceição proferiu decisão reiterando a anterior, proferida pelo juiz Antonio. A justificação foi entregue ao curador para usar como documento na ação competente, a qual estava intimado para propor. Rita deveria continuar depositada e seu pretendido senhor foi, novamente, condenado às custas.

O advogado do réu, então, embargou a decisão. Mas os embargos foram apresentados somente em relação à parte que lhe condenava às custas. Foi alegado que Domingos já estava sofrendo prejuízos com uma escrava recém-comprada e já depositada, sem lhe render nenhum lucro. E, agora, uma condenação ao pagamento das custas! Nas razões dos embargos, argumentou que ação judicial era uma demanda fundada em libelo ou na lei. Por não se fundarem em leis ou títulos legítimos, as justificações não poderiam ser consideradas ações judiciais. Argumentou, também, que as justificações não poderiam ser consideradas ações porque sua decisão não tornava certo direito controvertido e tampouco impunha uma obrigação jurídica ao réu. A justificação era apenas um "documento gracioso". Eram atos nos quais os juízes interfeririam apenas para atestar que determinados documentos não haviam sido produzidos clandestinamente. Quem requeresse qualquer ato era obrigado a pagar as custas dele. Portanto, não deveria ser o réu condenado nas custas da justificação.

Nas contra-razões dos embargos, o curador afirmou que o escrivão, de maneira equivocada, deu aos autos o nome de "ação de liberdade", quando se tratava apenas de uma ação de justificação. A escolha desse procedimento tinha como objetivo evitar um pleito oneroso ao embargante, pois o curador acreditava que ele havia comprado Rita de boa-fé. O propósito da ação era: provar a liberdade de Rita, por meio da inquirição das testemunhas, que moravam a cinco léguas de distância e que, por isso, não puderam ser consultadas pelo réu antes da compra. Assim, Rita seria reconhecida como liberta pelo embargante por meios amistosos. Ademais, o curador argumentou que ninguém contestava que as custas da justificação eram pagas por quem a requereu. Mas, se o requerente fosse escravo, quem deveria pagar as custas? Era entendimento comum que o responsável pelo pagamento era o senhor do escravo, até o valor do escravo. Passado esse valor, não se sabia quem deveria pagar.

> [...] o escravo é tido, segundo o direito, por pessoa miserável, e que, como tal, há quem a bem dele seja obrigado a requerer, mas não quem por ele seja obrigado a pagar, senão aquele que é ou que se diz ser seu senhor. Se assim não fora, não haveria escrivão, que se sujeitasse a escrever em causas tais, tendo a certeza de que, perdendo o escravo a ação, perderia ele o seu trabalho.[100]

Infelizmente, o processo analisado não permite responder à questão, pois o escrivão remeteu os autos com conclusão para o juiz e o documento terminou aí.

Vamos, agora, analisar com maior profundidade o que era uma ação de justificação e em quais hipóteses eram escravos e libertos legitimados a ajuizá-la.[101] Dentre os autores analisados, o único que discorreu sobre as justificações foi Telles:

---

100 Apelação cível sobre liberdade de escravos, 1863, processo n. 203, AEL, p.31v-32.

101 As justificações também poderiam preceder ações de divórcio. Sobre o tema, ver AMARAL, I. G. R. *Resistência feminina no Brasil oitocentista*, p.239-240.

ESCRAVIDÃO E DIREITO

> §586 As justificações avulsas, sem que não há pessoa certa interessada, fazem-se requerendo ao Juiz Ordinário ou de Direito, e expondo os fatos que cada um pertende [sic.] justificar, pedindo-lhe o admita a justificá-los. – Este requerimento é distribuído, o Juiz pergunta as testemunhas, que apresenta o autor; e depondo o alegado por ele, o Juiz julga a justificação por sentença, e manda dar Instrumento à parte, com os depoimentos das testemunhas por extenso; juntando porém a parte procuração bastante, ou assinando termo de como ele mesmo requereu aquela justificação.

> §587 Se outra alguma parte vem opor-se à justificação, o processo se torna contencioso, este opoente pode contestar a justificação pretendida e tanto uma parte, como outra pode dar prova, se à vista de ambas o Juiz julga justificado o que um ou outro alega, condenando o vencido nas custas.[102]

No caso de Rita, a justificação foi entendida como um procedimento preparatório ao ajuizamento de uma futura ação de liberdade. Foi um procedimento intentado pelo curador geral com o objetivo de pressionar o suposto senhor a reconhecer o direito à liberdade de Rita. Seguiu, portanto, os procedimentos previstos por Telles para as justificações. Mas, na prática, nem sempre isso ocorria. O ajuizamento de uma justificação poderia ganhar contornos menos "inofensivos" do que os de um simples procedimento preparatório. Foi o que aconteceu no caso de Adão.[103]

No ano de 1865, no dia 29 de maio, o escrivão do juízo municipal de Caldas autuou uma "justificação para redução de testamento a pública forma", tendo como autor Adão e como réu Desidério Francisco

---

102 TELLES, J. H. C. *Manual do processo civil*, 1844, p.243.
103 Apelação cível sobre liberdade de escravos, 1865, processo n. 124, AEL.

108 MARIANA ARMOND DIAS PAES

de Freitas "e outros". Na petição inicial, o curador de Adão afirmou que Theresa Maria de Avila, estando doente, mas em seu perfeito juízo, declarou perante três testemunhas que sua última vontade era que seu escravo Adão ficasse livre quando lhe sobreviesse sua morte. Theresa morreu sem fazer outra disposição de última vontade e, por isso, Adão requeria que essa sua declaração fosse reduzida à pública forma.

O juiz nomeou curador a Adão, intimou os herdeiros interessados e deu prosseguimento à inquirição das seis testemunhas arroladas pelo autor. Logo depois, o juiz municipal, Bernardo Jacintho da Veiga, proferiu sua sentença: julgava improcedente a justificação, pois o depoimento das testemunhas não era suficiente para instituir testamento oral. Por isso, condenava o justificante nas custas. Ora, além de ter sido autuado como uma justificação, esse processo seguiu os ritos que já analisados: petição, inquirição de testemunhas e sentença. Não houve contestação meticulosa, réplica, tréplica, dilações probatórias e razões finais, como acontecia nas causas que seguiam o rito ordinário. Feita essa observação, continuo a narração dos fatos.

Logo após a publicação da sentença, o curador de Adão protocolou petição afirmando que o processo havia se tornado ordinário, porque já havia sido proferida sentença contra o justificante e porque alguns herdeiros faziam oposição. Assim, requereu o depósito do autor, tendo em vista que essa causa seria levada à decisão em algum outro tribunal e "é de razão e de justiça que o Suplicante não fique exposto a vinganças de um ou outro apaixonado enquanto trata dos seus direitos pelos meios legais".[104] O processo seguiu com a interposição de apelação contra a sentença, pelo curador de Adão. Os réus não apresentaram contra-razões da apelação e nem apresentaram procuração no prazo legal.

Os desembargadores do TRRJ reformaram a sentença e julgaram livre o apelante Adão. Ora, por ser uma justificação, somente poderiam

---

104 Apelação cível sobre liberdade de escravos, 1865, processo n. 124, AEL, p.19.

ter determinado a redução do testamento à pública forma, atendo-se ao pedido inicial. Os desembargadores jamais poderiam, nos rígidos quadros do direito processual civil, ter julgado livre Adão. Fazer isso, extrapolando o objeto da justificação, tornava o estatuto jurídico de livre formalmente definitivo. Se apenas o testamento tivesse sido reduzido à pública forma, ele ainda poderia ser questionado, por meio da ação competente, pelos herdeiros, que poderiam argumentar, por exemplo, que Theresa não estava em seu perfeito juízo, ou que, antes de morrer, havia mudado de ideia. Assim, foi seguido um rito de justificação, sem ampla contestação e sem produção de provas por parte dos réus. E o resultado foi uma declaração para a qual seria necessário haver rito ordinário. O ajuizamento de justificações, portanto, poderia, na prática, tornar-se um atalho para o reconhecimento do direito à liberdade e consequente ampliação da personalidade jurídica.

✳✳✳

Pelo menos a partir da década de 1860, os escravos brasileiros, formalmente, tinham direito de ação. É certo, porém, que esse direito era precário e limitado, sofria diversas restrições, como, por exemplo, a imposição da vênia. Mas, apesar disso, era um direito. Em um primeiro momento, essa afirmação pode parecer exagerada, principalmente considerando a legislação em vigor e as linhas interpretativas de alguns juristas, em especial, os portugueses. Mas, sob uma análise cuidadosa, vê-se que o direito de ação dos escravos estava imerso na dinâmica social e nas relações jurídicas entre senhores e aqueles que eles mantinham como escravos.

Examinando o direito de ação dos escravos, percebe-se que existia uma competição pelo poder de dizer qual era "o direito". Enquanto alguns juristas negavam aos escravos o direito de ação, admitindo que eles figurassem em juízo apenas sob o fundamento jurídico da ficção de que eram pessoas livres ilegalmente escravizadas, outros reconheciam que eles tinham esse direito. Enquanto o Legislativo e o Executivo não regulamentavam o assunto de maneira sistemática – apesar de existirem normas que mencionavam a possibilidade dos escravos figurarem em juízo –, juízes, advogados, escrivães e as próprias partes tratavam os libertandos como verdadeiros autores e réus. Escravos e libertos, mesmo sob condições adversas, recorreram a autoridades estatais para efetivar seu direito de ação na luta pela liberdade e, nesse movimento, concepções anteriores desse direito eram reafirmadas ou ressignificadas.

Esse era um caminho difícil, que, no entanto, poderia tornar-se menos árduo se houvesse uma rede de relações sociais favoráveis aos libertandos. Após o ajuizamento da ação, contar com o auxílio do curador, do depositário ou do Procurador da Coroa na causa poderia ser fundamental para o resultado do pleito. A curadoria e o depósito, ao que tudo indica, eram institutos de direito civil que ganharam novos contornos e novas funções quando se tratava de questões que envolviam definição de estatuto jurídico. Sua função era de proteção do escravo e de seus direitos. Mas, ao mesmo tempo, atuavam, também, como uma maneira de reafirmar a incapacidade tanto daqueles que estavam vivendo como escravos quanto daqueles que, no momento do ajuizamento da ação, viviam como livres. O direito protegia, mas, para isso, acabava reafirmando relações de desigualdade e dominação.

A construção do direito de ação dos escravos também extrapolava o âmbito teórico. Na prática, os mais diversos tipos de procedimento eram utilizados para se discutir o estatuto jurídico de alguém. Mesmo os processos que não tinham, a princípio, a função de discutir o estatuto jurídico de alguém, poderiam ser usados para tal. No entanto, ao admitir esse argumento, não se deve cair na falácia de que, no direito da escravidão, tudo era permitido e os institutos jurídicos eram manipulados ao bel prazer das partes. Como em todo ordenamento jurídico, existia uma margem de interpretação. Existia uma barreira até onde era possível ir. Os sujeitos históricos tinham certa liberdade na interpretação do sistema de normas. Mas existia, também, barreiras claras a essa interpretação: ela deveria ocorrer dentro dos parâmetros impostos pelo próprio direito. Interpretações divergentes e o uso de procedimentos judiciais os mais variados eram possíveis, mas dentro da lógica do próprio ordenamento jurídico. Afinal de contas, o direito de ação dos escravos não era um direito de exceção: estava inserido na lógica do direito de ação em geral.

CAPÍTULO 3

"Blasfêmias jurídicas"? os escravos e o direito civil

A incapacidade civil da mulher casada

Não eram só os escravos que tinham uma abrangência limitada de sua personalidade jurídica. Outros sujeitos eram elencados, pela civilística, no rol dos incapazes. E, em uma sociedade vazada pela violência de gênero, não poderiam estar fora desse rol as mulheres. A seguir, trato de alguns aspectos da personalidade jurídica da mulher casada, a fim de mostrar que o escravo não era a única "categoria" de pessoa cuja abrangência da personalidade jurídica era limitada. A partir da análise da concessão de alforria por mulher casada, mostro, também, o potencial subversor das relações jurídicas estabelecidas por esses dois entes de capacidade reduzida.

A construção jurídica das incapacidades ou das personalidades jurídicas "reduzidas", como técnicas de dominação social, fica evidente na ação que Gabriela ajuizou contra seu suposto senhor, o francês Armand Habiaga.

Em 14 de novembro de 1863, chegou ao juiz de direito da comarca de Vila de Caçapava, uma petição de Gabriela e uma carta de liberdade passada a ela por sua senhora, Candida Pereira de Queiros. Imediatamente, o juiz mandou os documentos, por ofício, ao juiz mu-

114   MARIANA ARMOND DIAS PAES

nicipal Augusto Cesar de Medeiros, para que ele cuidasse da questão. Recebido o ofício, o juiz municipal mandou que Gabriela fosse, sem perda de tempo, depositada em poder de pessoa idônea e nomeou Antonio Caetano Seve Navarro como seu curador. O depositário nomeado foi Delfino José Correia Marques. Como visto no capítulo anterior, Armand Habiaga se insurgiu contra essa nomeação e o juiz nomeou outro depositário para Gabriela. Logo em seguida, teve que nomear, também outro curador, pois Antonio Caetano Seve Navarro tinha sido nomeado juiz municipal do termo de Santana e, para lá, foi removido. Foi então nomeado, como curador, Augusto José Pupe. Representando o réu, atuou no processo o solicitador Joaquim de Mello Azevedo Seixas.[1]

Augusto José Pupe alegou que Gabriela, ex-escrava de Armand Habiaga, era livre desde 24 de agosto de 1862, quando sua ex-senhora, Candida Pereira de Queiros, havia-lhe concedido carta de liberdade. A liberdade foi passada por Candida em razão dos bons serviços que Gabriela lhe havia prestado. Ao tempo da doação, Candida e Armand não tinham "vida marital", pois viviam separados judicialmente há muitos anos. Diante dessa situação fática, não havia necessidade do consentimento do réu para concessão da liberdade, pois o marido só era competente para a administração dos bens do casal quando tinha a mulher debaixo de seu poder. Além disso, o casamento de ambos tinha sido realizado sem convenção alguma, mas por carta de ametade, segundo "o costume geral do Império", pela qual eles adotaram o regime de comunhão em todos os bens da sociedade conjugal.[2] Ademais,

---

1   Apelação cível sobre liberdade de escravos, 1863, processo n. 105, AEL.

2   Ordenações Filipinas, livro quarto, título 46, caput: "Todos os casamentos feitos em nossos Reinos e senhorios se entendem serem feitos por Carta de ametade: salvo quando entre as partes outra coisa for acordada e contratada, porque então se guardará o que entre eles for contratado." Almeida, no comentário a essa ordenação, explica que dizer que um ca-

ESCRAVIDÃO E DIREITO

quando se casou com o réu, Candida levou, para o casal, valor superior a 18 contos de réis em bens. Portanto, como declarado na carta de alforria, a liberdade concedida a Gabriela deveria ser descontada de sua meação e terça. Sem lei que o proibisse expressamente, não se poderia considerar nulo esse ato por falta de consentimento do marido. Essa assertiva deveria ainda ser reforçada pela norma de que a mulher casada podia forrar escravo por testamento ou codicilo, sem autorização do marido, ainda que vivesse sob o poder marital, se o valor do escravo estivesse dentro de sua meação e terça.

Contra Gabriela, argumentou o solicitador Joaquim de Mello Azevedo Seixas que a mulher casada, por carta de ametade, estava sob poder e curadoria de seu marido, único competente para administrar os bens do casal. Ela não podia doar, contratar, vender, forrar escravos e nem dispor de coisa alguma pertencente à comunhão, sem autorização e consentimento expresso do "chefe da sociedade conjugal". Caso procedesse de outro modo, o ato era nulo, não produzia efeitos jurídicos. De fato, não existia lei que tivesse estatuído essa norma expressamente, mas era um "costume antiquíssimo", corroborado pela doutrina e observado na "praxe de julgar". Jorge de Cabedo, Belchior Phoebo e Diogo Guerreiro Camacho de Aboym, que escreveram "há mais de cem anos", consideravam esse costume certo e indubitável. Os escritores mais recentes também atestavam esse costume, o que fazia com que ele tivesse força de lei e fosse considerado direito incontroverso e consuetudinário. Diante desse quadro, a doação feita por Candida a Gabriela era nula e, se por acaso, fosse reconhecido semelhante precedente, seriam destruídos o "princípio da conservação dos bens do casal" e a harmonia entre os cônjuges: "o pomo da discórdia viria privá-los de toda a felicidade, produzindo

---

samento se realizou com "carta de ametade" ou "segundo o costume do Reino" significa que os cônjuges são meeiros, cada um tinha direito a uma metade dos bens. ALMEIDA, C. M. *Código filipino*, vol. 4, p.832.

116   MARIANA ARMOND DIAS PAES

imensos males, consequência necessária deste estado de desordem, e de anarquia."[3] Tampouco dever-se-ia admitir que a mulher fizesse uso de sua meação para conceder a liberdade. Subsistindo a comunhão, durante a constância do matrimônio, nela estava confundida a meação, a qual só poderia se dividir por morte de um dos cônjuges ou em virtude de partilha posterior à sentença de divórcio transitada em julgado. Enquanto estivesse vivo o réu e não estivesse divorciado de sua mulher, ninguém poderia contestar seu direito de dispor de todos os bens móveis e semoventes do casal. Usando esse direito de dispor dos bens do casal, poderia acontecer de, ao tempo do falecimento do réu, ou de Candida, existirem tão poucos bens que o valor da alforria excedesse a meação. Por isso, a meação de Candida não existia até que ela ou o marido morressem: por ora, ela estava confundida com a comunhão. O procurador do réu contestava também que Candida tivesse o direito de fazer doações por testamento e codicilos. Mas, ainda que o tivesse, ela tinha filhos e só poderia doar até o valor que coubesse na sua terça, para não adentrar nas duas outras terças, que pertenciam aos herdeiros necessários. Também não deveria persistir o argumento de que ela levou 18 contos de réis para o casal. Ambos possuíam poucos bens, não mais do que umas "poucas braças de terras nas circunvizinhanças do passo da Palma", que "nem valor têm". Assim, não poderia doar a liberdade em prejuízo de seus herdeiros. Por fim, Candida não poderia ter concedido a alforria porque não existia ciência e concordância do réu sobre o ato.

> Não concluiremos as presentes alegações, sem responder ao 4º artigo do libelo da Autora, do qual se pode talvez querer deduzir, que o Réu abandonou à sua Mulher, e tem dissipado os bens do seu casal; quando pelo contrá-

---

3   Apelação cível sobre liberdade de escravos, 1863, processo n. 105, AEL, p.44v.

rio, foi esta, que faltando aos seus deveres mais sagrados fugiu da Casa do Réu, para entregar-se a toda a sorte de excessos, e de vícios próprios da vida desregrada, em que presentemente consome sua existência; e aconselhada pelo Dr. Antonio Caetano Seve Navarro, que daí tirou não pequeno proveito, e por algumas outras pessoas que muito mal a dirigiram, sendo uma delas a 1ª testemunha Luiz Rodrigues Viseu, um dos mais oficiosos procuradores da Autora; tendo destarte querido esbanjar o acervo comum, passando cartas de alforria, ilegais, e nulas, não somente à Autora, mas também a outros escravos do casal, como a crioula Joana, e seu filho, pretendendo assim reduzir o Réu à indigência e à miséria.[4]

O juiz municipal Francisco Ignacio Werneck concordou com os argumentos do solicitador do réu. Ele considerou, a partir dos depoimentos das testemunhas, que Candida separou-se de Armand por vontade própria, o que não poderia ter feito. De acordo com o direito brasileiro, o marido era o legítimo administrador da sociedade conjugal e, pela "reverência que lhe deve a mulher", não poderia Candida, de maneira alguma, dispor dos bens do casal e dos seus próprios bens, sem consentimento de seu marido ou autorização do juiz competente. Assim, a carta de alforria concedida a Gabriela era nula. Só seria válida no caso de separação perpétua entre Candia e Armand, decretada por sentença transitada em julgado, caso em que seriam partilhados os bens entre os cônjuges, como se não fossem casados.

---

4   Apelação cível sobre liberdade de escravos, 1863, processo n. 105, AEL, p.46v. Em consulta à base de dados do ANRJ, foi identificado o processo n. 11.048, caixa 3.682, de 1864, apelantes Joana e Jorge, apelado Armand Habiaga. Esse processo também se encontra microfilmado no AEL, sob o n. 122, microfilme RRJ mr 038.

O curador apelou da sentença. Enquanto o processo tramitou no TRRJ, Gabriela foi representada pelo curador José Alvares Pereira e Armand, pelo advogado Severo Amorim do Valle.[5] O curador reafirmou o que já tinha sido alegado em favor de Gabriela na primeira instância. Em certa medida, Severo Amorim do Valle também repetiu argumentos em favor do réu, mas tratou com mais afinco da incapacidade jurídica da mulher casada do que o tinha feito o solicitador do réu na primeira instância:

> Não se discute nesta causa a legitimidade da origem do cativeiro da autora, ora apelante; o próprio ato, aliás nulo, de manumissão a ela dada pela mulher do apelado pressupõe a existência legal do estado de escravidão que a apelante quer fazer substituir pelo de liberdade, invocando para esse fim aquele ato.
>
> Discute-se, porém, a legitimidade da pessoa que o praticou e desde que se reconhecer que ela era juridicamente incapaz para fazê-lo; o ato é sem valor algum, não produz efeito, é como se jamais existira.
>
> Assim que, a questão de liberdade movida pela apelante entende com a incapacidade da mulher casada, e para chegarmos a uma solução verdadeira devemos considerar o objeto em relação dos princípios que regulam os direitos e obrigações dos esposos.[6]

---

5   De acordo com o levantamento realizado por Grinberg, em 402 ações de definição de estatuto jurídico que tramitaram perante o TRRJ, entre 1808 e 1888, 9% dos advogados participaram de cinco ou mais ações. Esses advogados atuavam tanto a favor de senhores quanto de escravos. O único que fugia do padrão era, justamente, Severo Amorim do Valle, que defendeu 20 senhores e apenas 3 escravos. GRINBERG, K. *O fiador dos brasileiros*, p.260.

6   Apelação cível sobre liberdade de escravos, 1863, processo n. 105, AEL, p.85.

Severo Amorim do Valle continuou argumentando que a mulher só poderia administrar os bens do casal se o marido se tornasse impedido por moléstia, prodigalidade ou ausência. Mesmo nesses casos, deveria ser requerida autorização do juiz. A mulher não podia alienar nem os bens do casal nem os seus próprios e deveriam ser considerados nulos os contratos por ela feitos. Assim, a mulher do réu não poderia ter feito doação da alforria a uma escrava, bem do casal, ainda mais a título gratuito. Como, pelo direito, só o marido podia alienar os bens do casal, o único meio de se suprir o vício da incapacidade da mulher casada seria o consentimento do marido, o que não tinha ocorrido no caso.

> [...] nem o Alvará do 1º de abril de 1680, que declarou "serem mais fortes e de maior consideração as razões que há a favor da liberdade do que as que podem fazer justo o cativeiro", estabeleceu regra que possa ser invocada por casos em que a legitimidade do cativeiro é consagrada pela lei, como o da apelante, que nasceu de ventre escravo, que sempre esteve em cativeiro, e pretende ser libertada por um ato de quem não podia libertá-la, violando-se para esse fim o direito de propriedade e as leis que regulam a capacidade civil.[7]

A forte retórica da argumentação de Severo Amorim do Valle nas contra-razões da apelação deixa entrever o potencial subversor que a concessão de alforria feita por uma mulher casada, a despeito de todo o arcabouço teórico construído entorno de sua personalidade jurídica e de sua incapacidade, poderia ter na sociedade brasileira oitocentista.

---

7   Apelação cível sobre liberdade de escravos, 1863, processo n. 105, AEL, p.90-90v.

Para consagrar esse ato fora necessário violar os textos expressos da lei e a jurisprudência que o repelem como nulo e de nenhum efeito; [ilegível] um título concedido por uma mulher casada, sem o consentimento de seu marido, e a que presidiram a simulação e a fraude; um título que anula o poder do chefe da família, que assinala a desordem e o excesso a que chegou uma mulher em luta com seu marido, que abandonou, evadindo-se com os escravos da casa, e que mostra ser um papel de alforria destinado a arrancar ao apelado uma propriedade que a sua mulher não pôde deter por meio de um cavilhoso sequestro, julgado insubsistente. Fora ainda preciso para admitir tal papel como válido instituir uma doutrina que, desconhecendo o poder marital, deixasse a fragilidade da mulher sem o escudo da proteção do marido, pondo em perigo a propriedade – escrava – e introduzindo fatalmente no seio da família a desordem e a infelicidade.[8]

Os desembargadores do TRRJ confirmaram a sentença e, talvez como uma espécie de punição, condenaram Candida nas custas do processo, mesmo ela não sendo parte nele. Mas a decisão não foi unânime: o desembargador Francisco Joaquim Gomes Ribeiro foi voto vencido. Para ele, a sentença deveria ter sido reformada porque, em favor da liberdade, não deveriam subsistir as regras que determinavam que a mulher casada não podia dispor dos bens do casal. Tendo Candida alforriado Gabriela, essa liberdade deveria vigorar e, no momento que fosse feita a divisão dos bens do casal, o seu valor seria computado no quinhão de Candida. O curador interpôs, ainda,

---

8   Apelação cível sobre liberdade de escravos, 1863, processo n. 105, AEL, p.91-91v.

ESCRAVIDÃO E DIREITO 121

embargos contra o acórdão. Mas eles foram desprezados, novamente com voto vencido de Ribeiro.

O processo de Gabriela contra Armand permite perceber que, também, às mulheres, na segunda metade do século XIX, eram impostas inúmeras restrições jurídicas, as chamadas "incapacidades". Esse instituto da técnica jurídica não era neutro ou alheio às relações sociais de poder. Era o produto de uma sociedade marcada pela violência de gênero. E, como tal, tornava possível, por meio do aparelho judiciário do Estado, essa violência. A relação entre direito e sociedade, norma e poder, pode ser encontrada, também, no instituto do poder marital.[9] O poder marital era um dos efeitos do casamento civil e, em razão dele, o marido era considerado o chefe da família e, portanto, representante da mulher. Estavam sujeitos ao poder marital tanto a pessoa da mulher quanto os bens do casal. Assim, ao casar-se, a mulher se tornava incapaz.[10] Nas palavras de Lafayette Rodrigues Pereira:

> O *poder marital* forma-se pela deslocação de certos direitos da pessoa da mulher para a pessoa do marido.
> Roubando-lhe a faculdade de governar-se a si mesma, de contratar e de dispor dos bens, e pondo-a em con-

---

9   Neste trabalho, trato apenas do poder marital, que era o mais presente nas ações analisadas. No entanto, não era apenas esse instituto jurídico que restringia a atuação jurídica das mulheres. Elas também estavam sujeitas ao pátrio poder, ao princípio da inalienabilidade dos bens dotais e ao estado de viuvez. As mulheres em geral, não apenas as casadas, também tinham seus direitos restringidos quando se tratava de tutela, curatela, doações, fianças e depoimentos em juízo. Para uma análise completa desses institutos e restrições, ver AMARAL, I. G. R. *Resistência feminina no Brasil oitocentista*, p.101-117.

10   De acordo com Amaral, as solteiras emancipadas e as viúvas eram consideradas civilmente capazes. AMARAL, I. G. R. *Resistência feminina no Brasil oitocentista*, p.94.

122   MARIANA ARMOND DIAS PAES

> sequência sob a direção do marido, essa deslocação de direitos constitui a mulher em estado de incapacidade.
> Assim de um lado o poder marital e em frente, como efeito, a incapacidade da mulher.
> Criação da lei, a incapacidade da mulher não resulta de defeito natural: tanto que são capazes as viúvas e as solteiras emancipadas.[11]

Como já discutido no processo de Gabriela, o instituto do poder marital não tinha fundamentação legal, mas doutrinária, jurisprudencial e costumeira. Eram direitos reconhecidos ao marido, em virtude do poder marital: exigir da mulher respeito e obediência quando se tratasse de honestidade, bons costumes, trabalhos domésticos, criação dos filhos e fidelidade; buscar a reparação das injúrias sofridas pela mulher; sustentar a família; aplicar à mulher "castigos moderados"; fixar o domicílio conjugal; representar a sua mulher em juízo e fora dele; administrar os bens do casal; dispor dos bens móveis e semoventes como lhe aprouvesse; dispor dos bens imóveis, nos modos autorizados pela legislação; conceder autorização à mulher para a prática de atos da vida civil.[12]

Entretanto, o poder marital, apesar de restringir a capacidade civil da mulher, não anulava sua personalidade jurídica. Ela ainda permanecia capaz de adquirir direitos e contrair obrigações, como, por exemplo, os direitos de: conceder ou não autorização ao marido nos casos de alienação de bens imóveis, de hipoteca, de fiança e de doação de bens

---

11   PEREIRA, L. R. *Direitos de família*, p.77-78. Contra esse trecho, se insurgiu Freitas, na terceira edição da *Consolidações das leis civis*, considerando-o "repugnante", mas porque era muito "liberal". Chegou a afirmar: "Se o modelo é a mulher independente, solteira ou viúva, não tereis casal, sem casal não tereis família, sem família não tereis sociedade civil". FREITAS, A. T. *Consolidação das leis civis*, 1876, p.146-147.

12   AMARAL, I. G. R. *Resistência feminina no Brasil oitocentista*, p.93-98.

móveis; exigir proteção e alimentos do marido; requerer a anulação de alienações de bens imóveis que não tivesse autorizado; gozar dos privilégios e honras do cargo ocupado por seu marido; requerer a restituição de bens que tivessem sido doados por seu marido a sua concubina; contrair dívidas, sem autorização do marido, para alimentar a si e aos seus filhos; nos casos em que fosse curadora do marido ou este estivesse ausente, administrar os bens do casal; administrar os bens que lhes fossem reservados no pacto antenupcial; dispor de sua meação e dos bens que lhe pertencessem em disposições de última vontade; também nos casos do marido estar ausente, ajuizar ações urgentes sem ser por ele representada; representar seu marido se este fosse declarado "demente" ou "pródigo"; exigir seus direitos nos casos em que vivesse separada do marido por sentença de divórcio.[13]

Como se vê, não era apenas a abrangência da personalidade jurídica dos escravos que sofria limitações. As mulheres eram, indubitavelmente, pessoas, sujeitos de direito e gozavam de personalidade jurídica. Porém, assim como os escravos, tinham limitada sua capacidade jurídica para o exercício de diversos direitos civis. Também como os escravos, as mulheres resistiam às restrições jurídicas que lhes eram impostas e procuravam achar brechas no ordenamento jurídico, por meio das quais pudessem gozar de certa margem de autonomia.[14]

Tendo como base os processos analisados neste trabalho, percebe-se que, muitas vezes, o ato de libertar escravos, pela mulher, fazia parte de um contexto maior de tensões entre o casal. Nessas intrincadas relações entre maridos e esposas, os escravos poderiam acabar sendo beneficiados com a tão desejada liberdade. Entretanto, caso essas disputas chegassem ao Judiciário, a tendência era que o direito à

---

13 AMARAL, I. G. R. *Resistência feminina no Brasil oitocentista*, p.98-100.

14 Sobre resistência feminina, por meio de ações de divórcio e nulidade de matrimônio, ver AMARAL, I. G. R. *Resistência feminina no Brasil oitocentista*.

liberdade não fosse reconhecido e que a incapacidade civil da mulher casada fosse reafirmada, numa tentativa de conter, nulificar, desconsiderar e, até mesmo, punir o exercício de direitos que extrapolavam a abrangência da personalidade jurídica dessas mulheres. Ao longo de querelas processuais, a incapacidade civil das mulheres era fervorosamente reafirmada, com o objetivo de impossibilitar a ampliação da capacidade civil dos escravos. Construções dogmáticas criadas no bojo de uma sociedade vazada por violências de gênero e raciais serviam para reafirmar e fortalecer o exercício da dominação senhorial e do seu correspondente no âmbito da família, o poder marital. Nesses momentos, dois sujeitos de direitos, a mulher casada e o escravo, a despeito dos mais diversos modos de resistência e agência que procurassem exercer em seu cotidiano, viam sua capacidade de adquirir direitos, sua personalidade jurídica, precarizada por um Judiciário que, se em alguns momentos reconhecia direitos às mulheres e aos escravos, não titubeava em decidir em prol da reafirmação do poder senhorial e marital, quando esses dois atores se davam as mãos.

A negação da personalidade jurídica das mulheres e, consequentemente, do direito à liberdade dos escravos por elas libertados também ocorreu no caso de Januária, Francisca, Thereza, Lucia Maria do Patrocínio, Maria d'Assumpção e Anna. Na verdade, nesse processo, as tensões entre marido e mulher eram tão grandes que a presença das escravas praticamente não se faz sentir ao longo da tramitação da ação.[15]

O caso foi que – não está informado no processo quando – Anna Luisa de Oliveira, uma mulher com mais de quarenta anos e que vivia em companhia de seu irmão, Vicente Fernandes de Castro, decidiu se casar com Mariano José Pires, mais novo do que ela. Diante da oposição dos irmãos de Anna, ela e Mariano afirmaram que iriam à igreja, para serem testemunhas de um batizado. E saíram de lá casados. A harmonia entre os dois, porém, parece não ter durado muito.

---

15 Apelação cível sobre liberdade de escravos, 1867, processo n. 135, AEL.

ESCRAVIDÃO E DIREITO 125

De acordo com o curador das libertandas, Mariano passou a dizer, em público, que pretendia ir para o Rio de Janeiro e vender todos os escravos do casal, abandonando sua mulher. Anna, diante de um abandono iminente e da ameaça de "ficar reduzida a servir-se por suas mãos", "sem ter até quem lhe enchesse um pote d'água", decidiu alforriar suas escravas, com a condição de lhe prestarem serviços até sua morte.[16] Essa decisão teria sido motivada, também, pelo "enternecimento" e "amor" que, supostamente, nutria pelas cativas, quase todas criadas por ela. Assim, em 14 de setembro de 1864, Anna saiu de casa e a escritura de liberdade das escravas foi passada pelo tabelião, Jotta.

Furioso, Mariano recorreu ao Judiciário e conseguiu a anulação da escritura: para ser uma doação *causa mortis* válida, a escritura deveria ter sido feita diante da presença de cinco testemunhas, e não de três, como era o caso. Inconformada, Anna, após ter voltado para casa, saiu novamente e passou outra carta de liberdade às escravas, em 13 de abril de 1867. Dessa vez, assinada pelas cinco testemunhas e com os seguintes dizeres ao final: "E peço à Justiça de Sua Majestade Imperial queiram dar a este papel toda força necessárias, afim de que meu marido não possa de modo algum invalidar minha resolução".[17]

Em vista da nova concessão de liberdade, Mariano recorreu ao juízo municipal de Patrocínio, Minas Gerais, e propôs ação de escravidão contra suas supostas escravas, em 27 de maio de 1867. No libelo, afirmou que era casado com Anna e que, com ela, vivia sob o mesmo teto, não existindo separação civil ou eclesiástica entre ambos. Não havia, portanto, separação de bens e não podia a mulher dispor dos bens do casal sem o consentimento expresso do marido.

16 Apelação cível sobre liberdade de escravos, 1867, processo n. 135, AEL, p.14-15.

17 Apelação cível sobre liberdade de escravos, 1867, processo n. 135, AEL, p.8-8v.

O curador das escravas, o professor público, Francisco de Paula Arantes, contra-argumentou que todos os bens do casal pertenciam a Anna. Diante das ameaças de se ver espoliada pelo marido, que ameaçava vender as escravas e abandonar sua mulher, libertou as rés, sem o consentimento de Mariano. A escritura de 1864 tinha sido declarada nula apenas por ausência das cinco testemunhas e, por isso, Anna se esmerou em cumprir essa formalidade na doação *causa mortis* que agora estava sendo contestada por seu marido. Havia exceções ao princípio de que a mulher não podia dispor dos bens do casal. O caso em questão era um deles, pois Anna não tinha herdeiros e o valor das escravas era coberto por sua meação. Além disso, doações *mortis causa* poderiam ser feitas pela mulher casada sem o consentimento do marido.

Nas razões finais, o advogado Fernando Cândido, representando Mariano, alegou, ainda, que a escritura de liberdade não foi passada de livre e espontânea vontade por Anna, mas que esta havia sido "seduzida" por seus irmãos e pelos inimigos do autor. Reafirmou que, em virtude da "reverência matrimonial", a mulher casada não poderia dispor de nenhum bem sem o consentimento de seu marido e sem o seu suprimento pelo juiz. A liberdade concedida também não se tratava de disposição de última vontade ou de doação *causa mortis*, porque essas doações deveriam ser feitas sob a pressão do receio da morte. Ademais, as doações deveriam ser interpretadas mais em favor do doador do que do doado e, em caso de dúvida, deveriam ser consideradas *inter vivos*. Somava-se a isso, o fato de que essa escritura era praticamente uma cópia da primeira, que já havia sido julgada por sentença transitada em julgado. Assim, a matéria não poderia ser analisada novamente pelo Judiciário. Ainda que a escritura fosse considerada como doação *mortis causa*, deveria ser declarada nula, porque não houve livre manifestação da vontade: além do aconselhamento de inimigos do réu, a doadora estava sob medo de ser reduzida à miséria.

Antes de concluir acrescentaremos ainda que se fosse permitido à mulher casada, por carta de ametade, a faculdade de, por semelhante modo, isto é, por meio de doação de tal guisa, reduzir o marido à triste condição de um mero feitor ou administrador dos bens do seu casal, com grave detrimento da reverência e poder marital, que por direito e por lei lhe é [ilegível] conferido e como chefe da sociedade conjugal, e como tal encarregado de todos os ônus da mesma sociedade, é pesado encargo que tem sobre si, de alimentar a mulher e filhos e satisfazer todas as necessidades inerentes a um tal estado; e que por isso devem lhe ser concedidos todos os meios consentâneos à consecução do fim (isto é, do melhoramento e propriedade da sociedade) entre os quais encontra-se, sem dúvida, a ampla e livre faculdade de dispor, como lhe convier, dos bens móveis e semoventes do casal, independente de consentimento ou outorga da mulher, e sem que esta, entretanto, lhe possa opor, por quaisquer modos, o menor embaraço, qual seria o homem, perguntamos, que se quisesse sujeitar, no caso de passar semelhante precedente, a ficar reduzido à mesquinha e triste condição de mero administrador, ou feitor dos bens de seu casal, sempre que assim aprouvesse à sua mulher?

Qual o homem, que sequestrando de si toda a sua dignidade, quisesse por-se, de tal sorte, à mercê e descrição da caprichosa vontade da mulher em quem se honra de casar? Por isto que nenhum, a não ser algum [ilegível].

Portanto, seria [ilegível] e perigosa para a sociedade, e mormente para a sociedade em que vivemos, semelhante prática, porque, além de importar ela em uma degradação para o homem, [ilegível] assim tudo quanto ele tem de mais nobre (e em legítimo Direito) no estado conjugal = o poder e reverência marital = tornaria raros e difíceis entre nós os casamentos, que bem poucos e raros já vão sendo.[18]

Em suas alegações finais, o curador das libertandas procurou argumentar dentro do quadro jurídico-conceitual que delineava os argumentos possíveis nesse tipo de ação. De nada adiantaria afirmar que a mulher casada possuía capacidade jurídica para conferir alforria a suas escravas sem o consentimento do marido. A fim de tornar sua defesa convincente, era necessário permanecer dentro da doutrina da capacidade civil limitada da mulher casada e tentar, por essa via, enquadrar o caso como uma das exceções admitidas pelos juristas:

> Nunca nos passou pela mente sustentarmos o absurdo jurídico de que = a mulher casada por carta de ametade ou segundo os costumes do Reino, pode validamente contratar durante a constância do matrimônio sem o expresso consentimento do marido, nesta parte, como no mais, fomos assaz sinceros e francos na contrariedade a f.13, como mesmo reconheceu o Autor nas suas alegações a f., mas também (como confessa o mesmo Autor) não entra em dúvida que aquele princípio consagrado em Direito, e que até se pode considerar como um axioma, tem, como regra geral, muitas exceções, entre as quais conta-se a de poder a mulher casada fazer disposição de última vontade tais como testamentos, codicilos e doações causa mortis.[19]

---

18   Apelação cível sobre liberdade de escravos, 1867, processo n. 135, AEL, p.37-38.

19   Apelação cível sobre liberdade de escravos, 1867, processo n. 135, AEL, p.40-41v.

O curador reafirmou que o caso em questão se tratava de doação *causa mortis*, pois as escravas somente ficariam libertas após a morte da doadora. Essa peça foi selada e juntada aos autos, em 28 de setembro de 1867. O processo ficou, então, sem movimentação até 31 de outubro de 1870, quando foram apresentados artigos de habilitação de herdeiros, porque – pasmem – Mariano havia sido assassinado e os herdeiros alegavam que a mandante do crime era sua mulher.

Em dezembro de 1870, o juiz Joaquim Antonio de Magalhães proferiu sentença declarando as rés escravas e determinando que elas retornassem ao "poder e posse do autor". Ele considerou que o caso não se tratava de doação *causa mortis*, uma vez que não havia a possibilidade de se revogar o ato: conferida a liberdade, ela era considerada perfeita e irrevogável a partir do momento da concessão, ainda que com qualquer ônus, o qual não alteraria a condição e o estado de liberdade, retardando, apenas, seu pleno gozo e exercício. Assim, era inadmissível que a mulher casada libertasse escravos sem o consentimento de seu marido. Também não tinha valor a alegação de que a doação havia sido feita dentro dos limites da sua meação, porque os bens estavam em comunhão, uma vez que não havia separação do casal ou dos bens.

As libertandas apelaram. Nesse momento, foi admitido, como assistente no processo, Antonio Augusto da Silva Canêdo. De acordo com seu advogado, a escritura de liberdade era não só um ato de irreverência marital, mas também havia sido passada para fraudar os credores do casal, dentre os quais figurava o assistente. Se a escritura fosse considerada válida, haveria fraude de credores, pois não havia outros bens além das escravas litigantes. Por mais simpática que fosse a causa da liberdade, seu amor não poderia ir ao ponto de conspurcar os princípios de direito. Aos outros poderes, cabia resolver o proble-

130 · MARIANA ARMOND DIAS PAES

ma da emancipação. Ao Judiciário, caberia apenas aplicar as leis, por mais duras que fossem: "dura lex, sed lex", ressaltou o advogado.[20]

Os desembargadores do TRRJ confirmaram a sentença apelada "por seus fundamentos, conforme prova dos autos e disposições de direito". Assim como no caso de Gabriela, a capacidade jurídica foi negada à mulher casada e serviu como fundamento para a negação da ampliação da personalidade jurídica de Januária, Francisca, Thereza, Lucia Maria do Patrocínio, Maria d'Assumpção e Anna. Mas, novamente em analogia com o caso de Gabriela, esse assunto não era pacífico entre os desembargadores do TRRJ. Houve um voto vencido: o do desembargador Caetano Vicente de Almeida. Já era o ano de 1872, e o desembargador fundamentou seu voto na escritura apresentada e "na doutrina da nova Lei sobre o elemento servil, pela qual somente nos casos, para que não tenha, absolutamente deixado remédio, se pode sustentar a escravidão".[21]

Como se percebe pela existência de votos vencidos a respeito dessa questão, a incapacidade da mulher casada para alforriar era um tema que levantava controvérsia entre os juristas brasileiros. Malheiro, por exemplo, afirmou que, em regra, a mulher casada não poderia alforriar escravos por ato entre vivos sem a autorização de seu marido. Porém, "por favor à liberdade, o ato se deve manter tanto quanto seja possível, harmonizando-se os princípios de humanidade com os direitos do cabeça de casal e interesses conjugais". A mulher casada poderia, ainda, alforriar escravos em testamentos, "porque aí está ela em pé de igualdade com seu marido".[22]

---

20 Apelação cível sobre liberdade de escravos, 1867, processo n. 135, AEL, p.76.

21 Apelação cível sobre liberdade de escravos, 1867, processo n. 135, AEL, p.88-88v.

22 MALHEIRO, A. M. P. *A escravidão no Brasil*, vol. 1, p.89. Sobre a alforria de escravos por mulher casada, em testamento, havia a Provisão de 11

ESCRAVIDÃO E DIREITO   131

Já para Freitas, não havia que se falar em favorecimento da liberdade nesses casos: "Pode a mulher sem consentimento do marido libertar escravos do casal? Absolutamente não, ainda que a alforria não seja gratuita".[23]

O tema da incapacidade da mulher casada para alforriar escravos também foi discutido no processo ajuizado por Benedicto, Benedicta e Angela contra José Pereira Barcellos, em 23 de maio de 1879, na cidade de Serro.[24] Os autores alegaram que eram escravos da viúva Catharina Pereira de Jesus. Sendo Catharina menor de 50 anos, casou-se com o réu José Pereira de Barcellos, em 16 de maio de 1868. Quando se casou com José, Catharina possuía uma fazenda, com fábrica de açúcar, com diversos escravos e muitos animais. José, desde que se casara, passou a esbanjar os bens que Catharina trouxera ao casal. Ao ficar sabendo que seu marido queria vender os autores, Catharina lhes passou carta de liberdade, sendo metade gratuita e a outra metade, onerosa. Por ausência absoluta de escrivão e por não saber ler nem escrever, Catharina declarou suas intenções perante testemunhas, no dia 1º de novembro de 1878, até que pudesse vir o escrivão de paz de Santa Leopoldina, distante 8 léguas do lugar de sua residência. No dia 3 de novembro de 1878, estava o mencionado escrivão passando a referida carta, quando chegou Manoel Ferreira de Mello Coutinho, acompanhado de outros indivíduos, e declarou que iria buscar os autores, porque os tinha comprado do réu e, efe-

---

de outubro de 1823: Luiza Maria Roza da Conceição foi alforriada pelo testamento de sua senhora Roza Maria da Conceição, "preta mina". No entanto, o marido de sua ex-senhora, Francisco de Souza, "preto forro", tratava Luiza mal e a castigada, como se fosse ainda escrava. A Mesa do Desembargo do Paço decidiu que a alforria era válida. ARAÚJO, J. P. F. N. *Legislação brasileira*, tomo IV, p.142.

23   FREITAS, A. T. *Consolidação das leis civis*, 1865, p.97. FREITAS, A. T. *Consolidação das leis civis*, 1876, p.141.

24   Ação de liberdade, 1879, processo n. 284, ANRJ, p.76.

tivamente, os levou para sua fazenda, de onde só foram tirados para serem depositados. Em virtude da alforria passada por Catharina, os autores queriam ser declarados livres.

O advogado do réu argumentou que, em 19 de junho de 1877, ele e sua mulher passaram uma procuração para Manoel Nunes Barbosa da Rocha, para que ele vendesse seus bens, incluindo os libertandos, e quitasse suas dívidas. Catharina tinha passado a carta de liberdade porque se esqueceu dessa procuração. Os autores foram vendidos no dia 5 de novembro de 1878. No mais, argumentou a respeito da incapacidade da mulher casada, nos mesmos termos vistos nos processos anteriores.

Mas, dessa vez, ao contrário dos casos já analisados, o juiz Carlos José Pereira Bastos decidiu pela liberdade dos autores. O juiz considerou que Catharina, antes de saber da venda dos escravos, no dia 5 de novembro, mandou chamar o escrivão de paz, em 28 ou 29 de outubro, para passar a carta de alforria no dia 1º de novembro, uma vez que ela era analfabeta. A carta não foi passada no dia 1º por impedimento do escrivão, mas dever-se-ia considerar a liberdade como concedida desde esse dia. Ademais, a alforria não era alienação. Assim, por "doutrina assentada", escravos alforriados por mulher casada saíam da meação dela. Dessa vez, a sentença foi confirmada pelo TRRJ e os autores foram declarados livres, mesmo tendo recebido a alforria de mulher casada.

Por que o juiz e o TRRJ, dessa vez, decidiram que a incapacidade da mulher casada não se aplicava aos casos de libertação de escravos? Não parece ter sido uma mudança de concepção a respeito da capacidade civil da mulher casada, pois essa foi uma longa luta, que estava longe de terminar naquele remoto ano de 1884, quando o TRRJ proferiu seu acórdão. A igualdade jurídica entre homens e mulheres foi sendo conquistada aos poucos. Em 1932, por exemplo, as mulheres conquistaram o direito de voto. Já a mulher casada só adquiriu capacidade civil plena em 27 de agosto de 1962, com a promulgação da Lei n. 4.121, também conhecida como Estatuto da Mulher Casada.

Foi essa Lei que revogou a incapacidade relativa que estava expressamente prevista no artigo 6º, II, do Código Civil de 1916: "São incapazes, relativamente a certos atos, ou à maneira de os exercer: [...] II. As mulheres casadas, enquanto subsistir a sociedade conjugal". A igualdade formal entre homens e mulheres só foi conquistada com a Constituição de 1988. Portanto, talvez a mudança expressa pelo TRRJ tenha sido mais nas suas concepções a respeito do favorecimento da liberdade dos escravos do que nas que se referiam ao estatuto jurídico da mulher casada.

Tendo examinado algumas das restrições impostas à capacidade jurídica das mulheres e, consequentemente, à abrangência de sua personalidade, passo a tratar, na próxima seção, dos direitos civis materiais de que dispunham os escravos. Nesse momento, mostrarei a diversidade de direitos que os escravos podiam exercer em seu cotidiano, além das fortes limitações que lhes eram impostas.

A família escrava

Existência fática da família escrava e seu reconhecimento jurídico

Ao longo deste trabalho, mostrei que diversos processos envolviam membros de uma mesma família disputando judicialmente o reconhecimento de sua liberdade.[25] A existência de núcleos familiares entre os escravos brasileiros foi relativamente comum ao longo de todo o século XIX e, há muito, vêm sendo estudada pela historiografia brasileira.[26]

A constituição de famílias, no cotidiano violento do escravismo brasileiro e dos tráficos Atlântico e interno, era algo difícil, mas, ainda

---

25 Dos 41 processos analisados, 9 tinham famílias de libertandos como partes.

26 Para indicações bibliográficas sobre a família escrava, ver a nota 62 ao capítulo 1 de SLENES, R. W. *Na senzala, uma flor*, p.72-73.

134 MARIANA ARMOND DIAS PAES

assim, a família escrava era uma "instituição social viável".[27] Apesar de toda a violência e de todos os obstáculos, os escravos eram capazes de formar famílias.

> Não há dúvida de que a família cativa forjada nesse embate teve uma certa utilidade para os senhores – como se depreende, aliás, as duas histórias contadas. No mínimo, a formação de uma família transformava o cativo e seus parentes em "reféns". Deixava-os mais vulneráveis às medidas disciplinares do senhor (por exemplo, à venda como punição) e elevava-lhes o custo da fuga, que afastava o fugitivo de seus entes queridos e levantava para estes o espectro de possíveis represálias senhoriais. Nesse sentido, a relativa estabilidade das propriedades maiores certamente não traduz a "bondade" do proprietário ou a "benignidade" do regime. Ao contrário, ao abrir um espaço para o escravo criar uma "vida" dentro do cativeiro, a estabilidade torna mais terrível ainda a ameaça de uma eventual separação de parentes por venda. Além disso, ela incita à concorrência por recursos na construção de um "cotidiano" e de um "futuro", contribuindo, portanto, para a criação de tensões no meio dos escravos, com eventuais repercussões políticas. Afinal, os laços de compadrio existentes na fazenda de Felipe Antônio Franco constituíam redes de solidariedade, sim, mas também demarcavam fronteiras entre grupos, opondo-se em princípio os excluídos de um grupo aos que haviam sido incluídos nele. Apesar de tudo isso, no entanto, acredito que seria um erro transformar a família escrava, cuja "inexistência" antes era vista como condição *sine qua non* para o domínio dos senhores, em condição "estrutural" para a manu-

---

27 SLENES, R. W. *Na senzala, uma flor*, p.28.

ESCRAVIDÃO E DIREITO

tenção desse mesmo domínio. Fazer isso seria negar os pressupostos que até agora têm guiado ambos os lados do debate sobre a família escrava. A "família" *é* importante para a transmissão e reinterpretação da cultura e da experiência entre as gerações.[28]

Analisando o censo de 1801 de Campinas – então chamada São Carlos –, Robert Slenes identificou que, nos fogos[29] onde havia de um a nove escravos, 35,6% da população cativa acima de 15 anos era casada ou viúva. Nos fogos que tinham dez ou mais escravos, esse número era de 41,2%.[30] Já em, 1829, o censo de Campinas indicou que, nos fogos em que havia de um a nove escravos, 24,2% dos escravos maiores de 15 anos eram casados ou viúvos. Nos fogos com dez ou mais cativos, 32,4% dos escravos maiores de 15 anos eram casados ou viúvos.[31] Em 1872, de acordo com os dados obtidos a partir da matrícula dos escravos, em Campinas, nas posses[32] onde havia de um a nove escravos, 24,5% dos escravos maiores de 15 anos era casado ou viúvo e, nas posses com dez escravos ou mais, esse valor era de 42,7%.[33] Também Hebe Maria Mattos, analisando a documentação re-

---

28 SLENES, R. W. *Na senzala, uma flor*, p.124.

29 "Fogos" eram unidades domésticas assim determinadas pelos recenseadores. SLENES, R. W. *Na senzala, uma flor*, p.83.

30 SLENES, R. W. *Na senzala, uma flor*, p.265.

31 SLENES, R. W. *Na senzala, uma flor*, p.266.

32 "Posse" eram os escravos que estavam em poder de uma determinada pessoa, não importando se viviam no mesmo "fogo". SLENES, R. W. *Na senzala, uma flor*, p.83.

33 SLENES, R. W. *Na senzala, uma flor*, p.266-267. De acordo com Slenes, existem pesquisas que indicam que a proporção casado/viúvo entre os escravos de Campos caiu ao longo do século XIX. Slenes explica a diferença entre a situação de Campos e de Campinas argumentando que, em São Paulo, havia uma relação mais próxima entre Estado e Igreja do que

ferente ao Vale do Paraíba, no século XIX, constatou que casamentos e relações consensuais entre escravos não eram algo excepcional, apesar de dependerem de diversos fatores para sua viabilidade.[34]

A partir desses dados, constata-se que a presença da família escrava, no Brasil do século XIX, não era desprezível. Slenes ressalta que os dados coletados dizem respeito a casamentos reconhecidos pela igreja católica.[35] Também Mattos encontrou casamentos celebrados pela igreja.[36] Ou seja, eram casamentos juridicamente válidos, já que o direito canônico era considerado fonte subsidiária do direito brasileiro.[37] Além desses casamentos, havia ainda "uniões consensuais",

---

ocorria no Rio de Janeiro. Além disso, em São Paulo, também havia um "clima ideológico" que considerava o casamento como uma instituição moralizadora e, portanto, benéfica à sociedade. Assim, a diferença de casamentos entre Campos e Campinas ocorria, fortemente, em razão da percepção da necessidade de se celebrar o matrimônio entre todas as classes. SLENES, R. W. *Na senzala, uma flor*, p.96-101.

34 MATTOS, H. M. *Das cores do silêncio*, p.123-146.

35 SLENES, R. W. *Na senzala, uma flor*, p.83.

36 MATTOS, H. M. *Das cores do silêncio*, p.123-146.

37 TEIXEIRA, A. R. L. *Curso de direito civil português*, tomo I, 1845, p.28; TEIXEIRA, A. R. L. *Curso de direito civil português*, tomo I, 1848, p.28; RIBAS, A. J. *Curso de direito civil brasileiro*, tomo I, 1865, p.176-187; RIBAS, A. J. *Curso de direito civil brasileiro*, tomo I, 2003, p.182-194; ROCHA, M. A. C. *Instituições de direito civil português*, tomo I, 1848, p.22; ROCHA, M. A. C. *Instituições de direito civil português*, tomo I, 1852, p.22; ROCHA, M. A. C. *Instituições de direito civil português*, tomo I, 1857, p.22; ROCHA, M. A. C. *Instituições de direito civil português*, tomo I, 1867, p.22; Freire e Carneiro não consideravam que o direito canônico pudesse ser aplicado no âmbito do direito civil, mas o elencavam na seção de fontes do direito. CARNEIRO, M. B. *Direito civil de Portugal*, tomo I, 1826, p.60-62; CARNEIRO, M. B. *Direito civil de Portugal*, tomo I, 1851, p.60-62; FREIRE, P. J. M. *Instituições de direito civil português*, livro I, p.103-104.

mas para elas, neste trabalho, não é possível identificar quais eram as consequências jurídicas.[38]

Outro ponto importante identificado por Slenes é que o casamento era, praticamente, inexistente entre escravos pertencentes a senhores diferentes e entre escravos e libertos. Ele atribui essa inexistência à proibição dos senhores e afirma que esse padrão também se repetia em outras localidades, além de Campinas.[39] Já Mattos afirma que, no Vale do Paraíba, existiam relações estáveis entre escravos de proprietários diferentes, mas que era mais raro que elas fossem formalizadas pela igreja.[40]

Slenes também argumenta que os escravos possuíam um amplo poder na escolha de seus cônjuges. Os casamentos de escravos não eram "uniões fictícias impostas por seus proprietários". Ademais, nas posses com dez ou mais escravos, era plausível que esses casamentos fossem estáveis e a família perdurasse por um tempo razoável: por exemplo, em 1872, a duração média do casamento de escravas, entre 15 e 44 anos, nas posses com dez ou mais cativos, era de 11 anos e 7 meses. A estabilidade da família escrava, no entanto, não era algo corriqueiro nas posses pequenas – as que possuíam menos de dez escravos. Nessas, ocorriam muitas transações de compra e venda e as crianças eram, frequentemente, separadas de seus pais.[41]

Casar-se e constituir família tinha como benefício mais evidente o efeito psicológico de laços de fraternidade e solidariedade que

---

38 MATTOS, H. M. *Das cores do silêncio*, p.123-146. Slenes identificou que alguns registros na matrícula eram de filhos legítimos que tinham sido batizados como filhos naturais. Os pais dessas crianças se casaram logo depois do batismo. Essa documentação indica que havia uniões consensuais que, mais tarde, eram formalizadas com o casamento. SLENES, R. W. *Na senzala, uma flor*, p.104-105.

39 SLENES, R. W. *Na senzala, uma flor*, p.83-84.

40 MATTOS, H. M. *Das cores do silêncio*, p.126.

41 SLENES, R. W. *Na senzala, uma flor*, p.101-109, 116-117.

o pertencimento a uma família poderia trazer. Mas, no contexto escravista brasileiro, a constituição de laços familiares também trazia outras vantagens. Uma delas era o maior controle sobre a moradia: de acordo com Slenes, era frequente que escravos casados morassem em construções separadas dos escravos solteiros – que se aglomeravam em números maiores – e, algumas vezes, que tivessem barracos individuais. Mesmo quando não eram individuais, a moradia dos casados costumava ser ocupada por menos pessoas do que as dos solteiros.[42]

Além disso, a constituição de uma família também proporcionava mais independência econômica: os escravos casados tinham mais meios de constituir uma economia doméstica própria. Há algumas evidências de que, em certas fazendas, os escravos casados recebiam uma "ração", composta por alimentos crus. Como tinham sua própria moradia, também possuíam seu próprio fogo, onde podiam cozinhar esses alimentos. Ainda que a "ração" não significasse mais comida para a família, ela proporcionava a esses escravos maior controle sobre o preparo de sua alimentação, já que a "ração" seria cozinhada no seu fogo e não na cozinha comum da fazenda. Ademais, a refeição poderia ser dividida com quem lhes aprouvesse. Essa "ração" poderia ser complementada, ainda, por alimentos colhidos nas matas ao redor da fazenda, caçados ou cultivados em roças próprias. Um espaço cedido pelo fazendeiro para cultivo dos escravos não parece ter sido exclusividade dos escravos casados, mas um escravo solteiro, que não estivesse integrado em algum núcleo familiar, poderia ter mais dificuldade em trocar alimentos e animais tendo, consequentemente, uma dieta menos variada. Assim, além de terem maiores condições de se alimentarem melhor, os escravos casados também tinham maiores

---

42 SLENES, R. W. *Na senzala, uma flor*, p.157-167.

possibilidades de acumular excedentes e trocarem por objetos que poderiam ser vendidos ou usados por eles mesmos.[43]

A existência da família escrava poderia propiciar uma qualidade de vida maior de seus membros – na medida em que é possível falarmos de qualidade de vida em um regime escravista. Mas, quais eram seus fundamentos jurídicos?

Prescrevia o artigo 303, do título 71, do livro primeiro, das Constituições primeiras do Arcebispado da Bahia[44]:

> Conforme a direito Divino, e humano os escravos, e escravas podem casar com outras pessoas cativas, ou livres, e seus senhores lhe não podem impedir o Matrimônio, nem o uso dele em tempo, e lugar conveniente, nem por esse respeito os podem tratar pior, nem vender para outros lugares remotos, para onde o outro por ser cativo, ou por ter outro justo impedimento o não possa seguir, e fazendo o contrário pecam mortalmente, e tomam sobre suas consciências as culpas de seus escravos, que por este temor se deixam muitas vezes estar, e permanecer em estado de condenação. Pelo que lhe mandamos, e encarregamos muito, que não ponham impedimentos a seus escravos para se casarem, nem com ameaças, e mau tratamento lhes encontrem o uso do Matrimônio em tempo, e lugar conveniente, nem depois de casados os vendam para partes remotas de fora, para onde suas mulheres por serem escravas, ou terem outro impedimento legítimo, os não possam seguir. E declaramos, que posto

---

43 SLENES, R. W. *Na senzala, uma flor*, p.183-200; MATTOS, H. B. *Das cores do silêncio*, p.123-146.

44 As Constituições primeiras do Arcebispado da Bahia foram a primeira compilação de normas de direito canônico e eclesiástico a ser feita no Brasil, em 1707. Para análises a respeito desse corpo normativo, ver FEITLER, B.; SOUZA, E. S (org.). *A Igreja no Brasil*.

que casem, ficam escravos como de antes eram, e obrigados a todo o serviço de seu senhor.[45]

Não era pouca coisa que o casamento dos escravos fosse previsto pelo direito canônico, afinal de contas, ainda que formalmente, isso fazia com que suas uniões adquirissem juridicidade e fossem
reconhecidas pelo Estado brasileiro. Até meados do século XIX, era
competência da igreja católica o registro dos nascimentos, dos casamentos e das mortes. Essa prerrogativa começou a ser discutida a
partir da polêmica acerca da instituição do casamento civil e, em 11
de setembro de 1861, o Decreto n. 1.144 regulamentou os efeitos civis
dos casamentos entre pessoas que não professavam a religião católica.
Porém, em 1865, ele foi anulado pelo Conselho de Estado.

Em 25 de abril de 1874, foi promulgado o Decreto n. 5.604, que
estabeleceu o registro civil dos nascimentos, casamentos e óbitos. De
acordo com o artigo 63, §6° dessa norma, no casamento de escravos,
deveria ser declarado no registro o nome de seu senhor e a declaração
do seu consentimento. Ou seja, esse decreto reconhecia que os escravos brasileiros tinham o direito de se casar, produzindo efeitos civis,
desde que tivessem o consentimento de seu senhor.[46]

Ademais, mesmo antes desse decreto, em diversos documentos
oficiais – como assentos de batismo, processos judiciais, matrícu-
las, etc. – escravos e libertos eram qualificados com seu estado civil:
solteiro(a), casado(a) ou viúvo (a). Também era comum encontrar
classificações como "filho de".[47]

Apesar de juridicamente reconhecidos, havia diversas limitações impostas aos casamentos em que um dos cônjuges fosse escravo.
Para Freitas, a escravidão não era impedimento para o casamento. Era

---

45 *Constituições primeiras do Arcebispado da Bahia*, p.125.
46 Decreto n. 5.604 de 25 de abril de 1874, artigo 63.
47 GRINBERG, K. *Código civil e cidadania*, p.37-43.

admitido tanto o casamento entre escravos, quanto entre um escravo e uma pessoa livre. No entanto, se um dos cônjuges fosse livre e não soubesse que o outro era escravo, o casamento poderia ser anulado por "erro essencial". Ademais, no casamento em que um dos cônjuges era escravo e o outro era livre, não havia comunhão de bens.[48]

Ribas, por sua vez, considerava que os escravos tinham direito de contrair matrimônio com pessoas livres ou com outros escravos, mesmo sem a anuência de seus senhores.[49]

Já Malheiro, afirmou que, para o direito romano, os escravos não tinham família, ou seja, a eles não se aplicavam as regras relativas ao casamento, ao parentesco, ao poder marital e ao pátrio poder. No Brasil, os escravos viviam em "uniões ilícitas". Porém, não era raro, sobretudo entre lavradores, que existissem famílias de escravos. Tais casamentos eram considerados legítimos pela igreja, ainda que contrários à vontade dos senhores. Isso porque, para a igreja, todos eram iguais. Para o direito civil, "quase nenhum efeito, em regra, lhes dá, conquanto reconheça o fato e o sancione implicitamente pela recepção das leis da Igreja". Porém, o autor também afirmou que o senhor não podia vender um escravo de maneira que o impedisse de ter "vida matrimonial". Essa restrição era "perfeitamente justa, humana e cristã". Afirmou também que não havia comunhão de bens no caso em que um dos cônjuges fosse escravo.[50]

Na década de 1860, o único dispositivo normativo encontrado, que reconhecia a existência da família escrava, era o Decreto n. 1.695, de 13 de setembro de 1869, do qual trato na próxima seção. A família escrava começa a aparecer no corpo normativo na década de 1870, com o já mencionado Decreto n. 5.604. Além desse decreto, a existência da

---

48 FREITAS, A. T. *Consolidação das leis civis*, 1865, p.73. FREITAS, A. T. *Consolidação das leis civis*, 1876, p.104, 116.

49 RIBAS, A. J. *Direito administrativo brasileiro*, p.373.

50 MALHEIRO, A. M. P. *A escravidão no Brasil*, vol. 1, p.58-61.

142 MARIANA ARMOND DIAS PAES

família escrava era reconhecida pelo poder público brasileiro, especialmente nas normas que diziam respeito à regulamentação do Fundo de Emancipação, que privilegiava as famílias escravas sobre os indivíduos:

> Art. 27. A classificação para as alforrias pelo fundo de emancipação será a seguinte:
> I. Famílias;
> II. Indivíduos.
> §1º Na libertação por famílias, preferirão:
> I. Os cônjuges que forem escravos de diferentes senhores;
> II. Os cônjuges, que tiverem filhos, nascidos livres em virtude da lei e menores de oito anos;
> III. Os cônjuges, que tiverem filhos livres menores de 21 anos;
> IV. Os cônjuges com filhos menores escravos;
> V. As mães com, filhos menores escravos;
> VI. Os cônjuges sem filhos menores.[51]

Mais tarde, a Decisão n. 508, de 12 de novembro de 1875, determinou que os filhos maiores de 11 anos e os menores de 2 anos também deveriam ser considerados membros da família escrava, para efeitos de classificação pelo Fundo de Emancipação. Também foi decidido que, no caso dos recursos do Fundo só serem suficientes para libertar os pais, os filhos menores deveriam ser privilegiados na classificação realizada no ano seguinte.[52]

---

51 Decreto n. 5.135 de 13 de novembro de 1872. TRIBUNAL DE JUSTIÇA DO ESTADO DO RIO DE JANEIRO. *Legislação, escravidão, século XIX*, p.320.

52 Essa Decisão foi reafirmada na Decisão n. 80 de 18 de fevereiro de 1876. TRIBUNAL DE JUSTIÇA DO ESTADO DO RIO DE JANEIRO. *Legislação, escravidão, século XIX*, p.185-186, 189-190.

ESCRAVIDÃO E DIREITO   143

Outro ponto interessante a respeito do reconhecimento jurídico da família escrava, no que dizia respeito ao Fundo de Emancipação, era que também tinham preferência na ordem de classificação os escravos casados com pessoas livres.[53] Já os escravos viúvos, sem filhos, não deveriam ser considerados como "família", mas como "indivíduo". Mas os cônjuges que vivessem separadamente continuavam sendo classificados como "família", pois "a Junta classificadora nada tem que ver" com essa situação.[54]

Ao tratar da classificação pelo Fundo de Emancipação, o ministro da agricultura, Manoel Buarque de Macedo, chegou, inclusive, a considerar que filhos ilegítimos – filhos de mães que não haviam se casado – deveriam ser classificados como "família".[55]

Assim, para além de sua existência fática, a família escrava era uma instituição juridicamente reconhecida. Esse reconhecimento jurídico, como visto em outros aspectos do direito da escravidão, era

---

53 Decisão n. 108 de 4 de março de 1876. Também tratavam da família escrava alforriada pelo Fundo de Emancipação as seguintes normas: Decisão n. 229 de 4 de maio de 1876; Decisão n. 245 de 10 de maio de 1876; Decisão n. 393 de 8 de julho de 1876; Decisão n. 134 de 10 de abril de 1877; Decisão n. 135 de 10 de abril de 1877; Decisão n. 432 de 24 de outubro de 1877; Aditamento n. 40 de 13 de setembro de 1880; Aditamento n. 56 de 29 de outubro de 1880; Decisão n. 64 de 31 de maio de 1881; Decisão n. 71 de 11 de junho de 1881; Decisão n. 79 de 21 de junho de 1881; Decisão n. 85 de 8 de julho de 1881; Decisão n. 99 de 13 de agosto de 1881; e Decisão n. 105 de 9 de setembro de 1881. TRIBUNAL DE JUSTIÇA DO ESTADO DO RIO DE JANEIRO. *Legislação, escravidão, século XIX*, p.190-192, 195-196, 202-203, 213-214, 219, 246-247, 249-251, 256-257, 258-259, 261-263, 267-269.

54 Decisão n. 186 de 12 de maio de 1877. TRIBUNAL DE JUSTIÇA DO ESTADO DO RIO DE JANEIRO, *Legislação, escravidão, século XIX*. p.215-216.

55 Decisão n. 98 de 13 de agosto de 1881. TRIBUNAL DE JUSTIÇA DO ESTADO DO RIO DE JANEIRO, *Legislação, escravidão, século XIX*. p.267.

bastante limitado e precário. O reconhecimento normativo, especificamente, existia, mas era bastante limitado a alguns temas: matrimônio, classificação do Fundo de Emancipação e separação de seus membros. No entanto, apesar de precário e limitado, esse reconhecimento jurídico tinha consequências reais na vida dos escravos, sendo, talvez a mais patente, a proibição de separação, que analiso na seção seguinte.

Proibição de separação da família escrava

Enquanto era ministro da justiça, José Martiniano de Alencar promulgou o Decreto n. 1.695, de 13 de setembro de 1869, que tinha como objetivo regulamentar alguns aspectos da venda de escravos. Em seu artigo 2°, ficava proibido que, na venda de escravos, entre particulares ou judiciais, fossem separados os cônjuges e os pais dos filhos de até 15 anos.[56]

Ao estudar a família escrava, Slenes se demonstrou ligeiramente cético a respeito desse decreto. Ele argumenta que, nas posses médias e grandes – nas quais havia dez ou mais escravos –, mesmo antes de 1869, havia estabilidade da mão de obra: poucos escravos eram vendidos. Assim, mesmo antes de 1869, não era corriqueiro separar, por venda, escravos casados ou mães e pais de seus filhos. Ele afirma que mais pesquisas são necessárias sobre o tema, mas que, pelos resultados de pesquisas empreendidas até agora, não se pode afirmar que o Decreto n. 1.695 tenha modificado substancialmente a situação de estabilidade da família escrava em posses médias e grandes.[57]

---

56 TRIBUNAL DE JUSTIÇA DO ESTADO DO RIO DE JANEIRO. *Legislação, escravidão, século XIX*, p.144. Essa norma foi ressaltada por Malheiro. MALHEIRO, A. M. P. *A escravidão no Brasil*, vol. 1, p.74.

57 Slenes afirma que, mesmo em partilhas de herança, parece não ter sido uma prática comum separarem-se as famílias de escravos, pois, na matrícula de 1872 não há muitos casos de casamentos entre escravos de proprietários diferentes. SLENES, R. W. *Na senzala, uma flor*, p.109-110, 115.

Mesmo que, como sugere Slenes, o Decreto n. 1.695 não tenha sido uma grande modificação na situação fática, ele não deixa de ser mais um instrumento jurídico que poderia ser acionado pelos escravos. Era mais um dos direitos que o ordenamento jurídico lhes conferia. E ele foi mobilizado, por exemplo, no processo de Matheus contra Maria Esteves. No final da década de 1870 ou no início da década de 1880,[58] Rosa, escrava, ajuizou uma ação de manutenção de liberdade, em favor de seu filho Matheus, contra Maria Esteves. Ela argumentava que seu filho tinha nascido enquanto ela era escrava de José Maria de Vasconcelos. Seu senhor a tinha vendido para Esteves de Oliveira, mas conservou seu filho consigo, separando a criança da mãe. Como o Decreto n. 1.695 proibia que os filhos menores de quinze anos fossem separados, por venda, de suas mães, dever-se-ia considerar que Vasconcelos, seu senhor, o tinha libertado tacitamente. Ademais, Vasconcelos não tinha matriculado Matheus como escravo. Este só foi matriculado como tal, fraudulentamente, por Esteves.

O juiz julgou improcedente o pedido de manutenção de liberdade, porque Matheus nunca tinha estado na posse e gozo de sua liberdade. O curador agravou da decisão e o juiz de direito a confirmou, também porque Matheus não estava na posse de sua liberdade, mas ressalvou a ele o direito de propor a ação competente – que, ao que parece, seria uma ação de liberdade. Mas o TRRJ reformou a sentença, alegando que não tinha sido provado que Esteves era senhor de Matheus, pois não tinha exibido "competente título de domínio".[59]

Controvérsias a respeito da aplicação do Decreto n. 1.695 chegaram ao Ministério da Justiça no ano seguinte. O presidente da pro-

---

58 Ação de liberdade, 1883, processo n. 208, ANRJ. O traslado data de 1883, mas não se sabe quando os fatos narrados ocorreram ou quando começou a querela judicial a respeito deles.

59 Ação de liberdade, 1883, processo n. 208, ANRJ, acórdão (esse processo não tem as páginas numeradas).

146   MARIANA ARMOND DIAS PAES

víncia de São Pedro do Rio Grande do Sul encaminhou ao ministro da justiça, o Barão de Muritiba[60], uma consulta do juiz municipal e de órfãos, de São José do Norte. Nessa consulta, o juiz inquiria se a proibição da separação por venda se aplicava também aos escravos que estavam sendo partilhados entre herdeiros. O ministro foi taxativo: "sendo claras as disposições do referido Decreto deve o Juiz Municipal aplicá-las aos casos ocorrentes, independentemente de instrução ou decisão por parte do Governo".[61]

A proibição de separação da família escrava foi reafirmada na Lei do Ventre Livre. De acordo com o §5° do artigo 1°, se uma mulher escrava fosse vendida, seus filhos ingênuos – nascidos após a promulgação da lei – e menores de 12 anos, deveriam acompanhá-la. Nesse caso, o novo senhor da mãe teria direito aos serviços do menor e estava obrigado a criá-lo, assim como o senhor anterior. Além dessa disposição a respeito dos ingênuos, a Lei do Ventre Livre também determinou que, em qualquer caso de transmissão de escravos, era proibido separar os cônjuges e os filhos menores de 12 anos do pai ou da mãe.[62] Aqui, a legislação deu com uma mão e tirou com a outra: a idade para a separação dos filhos de seus pais foi diminuída de 15 para

---

60   Sobre o casamento de seu filho, Manoel Vieira Tosta, com Maria José Velho de Avellar e as tramas e interesses nele envolvidos, ver MUAZE, M. *As memórias da viscondessa*.

61   *Coleção das decisões do governo do Império do Brasil*, tomo XXXIII, 1870, p.242-243.

62   Essas normas foram reafirmadas no artigo 20 e no artigo 90 do Decreto n. 5.135 de 13 de novembro de 1872. O artigo 90, porém, especificou que os filhos menores de 12 anos poderiam ser separados de seus pais caso fossem alforriados com ou sem cláusula de prestação de serviços. TRIBUNAL DE JUSTIÇA DO ESTADO DO RIO DE JANEIRO. *Legislação, escravidão, século XIX*, p.151-152, 169, 181. Caso fossem separados os menores de 12 anos de seu pai ou de sua mãe, o juiz de órfãos deveria anular o ato. *O Direito*, vol. 8, 1875, p.778-779.

12 anos; porém, ficou clara que essa proibição se aplicava a qualquer tipo de transmissão de escravos, não só às vendas, como dispunha a redação literal do Decreto n. 1.695 de 1869.

O esforço para manter a família escrava unida também estava presente no §8° do artigo 4° da Lei do Ventre Livre, que determinava que, em caso de divisão de bens entre herdeiros, se não fosse possível manter a família unida como propriedade de um único herdeiro, ou se nenhum herdeiro quisesse conservá-la sob seu domínio mediante indenização dos outros herdeiros, a família deveria ser vendida e o valor auferido dividido entre os herdeiros de acordo com sua quota parte.[63] Mas, novamente, a legislação dava com uma mão e tirava com a outra: os filhos menores de 12 anos que fossem livres, não acompanhavam a mãe escrava nas partilhas, exceto no caso de ser herdeiro necessário. Se não fosse herdeiro necessário, esses filhos livres deveriam ser entregues ao governo ou ao juiz de órfãos. A separação entre mãe e filho seria feita quando a criança completasse 3 anos.[64]

O Decreto n. 4.815, de 11 de novembro de 1871, que regulamentou a alforria dos escravos da Nação, também reforçou a proibição de separação, determinando que os filhos seguiriam o destino de suas mães e seus pais. Em relação aos maiores de 12 anos, sua separação só deveria ocorrer quando não fosse possível a "reunião de toda a família".[65]

A essa regulamentação a respeito da proibição de separação da família escrava, Freitas fez uma ressalva: a proibição não valia se um

---

63 Essa norma foi reafirmada no artigo 92 do Decreto n. 5.135 de 13 de novembro de 1872. TRIBUNAL DE JUSTIÇA DO ESTADO DO RIO DE JANEIRO. *Legislação, escravidão, século XIX*, p.152, 182.

64 Decreto n. 5.135 de 13 de novembro de 1872, artigo 92, §§ 1°, 2° e 3°. TRIBUNAL DE JUSTIÇA DO ESTADO DO RIO DE JANEIRO. *Legislação, escravidão, século XIX*, p.182.

65 Decreto n. 4.815 de 11 de novembro de 1871, artigo 6°. TRIBUNAL DE JUSTIÇA DO ESTADO DO RIO DE JANEIRO. *Legislação, escravidão, século XIX*, p.155.

148   MARIANA ARMOND DIAS PAES

dos cônjuges fosse liberto ou livre, pois, nesse caso, o cônjuge livre poderia seguir o cônjuge escravo.[66]

Em vista desse quadro, conclui-se que a família escrava era reconhecida pelo ordenamento jurídico brasileiro e gozava de certa proteção e favorecimento, como, por exemplo, a proibição de separação de seus membros e o privilégio na classificação do Fundo de Emancipação. Porém, ela também sofria diversos tipos de restrição em relação às famílias constituídas por pessoas que não eram escravas. Além disso, o reconhecimento jurídico da família escrava e a proibição de sua separação não necessariamente evitava que escravos membros de uma mesma família fossem vendidos para proprietários que viviam distantes, por vezes, em outras províncias. Essa era, inclusive, uma importante causa desencadeadora de processos judiciais movidos por escravos.[67]

Na próxima seção, analiso outros três direitos que eram reconhecidos aos escravos: o direito de propriedade, a capacidade para realizar contratos e o direito de sucessão. Esses direitos, como mostro, sofriam algumas limitações, porém, consistiam em uma prática bastante difundida na sociedade escravista brasileira.

Direito de propriedade

Bento era escravo de Ernesto Cezar de Oliveira. Em um dado momento, Ernesto passou a necessitar de dinheiro e autorizou Bento a promover uma subscrição pela sua liberdade. No entanto, a quantia conseguida por Bento foi muito pequena e Ernesto decidiu vendê-lo para João de Jesus Oliveira, marido de Maria Joaquina da Conceição e Oliveira. Bento, então, pegou a quantia que possuía e a depositou

---

66   FREITAS, A. T. *Consolidação das leis civis*, 1876, p.373.

67   Sobre as vendas de escravos de uma mesma família para diferentes localidades e sua relação com o início de processos judiciais, ver CHALHOUB, S. *Visões da liberdade*, p.29-80.

ESCRAVIDÃO E DIREITO

no Banco Rural e Hipotecário. Tempos depois, Bento quis levantar seu depósito, mas o banco se recusou a o fazer, porque Bento era escravo. Bento, então, recorreu a sua senhora, que pediu a seu sobrinho, Felippe Joaquim de Freitas, que acompanhasse o escravo ao banco para garantir que o pedido de retirada do dinheiro tinha o consentimento de seus senhores. O dinheiro foi retirado e depositado na casa bancária de Gomes e Filhos. Aí, a quantia depositada pelo escravo rendeu juros e chegou a 300 mil réis.[68] Por esse breve relato, constata-se que: a) Bento possuía propriedade; b) Bento realizou contratos de depósitos; e c) a quantia que pertencia a Bento rendeu juros enquanto esteve depositada. Ora, esses atos são todos de direito civil – limitados pela constante necessidade de autorização de seus senhores, é verdade, mas, ainda assim, atos jurídicos de direito civil. Analisemos mais detidamente essa situação.

Bento possuía a quantia de 300 mil réis, ou seja, possuía moeda, propriedade. Mas como isso era possível? Em primeiro lugar, é importante frisar que Bento morava no Rio de Janeiro. Nos centros urbanos, os escravos, muitas vezes, eram ocupados em trabalhos que extrapolavam o âmbito doméstico: barqueiros, marinheiros, remadores, pescadores, boleeiros, carroceiros, carreiros, carregadores, carpinteiros, pedreiros, serventes, cabouqueiros, marceneiros, ferreiros, serralheiros, ourives, tanoeiros, correeiros, caiadores, padeiros, tripeiros, candeeiros, oleiros, fazedores de marcas, cortadores de carne, sapateiros, chapeleiros, alfaiates, barbeiros, vendedores, quitandeiros, portador de recados, lavadeiras, engomadeiras, ensaboadeiras, rendeiras, prostitutas, mendigos, cirurgiões, curandeiros, caçadores, "naturalistas", dentre outros. Esse era o caso de Bento, que era carpinteiro.[69]

---

68 Apelação cível sobre liberdade de escravos, 1867, processo n. 137, AEL.

69 Para uma análise das profissões exercidas pelos escravos fora das casas de seus senhores, no Rio de Janeiro, ver, por exemplo, KARASCH, M. C. *A vida dos escravos no Rio de Janeiro*, p.259-291.

Em diferentes medidas, essas ocupações, para serem realizadas, requeriam a mobilidade dos escravos pela cidade, o que acabava por lhes dar certa margem de autonomia. Não estavam, a todo momento, sob o olhar vigilante de seus senhores ou dos feitores, ainda que estivessem sob a atenção frequente da força policial. Era comum que esses escravos contratassem seus serviços por iniciativa própria, devendo entregar ao senhor certa quantia – os jornais – ao final do dia, da semana ou do mês. Enquanto alguns até mesmo moravam em locais diferentes de seus senhores, outros deveriam retornar à residência de seu senhor ao final do dia ou em datas estipuladas.[70] Conforme relata Luiz Carlos Soares:

---

70 ALGRANTI, L. M. *O feitor ausente*; FERREIRA, R. G. Autonomia escrava e (des)governo senhorial na cidade do Rio de Janeiro da primeira metade do século XIX, p.231-246; SOARES, L. C. Os escravos de ganho no Rio de Janeiro do século XIX, p.107-111; 133. Villa elenca algumas características dos escravos de ganho: não atuavam apenas nas cidades; nem sempre trabalhavam distantes de seus senhores; nem sempre negociavam ou recebiam seus jornais diretamente; e não pertenciam apenas a senhores pobres. VILLA, C. E. V. *Produzindo alforrias no Rio de Janeiro do século XIX*, p.171. De acordo com o Código de Posturas da Ilustríssima Câmara Municipal do Rio de Janeiro, os escravos que fossem trabalhar no "ganho de rua" deveriam ter licença da Câmara Municipal. Os escravos de ganho que trabalhassem na rua deveriam portar uma placa numerada com a data da concessão da licença anual. Caso fossem pegos sem essa placa, seriam recolhidos ao Depósito Público e o senhor estaria sujeito ao pagamento de multa. SOARES, L. C. "Os escravos de ganho no Rio de Janeiro do século XIX", p.111-112. Ressalte-se, ainda, que, como demonstra a historiografia, não era incomum que escravos vivessem em casas que não as de seus senhores. Porém, essa prática era proibida pelo título 70, do livro quinto das Ordenações Filipinas: "Nenhum escravo, nem escrava cativo, quer seja branco, quer preto, viva em casa por si; e se seu senhor lho consentir, pague de cada vez dez cruzados, a metade para quem o acusar, e a outra para as obras da Cidade, e o escravo, ou escrava

Na realidade, além dos carregadores, os operários, estivadores, cocheiros, marinheiros, remadores, barbeiros, cirurgiões, curandeiros e até mesmo os "tigres", encarregados dos despejos dos barris de dejetos nas praias, eram *trabalhadores formalmente assalariados* na relação que mantinham com os indivíduos que requisitavam os seus serviços, percebendo um salário que lhe garantia a sobrevivência e, em alguns poucos casos, a formação de um pecúlio que lhes possibilitava a compra de sua alforria. Entretanto, o reverso da medalha manifestava-se, pois, como escravos, eles mantinham uma relação "coisificada", de propriedade, com os seus senhores sendo obrigados a lhes entregar uma quantia diária ou semanal, previamente fixada *com base no seu nível de especialização profissional, na sua força, capacidade e destreza, e também nas condições de mercado desse tipo de força de trabalho.*[71]

Em relação aos escravos que trabalhavam no "ganho da rua", é importante ressaltar que o grau de autonomia de que gozavam variava muito de acordo com as atividades exercidas e com as relações que mantinham com seus senhores. No caso dos escravos quitandeiros e vendedores de comida, por exemplo, a mercadoria poderia ser fornecida pelo senhor, ser obtida pelo próprio escravo ou, ainda, o escravo poderia ter "um pequeno negócio". Havia casos, inclusive, que o escravo de ganho alugava um outro escravo para ajudá-lo.[72]

---

seja preso, e lhe dêem vinte açoites ao pé do Pelourinho." ALMEIDA, C. M. *Código filipino*, vol. 5, p.1218.

71 SOARES, L. C. "Os escravos de ganho no Rio de Janeiro do século XIX", p.130.

72 VILLA, C. E. V. *Produzindo alforrias no Rio de Janeiro do século XIX*, p.175.

152   Mariana Armond Dias Paes

Outro aspecto que se deve sempre ter em mente ao tratar dos escravos de ganho é que, apesar da relativa autonomia de que gozavam, sua vida era também bastante difícil. Os jornais exigidos pelos senhores costumavam ser bem altos, o que fazia com que tivessem que trabalhar durante longas horas do dia ou da noite.

Ainda sobre os jornais, também é importante frisar que eles eram flexíveis em vários sentidos. Um mesmo escravo poderia os receber, em algum momento da vida, e, em outros, não. Ademais, seu valor não era sempre fixo e também sua periodicidade poderia variar. O recebimento, valor e periodicidade dos jornais variavam de acordo com o tipo de atividade que se realizava – lembrando que um mesmo escravo poderia realizar diferentes tipos de atividade –, com a conjuntura econômica e com as pessoas envolvidas na transação. O gênero também era uma importante variável nessas relações econômicas.[73]

Nesse contexto histórico, a cidade do Rio de Janeiro acumulava grandes quantidades de capital, muito do qual era o próprio valor dos escravos. No entanto, parte desse capital também era gerado em uma dinâmica econômica da qual os escravos de ganho eram peças fundamentais. Que os escravos produziram uma imensa riqueza para seus proprietários já é de todos sabido. No entanto, é necessário enfatizar que também produziram alguma "riqueza" para si mesmos.[74]

Carlos Eduardo Valencia Villa identifica duas maneiras diferentes dos escravos brasileiros, no século XIX, conseguirem acumular propriedade. A primeira seria conseguir recursos próprios em seu tempo livre. Um exemplo disso seriam os escravos de grandes fazendas, que plantavam produtos como milho, em suas horas vagas, e os vendiam, ficando com o valor conseguido na venda, ao qual já me referi em seções anteriores. A segunda maneira não se

---

73   SOARES, L. C. "Os escravos de ganho no Rio de Janeiro do século XIX", p.136-138.

74   VILLA, C. E. V. *Produzindo alforrias no Rio de Janeiro do século XIX*, p.26.

caracterizava por essa repartição do tempo produtivo entre o senhor e o escravo, mas sim pela partilha do dinheiro, como era o caso dos escravos de ganho.[75]

O autor ressalta, ainda, que circulava moeda entre escravos e libertos. Por meio de pesquisa feita entre os anos de 1840 e 1871, ele identificou que 25% dos escravos que compraram sua liberdade pagaram com moeda. Esse dado indicaria que, talvez, um percentual maior de escravos tivesse acesso a dinheiro. E mais: esse dado não significa que os escravos que compraram sua liberdade com moedas tenham gasto todas as que possuíam nessa transação. Nesses 32 anos, 3.438 escravos compraram sua alforria mediante pagamento em moeda, perfazendo uma quantia total de 3.209.753 contos de réis, a preços de 1870.[76] Villa afirma, ainda:

> Sendo enfáticos, o que estamos afirmando é que no montante agregado, a economia dos manumitidos estava longe de ser aquela coisa minúscula e desprezível que se podia acreditar que foi. No total, os escravos movimentaram recursos monetários que superavam os recursos de um rico fazendeiro do Vale do Paraíba. Porém, para poder fazer isso, os forros precisavam ser mais de 130 em 1850, mais de 140 em 1859 e mais de 260 em 1870, comparados com um só fazendeiro. A riqueza estava concentrada e os escravos em termos gerais eram pobres. Mas, no mercado monetário os escravos participavam e

---

75 VILLA, C. E. V. *Produzindo alforrias no Rio de Janeiro do século XIX*, p.169-170.

76 VILLA, C. E. V. *Produzindo alforrias no Rio de Janeiro do século XIX*, p.198-201. O autor afirma que os escravos que compravam sua liberdade também o podiam fazer mediante pagamento com mercadorias, com outros escravos ou se valendo de mecanismos de crédito.

os recursos por eles gerados de forma autônoma eram mais que substanciais.

Os escravos como grupo de população eram pobres, ninguém em seus cinco sentidos duvidaria disso; mas sua economia gerava recursos importantes e uma porção destes recursos era utilizada no pagamento da liberdade.[77]

Mas não era só nos núcleos urbanos que os escravos tinham possibilidades de acumular propriedade. Slenes argumenta que, nas grandes fazendas, escravos casados tinham maior controle sobre sua economia doméstica, o que poderia gerar acúmulo de algum excedente. Esse excedente poderia ser trocado por bens para a própria família. Ainda que de pequeno valor econômico, esses bens tinham um valor simbólico para a preservação da dignidade no contexto de violência do sistema escravista. Além disso, o cultivo de roças próprias gerava produtos que poderiam ser vendidos para o próprio senhor ou para terceiros. Os escravos do meio rural também podiam manufaturar objetos que seriam, posteriormente, vendidos. Mattos corrobora o argumento de que alguns escravos no meio rural poderiam ter acesso a uma economia própria. Mas ressalta que havia diferenças entre os escravos de um mesmo proprietário e, nessa desigualdade de acesso a recursos, a família e os laços de solidariedade eram centrais para a efetivação do acúmulo de propriedade.[78]

Os escravos de fazenda possuíam, ainda, outro jeito de acumular propriedade: em seus dias de folga, poderiam trabalhar recebendo salários para o próprio senhor ou para um terceiro empregador.[79]

---

77 (*Tradução minha*). VILLA, C. E. V. *Produzindo alforrias no Rio de Janeiro do século XIX*, p.201.

78 MATTOS, H. M. *Das cores do silêncio*, p.123-146; SLENES, R. W. *Na senzala, uma flor*, p.200-201. Para uma crítica à chamada "brecha camponesa", ver SLENES, R. W. *Na senzala, uma flor*, p.202-214.

79 Slenes descreve, também, a prestação de contas de um inventariante de uma fazenda, na qual constavam diversos pagamentos feitos a escravos

ESCRAVIDÃO E DIREITO

155

Trabalhar fora e ter uma roça para cultivo próprio podem não ter constituído, formalmente, um direito dos escravos. Porém, quando essas situações fáticas existiam, o produto dessas atividades acabava sendo considerado como propriedade do escravo.[80] Por meio de todas essas atividades, também os escravos do meio rural poderiam acumular certa poupança, que poderia ser usada para melhorar um pouco suas condições de vida no futuro ou para, até mesmo, comprar sua alforria ou de seus familiares.[81]

E como o Estado e os juristas lidavam com essa dinâmica de acumulação de propriedade pelos escravos? Em primeiro lugar, é preciso salientar que o direito de propriedade, no Brasil da década de 1860, não era explicitamente negado aos escravos em nenhuma lei (no sentido de norma escrita de aplicação geral e abstrata), como ocorria em outras sociedades escravistas.[82] Todavia, essa ausência não

---

por vários tipos de serviços. Dentre esses, os que mais recebiam eram os que tinham algum tipo de relação mais próxima com seu senhor. SLENES, R. W. *Na senzala, uma flor*, p.201, 210-211.

80 Slenes indica que certos escravos reclamavam se seus senhores não lhes permitissem ter roças próprias. SLENES, R. W. *Na senzala, uma flor*, p.191.

81 Slenes ressalta, também, que, no Brasil, a alforria era uma "possibilidade real" dos escravos. Apesar de pequenas, as taxas de alforria no Brasil eram consideravelmente maiores do que nos Estados Unidos, por exemplo. Tendo em vista o horizonte da compra da liberdade, é plausível que os escravos tenham orientado suas estratégias de sobrevivência e poupança visando a um futuro no qual poderiam comprar a alforria para si ou para os membros de sua família. SLENES, R. W. *Na senzala, uma flor*, p.202-206.

82 Essa afirmação foi feita com base na análise de ALMEIDA, C. M. *Código filipino*; LARA, S. H. *Legislação sobre escravos africanos na América portuguesa*; TRIBUNAL DE JUSTIÇA DO ESTADO DO RIO DE JANEIRO. *Legislação, escravidão, século XIX* e na base de dados Legislação, do Centro de Pesquisa em História Social da Cultura – CECULT, da Universidade Estadual de Campinas. Exemplos de proibição de aquisição de propriedade por escravos, em normas escritas de outras jurisdições,

quer dizer que o tema não era regulamentado pelo poder público e, muito menos, que era uma questão da qual o direito não se ocupasse.

Por meio de uma leitura a contrapelo, é possível identificar alguns elementos a respeito da aquisição de propriedade pelos escravos nas obras de doutrina selecionadas. Loureiro, por exemplo, ao tratar das condições para a aquisição da propriedade, na segunda e terceira edições de sua obra, afirmou que o direito de propriedade exigia uma pessoa capaz de adquirir, ou seja, uma pessoa que pudesse "ter vontade". Os escravos não eram mencionados como exemplos, mas, em nota, ele afirmou que os menores impúberes, "dementes", "furiosos" e "pródigos" adquiriam propriedade por meio de seus representantes legais, quais sejam, os pais, os tutores e os curadores. Novamente, a limitação não era na aquisição do direito, mas no seu exercício. Em outras palavras, não era negada a esses sujeitos a personalidade jurídica, mas a capacidade.[83]

Semelhante a esse posicionamento era o de Borges, para quem o proprietário poderia ser impedido de exercer todas as "faculdades" de seu direito de propriedade em razão de "algum defeito em sua pessoa". Mas também não mencionou os escravos como exemplos desses "defeitos". Os exemplos de "defeitos" mencionados eram a menoridade, a "demência", a interdição e a condição de mulher casada.[84] Seguindo a linha desses autores, seria possível concluir que o escravo adquiriria propriedade, mas não poderia exercer os direitos sobre ela em toda sua plenitude, que era o que acontecia com os demais sujeitos de direito incapazes.

---

podem ser encontrados na lei 7, do título 21, da partida 4, das *Las Siete Partidas* (1256-1265), no artigo 28 do *Code noir* (1685) e no artigo 175 do *Civil code of the State of Louisiana* (1825).

83 LOUREIRO, L. T. *Instituições de direito civil brasileiro*, tomo I, 1857, p.188; LOUREIRO, L. T. *Instituições de direito civil brasileiro*, tomo I, 1862, p.230-231.

84 BORGES, J. F. *Dicionário jurídico-comercial*, p.322.

Dentre os juristas portugueses, Carneiro foi quem tratou do tema de maneira mais explícita: "O Escravo regularmente adquire para si mesmo". Para ele, a situação da época era diferente da do direito romano "velho", que estipulava que tudo o que o escravo adquirisse era para o seu senhor. Ao tratar do domínio, afirmou que existiam situações em que a lei impunha limitações ao seu exercício. No entanto, o escravo não estava elencado como exemplo dessas limitações.[85]

Teixeira, por sua vez, ao adentrar no tema da escravidão, traçou uma verdadeira genealogia da instituição. Ao tratar dos escravos na República Romana afirmou:

> A República tirava uma utilidade infinita desta abundância de escravos, ou antes súditos: cada um deles tinha um pecúlio, isto é, o seu pequeno tesouro, e o possuía debaixo das condições impostas por seu senhor: com este pecúlio trabalhava cada um segundo a tendência do seu gênio, e nenhum tinha descuidos em aumentá-lo, pois viam nele comodidades para a presente escravidão, e esperanças de uma liberdade futura.[86]

Continuando com a genealogia, o autor passou a tratar dos escravos em Portugal. Nesse momento, elencou as principais proibições impostas aos escravos pela legislação: não podiam ser tutores nem testemunhas; não podiam viver fora da casa de seu senhor, ainda que com autorização deste; não podiam se juntar para fazer festas ou sair à noite nas ruas de Lisboa; não podiam portar armas. Sem mencionar

---

85 CARNEIRO, M. B. *Direito civil de Portugal*, tomo I, 1826, p.98; CARNEIRO, M. B. *Direito civil de Portugal*, tomo I, 1851, p.98; CARNEIRO, M. B. *Direito civil de Portugal*, tomo IV, 1826, p.41; CARNEIRO, M. B. *Direito civil de Portugal*, tomo IV, 1851, p.41.

86 TEIXEIRA, A. R. L. *Curso de direito civil português*, tomo I, 1845, p.75; TEIXEIRA, A. R. L. *Curso de direito civil português*, tomo I, 1848, p.75.

o direito de propriedade, arrematava afirmando que "não se dá legislação mais iníqua, ainda que em parte ridícula".[87]

Ao tratar do domínio, afirmou, ainda, que o proprietário poderia não ter todos os "direitos elementares do domínio" em razão de um "defeito pessoal", que fosse obstáculo ao exercício do direito de propriedade. Tais "defeitos" eram a menoridade, a "demência", a "prodigalidade" julgada por sentença e o "estado da mulher sujeita à superioridade marital". Eram as pessoas sujeitas a esses estatutos proprietárias, mas não podiam exercer seu direito de propriedade senão por meio de um tutor, um curador ou, no caso da mulher casada, do marido. Mais uma vez, assim como nos casos de Loureiro e Borges, não houve menção aos escravos.[88] Também pelo texto de Teixeira, não se pode concluir contundentemente que havia uma proibição da aquisição de propriedade pelos escravos, mas é de se supor que, a eles, aplicavam-se as considerações feitas aos demais sujeitos de direito incapazes.

Ribas, na segunda edição de seu compêndio sobre direito civil, afirmou, muito furtivamente, que os escravos passaram a ter o direito de adquirir bens para a formação de um pecúlio com a Lei do Ventre Livre.[89]

Freitas foi o único autor analisado que afirmou categoricamente que o escravo brasileiro não podia adquirir propriedade. O fundamento jurídico por ele apresentado para essa norma era a Decisão n. 16, de 13 de fevereiro de 1850, que, por sua vez, remetia ao *caput* do título 92, do livro quarto das Ordenações Filipinas. Essa decisão estabelecia que:

---

87 TEIXEIRA, A. R. L. *Curso de direito civil português*, tomo I, 1845, p.77-78; TEIXEIRA, A. R. L. *Curso de direito civil português*, tomo I, 1848, p.77-78.

88 TEIXEIRA, A. R. L. *Curso de direito civil português*, tomo II, 1845, p.35; TEIXEIRA, A. R. L. *Curso de direito civil português*, tomo II, 1848, p.35.

89 RIBAS, A. J. *Curso de direito civil brasileiro*, tomo II, 2003, p.53.

ESCRAVIDÃO E DIREITO

159

[...] os bens deixados pelos escravos do fisco que falecem, pertencem à Nação como senhora dos mesmos, e não a seus parentes: porquanto a lei que entre nós regula a sucessão dos bens, não tem aplicação aos escravos, *visto que eles são inábeis para adquirir* argumento de Ord. L. 4° Tit. 92 princ., e não podem testar, Ord. L. 4° Tit. 81 §4°.[90]

Apesar do que a leitura dessa decisão faz parecer, o *caput* do título 92, do livro quarto das Ordenações Filipinas não apresentava nenhuma norma explícita sobre a aquisição de propriedade pelos escravos.[91] O que ele determinava era que o filho de um "peão" solteiro com uma escrava seria herdeiro dos bens do pai, caso fosse liberto na ocasião da morte de seu pai. Ou seja, de acordo com Freitas, se ainda fosse escravo, não poderia suceder. Concluiu, então, o autor que não podia suceder porque não podia adquirir propriedade. Também o parágrafo quarto, do título 81, do livro quarto das Ordenações Filipinas[92] não falava sobre capacidade sucessória, mas proibia o escravo de fazer

90 (*Grifos meus*). Decisão proferida por Joaquim José Rodrigues Torres, ministro da Fazenda, em resposta ao ofício do inspetor da Tesouraria da Província do Piauí. TRIBUNAL DE JUSTIÇA DO ESTADO DO RIO DE JANEIRO. *Legislação, escravidão, século XIX*, p.89.

91 Ordenações Filipinas, livro 4°, título 92, *caput*: "Se algum homem houver ajuntamento com alguma mulher solteira, ou tiver uma só manceba, não havendo entre eles parentesco, ou impedimento, porque não possam ambos casar, havendo de cada uma delas filhos, os tais filhos são havidos por naturais. E se o pai for peão, suceder-lhe-ão, e virão à sua herança igualmente com os filhos legítimos, se os o pai tiver. E não havendo filhos legítimos, herdarão os naturais todos os bens e herança de seu pai, salvo a terça, se ao pai tomar, da qual poderá dispor, como lhe aprouver. E isto mesmo haverá lugar no filho, que o homem solteiro peão houver de alguma escrava sua, ou alheia, se por morte de seu pai ficar forro." ALMEIDA, C. M. *Código filipino*, vol. 4, p.939-942.

92 ALMEIDA, C. M. *Código filipino*, vol. 4, p.909.

160 MARIANA ARMOND DIAS PAES

testamento. Ou seja, também não apresentava nenhuma norma explícita a respeito da aquisição de propriedade. Mas Freitas não parou por aí. O arremate de seu comentário é: "Tolera-se todavia em nossos costumes, que os escravos possuam dinheiro, e bens móveis".[93]

A questão também foi abordada pelo autor quando tratou das hipóteses de alforria forçada, ou seja, contra a vontade do senhor do escravo. Ele afirmou, que, por direito romano, era caso de alforria forçada quando o senhor recebia dinheiro do escravo para sua manumissão. Nesses casos, dever-se-ia "fechar os olhos" para a norma que prescrevia que o escravo não podia ter propriedade.[94]

Já Malheiro começou a abordar o tema alegando que, para o direito romano, a regra era que o escravo nada adquiria para si, tudo era adquirido para o senhor. Seguindo o esquema adotado em outros temas, ele passou, então, a indicar as exceções dessa regra. Eram elas: a aquisição de alimentos por legado e o pecúlio.[95]

O autor definiu o pecúlio como "tudo aquilo que ao escravo era permitido, de consentimento expresso ou tácito do senhor, administrar, usufruir, e ganhar, ainda que sobre parte do patrimônio do próprio senhor". Ele afirmou, também, que, no Brasil, não existia lei que garantisse aos escravos o pecúlio. Porém, uma vez que os senhores

---

93 FREITAS, A. T. *Consolidação das leis civis*, 1865, p.25-26, 473; FREITAS, A. T. *Consolidação das leis civis*, 1876, p.35-36.

94 FREITAS, A. T. *Consolidação das leis civis*, 1865, p 50; FREITAS, A. T. *Consolidação das leis civis*, 1876, p.72-73.

95 MALHEIRO, A. M. P. *A escravidão no Brasil*, vol. 1, p.61-62. Malheiro afirmou, ainda, que, na prática do direito romano, o pecúlio poderia ser objeto de controvérsia entre o usufrutuário, o proprietário e o escravo. Isso porque a regra era que o usufrutuário tinha direito às vantagens e serviços do escravo, enquanto, ao proprietário, cabia as demais aquisições feitas pelo escravo. No entanto, essa situação provocava conflitos entre esses sujeitos e entre eles e o próprio escravo a respeito do pecúlio. MALHEIRO, A. M. P. *A escravidão no Brasil*, vol. 1, p.78.

ESCRAVIDÃO E DIREITO   161

toleravam que os escravos adquirissem pecúlio, isso deveria ser respeitado pelo direito.[96] Malheiro defendeu, então, que medidas fossem tomadas para que o direito ao pecúlio dos escravos fosse legalmente garantido, com o objetivo de facilitar as manumissões.[97] E, bem ao fim desse trecho de seu livro, assumiu que:

> Não é raro, sobretudo no campo, ver entre nós cultivarem escravos para si terras nas fazendas dos senhores, de consentimento destes; fazem seus todos os frutos, que são seu pecúlio. – Mesmo nas cidades e povoados alguns permitem que os seus escravos trabalhem como livres, dando-lhes porém um certo jornal; o excesso é seu pecúlio: – e que até vivam em casas que não as dos senhores, com mais liberdade.[98]

Como já afirmei, a legislação não tratava do tema de maneira sistemática. No entanto, eventualmente, o eco das ruas se fazia sentir e o poder público era chamado a se pronunciar sobre o tema. Foi o que aconteceu nos casos da Decisão n. 16, mencionada por Freitas, e

---

96 MALHEIRO, A. M. P. *A escravidão no Brasil*, vol. 1, p.62-63. O autor também afirmou que o pecúlio era uma prática comum no Brasil em MALHEIRO, A. M. P. *A escravidão no Brasil*, vol. 1, p.108.

97 No último parágrafo desse artigo, o autor afirmou que, ao contrário do que ocorria no Império Romano, os escravos brasileiros não possuíam outros escravos dentre o seu pecúlio. No entanto, eventualmente, essa situação ocorria no Brasil e, provavelmente, Malheiro sabia de sua existência. Mesmo na nota de rodapé a esse parágrafo, ele citou um caso de uma liberta que alforriou um escravo com a condição que ele prestasse serviços ao filho da liberta, que ainda era escravo. Os serviços do liberto sob condição constituiriam pecúlio do escravo filho da liberta. MALHEIRO, A. M. P. *A escravidão no Brasil*, vol. 1, p.62-64.

98 MALHEIRO, A. M. P. *A escravidão no Brasil*, vol. 1, p.63.

162   MARIANA ARMOND DIAS PAES

da Decisão n. 212, do Ministério dos Negócios da Fazenda dirigida ao Ministério dos Negócios da Guerra, em 6 de junho de 1866.[99]

> Em resposta aos Avisos de V. Ex. de 2 e 8 de Maio próximo passado, acompanhados, aquele do ofício do Diretor da Fábrica da Pólvora da Estrela – consultando se devia entregar ao irmão de um escravo falecido na mesma Fábrica a quantia de 2:240, que se encontrou em poder deste, e do requerimento em que a escrava da Nação, Maria Simôa, pede se lhe mande entregar a caderneta da Caixa Econômica pertencente a seu marido, escravo da Nação, que também faleceu; e este do requerimento em que Ovídio José de Santa Rita pede seja-lhe entregue outra caderneta da mesma Caixa, que pertencia a sua mulher, a escrava da Nação de nome Luduvina, falecida na enfermaria daquele estabelecimento, tenho de comunicar a V. Ex. que pertencendo à Nação os bens deixados pelos seus escravos, que falecerem, conforme já foi declarado por Ordem do Tesouro de 13 de Fevereiro de 1850[100] não pode ter lugar a entrega das quantias e cadernetas reclamadas.[101]

---

99 O ministro da Fazenda era, então, João da Silva Carrão e o ministro da Guerra era Ângelo Moniz da Silva Ferraz.

100 Era essa a Decisão n. 16 de 13 de fevereiro de 1850: "Joaquim José Rodrigues Torres, Presidente do Tribunal do Tesouro Público Nacional, responde ao Ofício do Sr. Inspetor da Tesouraria da Província do Piauí de 4 de Dezembro do ano passado, sob n° 98, que os bens deixados pelos escravos do fisco que falecem, pertencem à Nação como senhora dos mesmos, e não a seus parentes: porquanto a lei que entre nós regula a sucessão dos bens, não tem aplicação aos escravos, visto que eles são iná26 beis para adquirir argumento de Ord. L. 4° Tit. 92 princ., e não podem testar, Ord. L. 4° Tit. 81 §4°". TRIBUNAL DE JUSTIÇA DO ESTADO DO RIO DE JANEIRO. *Legislação, escravidão, século XIX*, p.89.

101 TRIBUNAL DE JUSTIÇA DO ESTADO DO RIO DE JANEIRO. *Legislação, escravidão, século XIX*, p.132.

As decisões eram atos normativos emanados pelos Ministérios de Estado para casos concretos específicos. Porém, a despeito de não possuírem o caráter de abstração que se costuma inculcar às leis, possuíam força normativa geral. Essas decisões eram publicadas na *Coleção das Leis do Império* e vinham acompanhadas de uma ementa de caráter normativo geral, apesar do corpo do texto tratar de um caso concreto. Na decisão acima, por exemplo, a ementa era: "Os bens dos escravos da Nação que falecem pertencem à Nação". Assim, ao afirmar que os herdeiros dos escravos da Nação não tinham direito às quantias juntadas pelos escravos falecidos, o ministro da Fazenda estava limitando os direitos dos escravos de uma maneira geral.

À primeira vista, pode parecer que essa decisão limitava o direito de propriedade dos escravos. Porém, diante da prática cotidiana dos escravos e do que dizia a civilística da época, a limitação imposta por essa decisão recaía mais sobre os direitos sucessórios do que sobre o direito de propriedade: os escravos da Nação poderiam adquirir propriedade, mas, quando morriam, essa propriedade não seria entregue a seus herdeiros, mas pertenceria ao Estado, seu senhor.

Ressalte-se, no entanto, que essa conclusão não significa que o direito de propriedade fosse exercido pelos cativos em toda a sua plenitude. Isso, de fato, não seria uma afirmação razoável, tendo em vista que havia diferentes limitações impostas ao exercício desse direito. Mas a Decisão n. 212, em si, diante da prática, do que era reiterado nos tribunais e do posicionamento dos juristas, não parece suficiente para embasar uma argumentação de que os escravos brasileiros, nas últimas décadas do século XIX, não tinham nenhum grau de direito de propriedade.

Esse posicionamento é reiterado, ainda, por outra decisão do mesmo Ministério dos Negócios da Fazenda, prolatada dois anos depois da Decisão n. 212. Foi essa a Decisão n. 106, de 1º de abril de 1868, expedida por Zacarias de Góes e Vasconcellos, nas suas atribuições de ministro da Fazenda, e dirigida a João Lustosa da Cunha Paranaguá, ministro da Guerra.

Ilm. e Exm. Sr. Em resposta ao Aviso de V. Ex. de 7 de Março próximo findo, acompanhado dos requerimentos das escravas da Nação, Luiza e Lucrecia, ambas ao serviço do Estabelecimento Naval de Itapura, em que pedem carta de liberdade, a primeira para seu filho Hippolyto, de cinco anos de idade, mediante a quantia de cem mil réis em que foi avaliado, e a segunda para si, gratuitamente, alegando a sua idade e serviços, tenho de declarar a V. Ex., que nenhum inconveniente há em ser favoravelmente deferida a primeira das referidas escravas a exemplo do que com outros se tem praticado, visto ser muito favorecida pelas nossas leis a causa da liberdade, logo que entre ela para os cofres públicos com a quantia oferecida.[102]

A partir dessa decisão, percebe-se que o Ministério da Fazenda já reconhecia a possibilidade dos escravos se alforriarem mediante a apresentação de seu valor. Reconhecer a possibilidade da compra da liberdade implicava reconhecer, também, que os escravos acumulavam dinheiro, isso é, reconhecer que os escravos tinham direito de propriedade.[103]

---

102 TRIBUNAL DE JUSTIÇA DO ESTADO DO RIO DE JANEIRO. *Legislação, escravidão, século XIX*, p.141.

103 O entendimento de que os escravos da Nação poderiam ser alforriados mediante a apresentação de seu valor também foi corroborado na Decisão n. 181 de 18 de maio de 1868 e na Decisão n. 345 de 2 de agosto de 1869. Ambas foram expedidas pelo Ministério dos Negócios da Fazenda, sendo a primeira assinada por Vasconcellos e a segunda por Joaquim José Rodrigues Torres, o Visconde de Itaboraí. O direito à liberdade por meio da apresentação de seu valor também foi reconhecido aos escravos em geral (não mais apenas aos da Nação) no artigo 3º do Decreto n. 1.695 de 13 de setembro de 1869: "Nos inventários em que não forem interessados como herdeiros ascendentes ou descendentes, e ficarem sal-

Apesar de toda a dinâmica exposta, o direito de propriedade dos escravos estava em constante disputa. E, nessa disputa, a personalidade jurídica dos escravos ora era reduzida, ora era ampliada. Essa dimensão do direito, como uma arena de lutas entre diversos sujeitos históricos, fica bem clara na Decisão n. 218 de 11 de junho de 1866:

> João da Silva Carrão, Presidente do Tribunal do Tesouro Nacional, tendo em vista o ofício da Tesouraria da Província de S. Pedro de 30 de Abril último, sob n. 72, participando ter a mesma Tesouraria respondido afirmativamente à consulta que lhe fora feita pelo Coletor da Cruz Alta – se devia exigir a siza da transferência de uma casa, feita por um escravo a seu senhor em pagamento de sua liberdade, – informando que a referida casa fora construída pelo mesmo escravo, que trabalhava sobre si, porém em terreno pertencente a seu senhor, e que foi por ele feita essa transferência para aquele fim, em consequência de não achar comprador para a casa, depois de tê-la desfrutado como sua, alugando-a a diversos indivíduos; declara ao Sr. Inspetor da referida Tesouraria, que no presente caso não se dá transferência de imóvel sujeita à siza; porquanto, o escravo adquire para o senhor sendo meramente proprietário do pecúlio, cuja administração e gozo é precário para o escravo, como já foi decidido pelo Tesouro na ordem n. 16 de 13 de Fevereiro de 1850, expedida à Tesouraria do Piauí.[104]

---

vos por outros bens os direitos dos credores, poderá o juiz do inventário conceder cartas de liberdade aos escravos inventariados que exibirem à vista o preço de suas avaliações judiciais". TRIBUNAL DE JUSTIÇA DO ESTADO DO RIO DE JANEIRO. *Legislação, escravidão, século XIX*, p.142, 144, 146.

104 *Coleção das decisões do governo do Império do Brasil*, tomo XXIX, 1866, p.203.

Vejamos essa situação. Um escravo que "trabalhava sobre si" construiu, no terreno de seu senhor, uma casa. Ele viveu nessa casa, "como sua", durante determinado tempo e, inclusive, alugou-a a outras pessoas e procurou possíveis compradores para ela. Depois de um tempo, resolveu transferi-la para seu senhor, como pagamento por sua liberdade. Ora, ao que tudo indica, o escravo usava a casa como se fosse sua propriedade e essa situação era reconhecida por seu senhor. Parece que essa relação de domínio só foi colocada em xeque no momento da transferência do bem e por um terceiro que não estava envolvido na relação até então: o Coletor da Cruz Alta. O poder público decidiu, então, que tudo o que o escravo adquiria era propriedade de seu senhor, com exceção de seu pecúlio. Mas, mesmo sobre o pecúlio, o escravo tinha administração e gozo limitados. A decisão, portanto, restringiu ainda mais o direito de propriedade dos cativos. O seu direito de propriedade somente seria reconhecido quando se tratasse do pecúlio e, mesmo nesse caso, haveria limitações ao exercício desse direito.

Capacidade contratual

O caso de Bento também aponta outro aspecto relevante das relações jurídicas nas quais os escravos se envolviam: a possibilidade de possuir cadernetas de poupança, ou seja, de realizar contratos de depósito.

O fim do tráfico negreiro, na década de 1850, esteve na base da efervescência das atividades bancárias e comerciais, inclusive, das atividades de poupança e crédito. As diversas Caixas Econômicas estaduais, que começaram então a ser criadas, permitiam depósitos feitos por escravos, desde que autorizados por seus senhores.[105] No entanto, o Decreto n. 2.723, de 12 de janeiro de 1861, que criou a

---

105 GRINBERG, K. "A poupança", p.137-144.

Caixa Econômica e o Monte de Socorro na corte, determinava, que: "Art. 9º Não serão admitidos, como depositantes ou abonadores, os menores, escravos, e mais indivíduos que não tiverem a livre administração de sua pessoa e bens".[106] Essa determinação, porém, não foi religiosamente seguida. Em sua pesquisa, Grinberg encontrou, na Caixa Econômica da corte, cadernetas de poupança que pertenciam a escravos. Também pela Decisão n. 212, transcrita acima, percebemos que escravos tinham caderneta na Caixa Econômica da corte a despeito da norma proibitiva. Entretanto, a autora demonstra que, muitas vezes, a possibilidade da poupança não era garantia de consecução da alforria: o preço dos escravos estava aumentando, na segunda metade do século XIX, e as quantias depositadas, em vários casos, eram bem diminutas e não rendiam o suficiente para se comprar a tão sonhada liberdade.[107]

> Estes escravos dificilmente conseguiram comprar suas alforrias. Por que, então, tinham interesse em depositar suas economias na Caixa Econômica? Porque, mesmo sem obter o suficiente para comprar suas liberdades, a Caixa era o investimento mais seguro que podiam fazer. Depositar na Caixa era mais seguro do que guardar o dinheiro em casa, era muito mais seguro do que deixar o dinheiro com seu senhor, que podia simplesmente um dia dizer que nunca havia recebido nada. Ou, ainda, seu senhor podia morrer, sem que seus herdeiros reconhecessem a existência de qualquer acordo prévio com seus escravos. Por fim, como vimos, justamente por ser um banco estatal, investir na Caixa era mais seguro do que os outros investimentos bancários, que viviam à

---

106 Decreto n. 2.723 de 12 de janeiro de 1861, artigo 9º.

107 GRINBERG, K. "A poupança".

168   MARIANA ARMOND DIAS PAES

sombra das flutuações no mercado internacional e das crises financeiras.[108]

A crise cafeeira de 1857 e a Guerra do Paraguai atingiram em cheio a Praça do Comércio do Rio de Janeiro, na década de 1860. Um dos momentos críticos da crise financeira foi o ano de 1864, com a falência da Casa Bancária Antonio José Alves do Souto & Cia, momento conhecido como a Crise do Souto. Entre setembro de 1864 e março de 1865, ocorreram 95 falências e as instituições bancárias que conseguiram permanecer atuantes, como, por exemplo, o Banco Rural e Hipotecário do Rio de Janeiro e a casa bancária Gomes e Filhos, adotaram medidas contra a corrida sobre os depósitos nelas efetuados.[109]

Não há elementos no processo que indiquem quando Bento decidiu levantar seu depósito do Banco Rural e Hipotecário e quais foram os motivos que o levaram a isso. Mas parece plausível a hipótese de que ele tenha tomado essa decisão em razão da crise e da "corrida sobre os depósitos". Inclusive, o fato de sua então senhora Maria Joaquina não ter mencionado, em seu depoimento, que foi necessário autorizar o segundo levantamento de depósito, já na casa bancária

---

108 GRINBERG, K. "A poupança", p.149. Soares também ressalta que era bastante difícil para os escravos de ganho juntarem dinheiro para comprar sua alforria. Isso porque a quantia que tinham que pagar a seus senhores costumava ser bastante elevada, além do fato de que tinham que arcar com os custos de sua alimentação e moradia. Ademais, muitos senhores não tinham interesse em libertá-los, pois eram sua única fonte de renda, ou estipulavam o preço da alforria em um valor muito elevado. SOARES, L. C. "Os escravos de ganho no Rio de Janeiro do século XIX", p.133-134. Para uma análise sobre o crédito dos escravos e a compra de alforrias, ver VILLA, C. E. V. *Produzindo alforrias no Rio de Janeiro do século XIX*, p.186-246.

109 GRINBERG, K. "A poupança", p.138-140. GUIMARÃES, C. G. "A Guerra do Paraguai e a atividade bancária no Rio de Janeiro no período 1865-1870", p.128-131.

Gomes e Filhos, faz crer na possibilidade de o Banco Rural ter exigido de Bento a autorização de sua senhora justamente para dificultar esse levantamento, já que era um contexto de crise. Assim, uma nítida limitação no exercício de atos jurídicos pelo escravo, qual seja, a necessidade de autorização de sua senhora para o levantamento do depósito, pode ter sido motivada por um contexto histórico de crise econômica e financeira.

Grinberg argumenta, ainda, que, no caso das instituições financeiras que permitiam a poupança de escravos, a autorização senhorial para acumular dinheiro e, posteriormente, depositá-lo, era algo essencial para a manutenção do controle sobre os escravos. A possibilidade de os cativos acumularem pecúlio e poderem efetuar depósitos em cadernetas de poupança não significava um "rompimento da política de domínio". No entanto, a necessidade dessa política ser constantemente reafirmada nas leis indicava que a hegemonia do domínio senhorial estava sendo gradativamente contestada e enfraquecida na segunda metade do século XIX.[110]

> A partir daí, não fica difícil entender por que os depósitos de escravos não eram permitidos quando da criação da Caixa Econômica: assim como em outros âmbitos da vida econômica e social, a simples existência da poupança de cativos significava uma quebra na autoridade moral do senhor sobre seus escravos; na realidade, um golpe importante na própria legitimidade da escravidão no Brasil. O interessante é que as mesmas razões contribuíram para a legalização, após 1871, do pecúlio dos escravos: é o reconhecimento das atividades econômicas que eles já realizavam antes disso. Por tudo isso, não é de se espantar que, após a regulamentação da Lei do Ventre

---

110 GRINBERG, K. "A poupança", p.145.

Livre, os depósitos de escravos tenham aumentado substancialmente.[111]

À análise da autora, acrescento que a prática da acumulação de propriedade, a possibilidade de realizar contratos com instituições financeiras e o recebimento de juros em cima das quantias depositadas eram atos jurídicos exercidos por escravos, em especial em grandes centros urbanos, como a cidade do Rio de Janeiro. É verdade que tais atos eram limitados pela necessidade, ainda que formal, da autorização do senhor. No entanto, novamente, essa autorização não implicava a anulação da personalidade jurídica desses escravos, mas uma restrição de seu exercício.

Mas voltemos à história de Bento. Em um dado momento, Bento levantou os 300 mil réis que estavam depositados rendendo juros na Gomes e Filhos, para emprestar a uma irmã que queria comprar sua alforria. Desse empréstimo, "passou-se um crédito" que ficou guardado com Maria Joaquina, então senhora de Bento.[112] Após algum tempo, esse empréstimo foi pago e Maria Joaquina, a senhora, na ocasião de seu depoimento perante o juiz municipal da 2ª vara da corte, apresentou ao magistrado os recibos que comprovavam essa transação.[113] Há, aqui, um exemplo da consecução de contratos entre dois escravos: Bento e sua irmã. Contrato este que contou com o conhecimento e a aprovação da senhora de Bento, que interviu guardando o "crédito" e os recibos de pagamento consigo.

---

111 GRINBERG, K. "A poupança", p.150.

112 Analisando outro caso, em que também o escravo "depositou" seu dinheiro com seu senhor, Slenes afirma que essa poderia ser uma estratégia para demonstrar ao senhor que o escravo não tinha a intenção de fugir, nem de "contestar radicalmente sua subjugação". SLENES, R. W. *Na senzala, uma flor*, p.211.

113 Os recibos não foram juntados ao processo, apenas apresentados em audiência.

Empréstimo pago, entra em cena mais uma personagem desse drama: Caetana. Caetana também era escrava de Maria Joaquina e seu marido. Quando da ocasião da morte de seu senhor, ela ficou livre, por meio de seu testamento, com a condição de acompanhar Maria Joaquina até sua morte. Ao que tudo indica, Caetana gozava de prestígio junto à escravaria da casa de Maria Joaquina, porque, quando a mãe de Bento estava em seu leito de morte, ela chamou Caetana e pediu para que ela tomasse conta dos dinheiros de seu filho. E assim Caetana o fez: após o pagamento do empréstimo, ela guardou zelosamente os 300 mil réis de Bento.

De acordo com Bento, sua senhora Maria Joaquina concordou em lhe vender sua liberdade por 700 mil réis. Precisando da quantia de 400 mil réis para o complemento do que já tinha, resolveu pedir empréstimo a Joaquina Maria Roza. Mediante a entrega dos 300 mil réis, esta lhe emprestou o dinheiro e prometeu que lhe passaria a carta de liberdade logo que o empréstimo fosse satisfeito.[114] Para garantia do contrato de empréstimo, Joaquina teria requerido uma escritura de compra de Bento. Mas tal escritura seria apenas uma garantia, não seria suficiente para conferir a Joaquina poderes de senhora sobre Bento. Desde então, Bento teria entregado diariamente a Joaquina jornais de 2 mil e 500 réis e já teria, com isso, pagado cerca de dois terços do valor emprestado. Parece que tudo ia bem nessa relação, até que Joaquina decidiu vender Bento "para ser substituído do exército".[115]

---

114 Sobre a realização de contratos de empréstimo para a compra da liberdade, ver VILLA, C. E. V. *Produzindo alforrias no Rio de Janeiro do século XIX*, p.217-246.

115 Com o desenrolar da Guerra do Paraguai foram diminuindo os alistamentos voluntários, necessários para a reposição das tropas e, em 1865, iniciou-se um recrutamento forçado para os Corpos de Voluntários da Pátria. No entanto, existiam diversas maneiras de se evitar o recrutamento sendo uma delas a entrega de escravos para lutarem em seu lugar. Para quem não tivesse um escravo do qual pudesse dispor para substituir seu

Com receio de ser enviado para a guerra, Bento ajuizou um processo perante o juízo municipal da 2ª vara da corte, em 10 de junho de 1867.

Para o ajuizamento do processo, Antonio Frederico Kuster apresentou uma petição, "a rogo do suplicante", narrando os fatos ocorridos e juntou um documento no qual Joaquina declarava que, precisando da quantia de 300 mil réis, pediu-a emprestada a Bento e se comprometia a pagá-la assim que ele necessitasse desse valor. Ocorre que Joaquina não sabia assinar e o documento teria sido assinado por seu filho José Moreira de Azevedo, em 26 de janeiro de 1867. Kuster foi nomeado curador de Bento pelo juiz.

Por se tratar de uma ação de justificação, as testemunhas foram ouvidas antes da citação da ré, Joaquina. Eram elas: José de Castro Coimbra, José Joaquim Coelho Barroso e Claudino Pinto da Silva Netto, que haviam testemunhado a realização do contrato entre Bento e Joaquina. Todos confirmaram que Joaquina recebeu 300 mil réis como garantia dos 400 mil réis que tinha emprestado a Bento para complemento dos 700 mil réis estipulados por sua senhora para sua alforria. Joaquina teria se comprometido a passar a carta de liberdade assim que os 400 mil réis fossem pagos e exigiu, como garantia do contrato, uma escritura da venda de Bento. Tal escritura de venda seria apenas para "segurança do contrato", não daria a Joaquina os poderes de proprietária sobre Bento. Desde então, Bento entregava a ela, diariamente, 2 mil e 500 réis de jornais para pagamento do em-

---

recrutamento ou de algum "ente querido", existia a opção da "compra de substitutos", que era a compra de escravos com o fim de serem mandados para lutar na guerra. TORAL, A. A. "A participação dos negros escravos na Guerra do Paraguai", p 5-6. Pela análise do processo, sabe-se que Joaquina Maria Roza possuía um filho, José Moreira de Azevedo, que havia sido integrante da Guarda Nacional e havia fugido para Portugal para evitar o recrutamento. Porém, não ficou claro se Bento seria usado para substituir o filho da ré ou se ela o venderia para uma outra pessoa que o usaria para fim similar.

ESCRAVIDÃO E DIREITO 173

préstimo. É importante notar que as três testemunhas relataram a negociação de um contrato, com diversas nuances, entre um escravo e uma mulher livre. A todo momento, ressaltaram também que Bento sempre cumpriu religiosamente a parte que lhe cabia na obrigação.

O juiz considerou os depoimentos das três testemunhas suficientes para embasar o pedido de manutenção da liberdade e ordenou a expedição do mandado. Bento foi depositado com seu curador, Frederico Kuster. Joaquina, autorizada por seu marido Joaquim Moreira da Silva Azevedo,[116] interpôs embargos da sentença alegando que a justificação era nula, porque ela não tinha sido citada e que o papel apresentado por Bento era falso e ela nunca tinha recebido dinheiro dele. Bento era seu escravo, porque o comprou, em 30 de janeiro, de Maria Joaquina, como provava a escritura que juntava aos autos. Ademais, estava matriculado como sua propriedade, como provava a guia da recebedoria. O advogado de Joaquina também juntou aos autos encartes de jornais nos quais estava anunciada a fuga de Bento. Afirmou, também, que, sabendo que Bento estava "acoutado" na casa de Kuster, requereu, ao inspetor do quarteirão, que o capturasse, o que de fato ocorreu.[117]

---

116 Joaquina se apresentou em juízo com uma procuração passada a ela por seu marido, na qual estava autorizada a "haver a si o escravo de cor parda de nome Bento, natural de Angra dos Reis", tomando as medidas necessárias "a fim de cuidar da posse do referido escravo, que de direito lhe pertence, por título legal".

117 Esse tipo de diligência era importante para que não fosse configurada a boa-fé do suposto escravo em se considerar livre. Era necessário que o senhor fosse "diligente" em seu domínio. O advogado de Joaquina juntou ao processo a declaração do Inspetor do 18º Quarteirão da Freguesia de Santo Antônio, Demetrio Souza Aguiar. O inspetor afirmou que Kuster tinha modo de vida desconhecido, mas que acreditava que ele vivia de "procurar no foro". Sabia que existia em seu quarteirão um "pardo desconhecido", que "se ocultava de aparecer". Sabendo que o pardo era

Diante da captura de Bento, Kuster dirigiu ao delegado de polícia uma petição, assinada supostamente a rogo de Bento, pedindo que Joaquina fosse interrogada. Ao chegar na delegacia, Bento, ao ver Joaquina, teria lhe pedido a benção. Kuster não teria gostado dessa atitude e teria dito a Bento "você é um cidadão livre" e o mandado ir embora dali. Devido à saída de Bento, Joaquina não teria sido interrogada. Foram enviados guardas à procura de Bento, mas não o encontraram. Ao fim, requereu o advogado da ré que Kuster e as testemunhas fossem sujeitas às ações criminais cabíveis por tentarem esbulhar a ré de sua propriedade e fossem condenados no triplo das custas "pelo dolo e malícia bem manifestos".

No desenrolar do processo, há, ainda, outros pontos de divergência entre a versão da ré e a do autor acerca dos fatos. De acordo com a versão apresentada por Joaquina e suas testemunhas, a antiga senhora havia dado a Bento ordem por escrito para que ele procurasse um comprador de si mesmo, porque não lhe servia bem e estava precisando do dinheiro que iria conseguir com sua venda. Bento então encontrou a ré disposta a comprá-lo pela quantia de 700 mil réis. Esse valor era, de fato, baixo, mas foi acordado em vista da necessidade que a vendedora tinha de receber o dinheiro para poder concluir o inventário de seu falecido marido, não porque era um valor que visava a favorecer a li-

---

procurado, no dia 6 de junho, Kuster foi à sua casa e afirmou que ele não precisaria desconfiar do pardo, porque ele era um homem livre e que Kuster se comprometia a apresentar, no dia 10, o mandado de sua manutenção. Ocorre, que no dia 9, Joaquina foi à casa do inspetor e afirmou que seu escravo de nome Bento tinha fugido e que ela, inclusive, já tinha anunciado a fuga no Jornal do Comércio e tinha escritura de compra e venda do escravo. Diante das súplicas da senhora e do título de propriedade apresentado, o inspetor mandou os oficiais Narciso e Fonseca capturarem Bento na casa de Kuster, às 4 horas. Kuster se opôs à captura e foi levado pelos oficiais à delegacia, afirmando, a todo momento, que Bento era seu protegido.

ESCRAVIDÃO E DIREITO 175

berdade de Bento. O contrato de compra e venda firmado entre ambas não estabeleceu nenhuma condição. Ademais, não tinha como seu filho ter assinado por ela o documento juntado por Bento, uma vez que ele tinha viajado para Portugal e não havia, ainda, retornado. Outro ponto importante na argumentação do advogado da ré foi a necessidade de se provar a condição social da pessoa cujo estatuto jurídico estava em questão. As testemunhas apresentadas pela ré, a todo momento, frisaram que sempre consideraram Bento como escravo.

> [...] disse que indo algumas vezes à casa da Embargante para falar com o filho desta, o referido José Moreira de Azevedo, aí viu o manutenido Bento trabalhando no ofício de carpinteiro como escravo daquela, e em uma dessas vezes o dito Moreira de Azevedo o chamou para trazer a ele testemunha um copo com água, dizendo-lhe então, que era escravo de seu pai, e tinha sido comprado a uma senhora que morava na rua larga de São Joaquim, nada mais disse deste.
>
> Reinquirido disse que a razão, pela qual ela testemunha entende que o pardo Bento trabalhava nas obras a que acima se referia, como escravo, é porque o viu vestido com roupa ordinária, e o viu descalço ao passo que as outras pessoas que aí trabalhavam estavam calçadas com chinelos, e também porque em uma das ocasiões em que ele testemunha foi a esse lugar, ou digo lugar, ouviu o dito Moreira de Azevedo, ordenar ao pardo Bento que fosse buscar um copo com água, por meio das seguintes expressões – Oh Bento, vai buscar um copo com água, sendo o tom em que foram proferidas aquelas expressões, um tom imperativo e [ilegível], como de um senhor, que manda a um escravo, acrescendo que em seguida a este ato, e em resposta a uma pergunta feita por ele testemunha, disse-lhe o dito Moreira de Azevedo em

176 MARIANA ARMOND DIAS PAES

presença do mesmo pardo sem reclamação alguma por parte deste, que sua mãe o havia comprado.[118]

Nas contra-razões dos embargos, o advogado de Bento reafirmou o que já havia sido dito e acrescentou que um escravo "de boa figura", oficial de carpinteiro, que conseguia um jornal diário de 2 mil e 500 réis jamais seria vendido por um preço tão baixo quanto o de 700 mil réis. Sua senhora Maria Joaquina só havia acordado em quantia tão baixa por ser para sua liberdade. Ela também teria sido iludida pela ré, acreditando que esta passaria a alforria a Bento. Por esse novo argumento do advogado, percebe-se um aspecto desse tipo de contenda judicial: era essencial, para ter o direito à liberdade garantido, demonstrar que essa era a vontade do senhor. Ao afirmar que Maria Joaquina também havia sido enganada, o advogado procurava fortalecer a pretensão do autor com base na vontade senhorial. Também é relevante o fato de que o advogado, para se referir à transação entre Bento e a ré, valeu-se de expressões como "devedor", "convencionada", "contrato de empréstimo", "contrato de liberdade com princípio de execução", "garantia", todas expressões que ressaltavam a juridicidade daquele ato.

Nesse momento do processo, Kuster requereu que fosse nomeado novo curador para Bento, pois estava com problemas de saúde. O juiz nomeou, então, José Maria Maciel Pinto. Logo depois da nomeação do novo curador, Kuster apresentou uma petição ao juiz afirmando que Bento havia desaparecido de uma obra na qual estava

---

118 Apelação cível sobre liberdade de escravos, 1867, processo n. 137, AEL, p.74v-75v. Como se pode perceber pelo trecho transcrito, a testemunha Duarte Francisco Gonçalves Pereira foi "reinquirida" sobre esse ponto. Isso demonstra que, de fato, o modo pelo qual o libertando vivia, como livre ou escravo, era um ponto crucial dos processos de determinação do estatuto jurídico e precisava ser minuciosamente esclarecido em juízo. Analiso essa questão no capítulo 4.

trabalhando há mais de 4 dias e que tinha "fundadas presunções" para acreditar que a razão do desaparecimento era a "violência" empregada pela ré.

Ao que tudo indica, não foram feitas diligências a respeito dessa suposta fuga. O processo continuou seu curso e o advogado da ré contra-argumentou que o recibo do contrato apresentado por Bento era falso, não tinha sido assinado pelo filho de sua cliente, mas pela testemunha Coimbra. Acrescentou ainda que:

> E voltando ainda no papel de f.4 observamos que quando fosse verdade que o pardo Bento tivesse os 300:000, que se diz entregue à Mulher do Embargante, combinado na data com a da escritura de venda de f.43, se vê que então era ele escravo desta vendedora, e consequentemente aquele dinheiro lhe pertencia, visto como é princípio de Direito que tudo quanto adquirem os escravos pertence a seus senhores, e as pertenções a respeito do pardo Bento nada valem, não procedem.
>
> [...]
>
> É interessante vir afirmar-se na Impugnação de f. Que o pardo Bento fez com os Embargantes um contrato, para que estes comprando-o, recebendo dele 300:000, o passasse depois de prestar serviços na importância de 400:000!! Onde aprendeu o autor desta impugnação que escravos [ilegível] pudessem fazer contratos, que válidos fossem?! E quem diz semelhantes blasfêmias jurídicas se julga autorizado a ridicularizar os Embargos?![119]

A essas colocações, o advogado de Bento respondeu que o escravo poderia adquirir a referida quantia porque tinha tido autori-

---

119 Apelação cível sobre liberdade de escravos, 1867, processo n. 137, AEL, p.56v-57v.

zação de sua senhora para tal. Estava posta a questão: tinha Bento, um escravo, possibilidade jurídica de realizar contratos e exigir que os tribunais garantissem seu cumprimento?

Novamente, a legislação era, praticamente, silente sobre o tema. Havia um Alvará, de 16 de janeiro de 1773, que versava sobre os filhos tidos por senhores em concubinato com suas escravas e no qual D. José I e o Marquês de Pombal caracterizaram os escravos como: "aqueles miseráveis que a sua infeliz condição faz incapazes para os ofícios públicos, *para o comércio*, para a agricultura e *para os tratos e contratos de todas as espécies*".[120]

Mais uma vez, é das obras de Freitas e Malheiro que podemos extrair a compreensão jurídica que se tinha a respeito da capacidade contratual dos escravos.

Freitas, no artigo 466, da *Consolidação das leis civis*, elencou os incapazes de serem procuradores em juízo. Um desses incapazes eram os menores de 21 anos e, a essa possibilidade, ele fez uma nota na qual afirmou que os escravos representavam seus senhores em muitos atos da vida civil. Porém, essa representação não derivava de um contrato, mas de uma ordem que o superior dava a seu subordinado. Essa ordem tinha efeitos iguais aos do mandato. Assim, o senhor ficava obrigado pelos atos que ele autorizou que o escravo praticasse. Se não tivesse autorizado, estava obrigado até o limite do proveito que havia tirado do ato. Essa atuação do escravo como representante do senhor era juridicamente possível porque ele, enquanto incapaz, estava tratando dos negócios de terceiros. Era a capacidade civil dos representados que deveria ser levada em conta, não a dos representantes.[121]

---

120 (*Grifos meus*). LARA, S. H. *Legislação sobre escravos africanos na América portuguesa*, p.359.

121 FREITAS, A. T. *Consolidação das leis civis*, 1865, p.257-258; FREITAS, A. T. *Consolidação das leis civis*, 1876, p.325.

ESCRAVIDÃO E DIREITO

Assim, é possível concluir que, para Freitas, o escravo tinha sua capacidade civil limitada. Sendo a capacidade civil elemento essencial para a realização de contratos, os escravos não poderiam contratar validamente, a menos que estivessem representando seus senhores. Ou seja, apesar das limitações impostas à sua capacidade civil, os escravos poderiam ser mandatários de seus senhores.

Malheiro já foi um pouco mais claro sobre o assunto. De acordo com seu livro, a norma era que os escravos não contraíam obrigações nem para si, nem para os seus senhores, nem para terceiros. Mas esse princípio sofria exceções: "Quanto ao direito Natural, a lei reconhecia que o escravo contrai obrigações, assim como adquire direitos por virtude de contratos, quase contratos, delitos e quase-delitos. Porém negava, por via de regra, ação para os fazer valer pessoalmente, quer a seu favor, quer contra ele".[122] Em outras palavras: os escravos tinham capacidade contratual, mas não poderiam exigir judicialmente o cumprimento dos contratos celebrados.

O autor elencou, então, exceções de direito romano: a) em relação a seu pecúlio, o escravo era tido como pessoa livre; b) o escravo poderia demandar o senhor em juízo para exigir o cumprimento de acordos referentes à sua manumissão; c) o escravo adquiria obrigações naturais; e d) o senhor era obrigado quando o escravo atuasse como seu mandatário ou gestor. Essas exceções à regra geral de que os escravos não podiam contratar também se aplicavam ao direito brasileiro, no qual "muitas destas relações ainda se observam de fato".[123]

---

122 MALHEIRO, A. M. P. *A escravidão no Brasil*, vol. 1, p.64.

123 MALHEIRO, A. M. P. *A escravidão no Brasil*, vol. 1, p.64-66. Malheiro reconheceu, ainda, a capacidade dos escravos para acumular pecúlio e contratar serviços em outros trechos de seu livro. MALHEIRO, A. M. P. *A escravidão no Brasil*, vol. 1, p.92.

180   MARIANA ARMOND DIAS PAES

> A matéria tão complicada e intricada dos pecúlios dos escravos não nos atormenta. Será raro o caso em que alguma questão se mova em Juízo a tal respeito, atenta a constituição da escravidão no nosso país, e as restrições que os nossos costumes, e organização social quanto ao elemento servil, têm introduzido.
>
> Todavia, quanto a outros fatos, o mesmo se não pode dizer. Não é pouco frequente, por exemplo, ver escravos encarregados pelos senhores de exercerem atos pelos mesmos, como seus prepostos, feitores, administradores, e semelhantes. De modo que, em tais casos, aquelas disposições poderão ser aplicáveis.[124]

Apesar do pouco desenvolvimento que a civilística dava a essa questão, no cotidiano da escravidão, não eram poucos os contratos, sobretudo verbais, firmados por cativos. E esses acordos chegavam ao Estado.

Em 21 de outubro de 1881, por exemplo, o Ministério dos Negócios da Agricultura prolatou decisão sobre a alforria concedida pelo Fundo de Emancipação a um escravo em condomínio. Alguns meses antes da decisão, o Fundo de Emancipação tinha concedido alforria a Florentino, matriculado em Casa Branca, na província de São Paulo. Essa alforria foi anulada pelo presidente da província, sob o argumento de que, se um dos condôminos conceder liberdade ao escravo – o que tinha ocorrido no caso de Florentino –, o valor equivalente à cota dos demais co-proprietários deveria ser indenizada pelos serviços do escravo, não pelo Fundo de Emancipação. O presidente, então, consultou o ministro sobre a questão e ele decidiu, após parecer do Procurador da Coroa, que a alforria concedida por um dos condôminos não importava em "posse da liberdade" até que os outros co-proprietários fossem indenizados. Assim, Florentino não poderia

---

124 MALHEIRO, A. M. P. *A escravidão no Brasil*, vol. 1, p.66.

ESCRAVIDÃO E DIREITO 181

ser considerado "liberto com a cláusula de prestação de serviços", mas sim escravo e, portanto, com direito a ser libertado pelo Fundo de Emancipação. O ministro, então, considerava Florentino escravo.[125]

Seguindo na motivação de sua decisão, o ministro afirmou que a indenização por serviços dependia "da celebração de um *contrato*, de cuja essência é o *livre consentimento do escravo* e do locatário"[126]. Mais à frente, afirmou que os escravos em condomínio tinham a "faculdade" de locarem seus serviços a terceiros, para pagar a indenização. Ou seja, o Ministério dos Negócios da Agricultura admitia que os escravos brasileiros tinham capacidade contratual, ainda que limitada a certos casos e sujeita à aprovação do juiz de órfãos.

Essa decisão foi em 1881. Mas, já em 1864, o Estado admitia a possibilidade dos escravos realizarem contratos. O Decreto n. 3.285, de 13 de junho de 1864, incorporou a "Sociedade de Seguros Mútuos Sobre Vidas Protetora das Famílias" ao Banco Rural e Hipotecário. Em seu artigo 64, ficou estabelecido que: "Será admitido a fazer contratos de seguro todo o indivíduo hábil por si mesmo para contratar, ou devidamente autorizado por seu pai, tutor, curador ou senhor". Ou seja, desde que, com autorização de seus senhores, os escravos poderiam contratar seguros. Assim, ainda que com limitações, nesse decreto, o Estado estava reconhecendo, novamente, a capacidade contratual dos escravos.

Mas voltemos ao caso de Bento. Para melhor decidir a causa, o juiz determinou a oitiva de novas testemunhas. As testemunhas apresentadas pela ré reafirmaram que: a) o contrato celebrado foi de compra e venda, entre a ré e a senhora do autor, não um contrato de empréstimo entre o autor e a ré; b) o documento não foi firmado pelo

---

125 TRIBUNAL DE JUSTIÇA DO ESTADO DO RIO DE JANEIRO. *Legislação, escravidão, século XIX*, p.271-272.

126 (*Grifos meus*). TRIBUNAL DE JUSTIÇA DO ESTADO DO RIO DE JANEIRO. *Legislação, escravidão, século XIX*, p.271-272.

182   MARIANA ARMOND DIAS PAES

filho da ré, porque este foi para Portugal para fugir do alistamento; c) Bento sempre foi tido por escravo, vestindo-se como tal e recebendo ordens dos familiares da ré; e d) as testemunhas apresentadas pelo autor eram suspeitas, porque notórias inimigas da ré.

O advogado de Bento apresentou como testemunhas sua ex-senhora, Maria Joaquina, e Caetana que, como já mencionei, guardou o dinheiro de Bento durante algum tempo. Maria Joaquina corroborou que consentiu que Bento possuísse os 300 mil réis e que o vendeu por 700 mil réis, por acreditar que realmente havia uma combinação entre Bento e a ré a respeito de sua liberdade. Caetana tinha lhe contado que havia entregado o dinheiro de Bento à ré perante duas testemunhas. No momento da entrega do dinheiro, Caetana afirmou que só o faria na frente de testemunhas. A ré insistiu que não era preciso testemunhas, mas Caetana não cedeu. Ficou acordado, então, que as testemunhas não seriam da vizinhança. Caetana também contou a Maria Joaquina que o dinheiro foi entregue na presença do marido e do filho da ré, que concordaram com o negócio. Maria Joaquina também afirmou que Barreiro, advogado da ré, foi à sua casa e requereu de volta os 700 mil réis mais indenização pelos gastos com Bento. Maria Joaquina afirmou que devolveria a quantia se a ré também devolvesse a Bento os 300 mil réis que ele tinha lhe entregado. O advogado, então, afirmou categoricamente que Bento nunca tinha entregado tal quantia à ré e que anularia o suposto contrato "pelo motivo de nada poderem os escravos possuírem por si, assim como havia de escravizar o dito Bento e remetê-lo para a Casa de Correção a fim de ser devidamente castigado".[127]

Caetana, por sua vez, afirmou que, quando entregou os 300 mil réis à ré, exigiu que fosse passado um papel que provasse a entrega do dinheiro. O papel foi, então, feito e assinado pelo filho da ré, mas, não estando "em ordem", foi buscar testemunhas. Com a presença das

---

127 Apelação cível sobre liberdade de escravos, 1867, processo n. 137, AEL, p.86.

ESCRAVIDÃO E DIREITO 183

testemunhas, foi então feito outro documento, também assinado pelo filho da ré. Caetana estranhou que quem assinou o documento foi o filho e não o marido da ré. Porém, a ré alegou que seu marido não se metia nos seus negócios e seus papéis eram assinados por seu filho. Esse documento ficou guardado com Caetana. Porém, passado algum tempo, a ré mandou lhe pedir o documento para que ela mesma o guardasse, pois, sua ex-senhora já era de idade avançada e poderia falecer a qualquer momento. Nessa ocasião, poderiam abrir a caixa de Caetana e daí resultariam "complicações" se o documento fosse encontrado. Caetana não disse se entregou o documento ou não. Ela também afirmou que ouviu a ré dizer, muitas vezes, que Bento não era escravo. Outro ponto interessante do depoimento de Caetana é que ela afirmou que guardou o dinheiro de Bento e "dos outros seus parceiros", ou seja, não era só Bento que possuía propriedade na escravaria de Maria Joaquina. No mais, corroborou o que já havia sido dito pelo advogado de Bento e pelas outras testemunhas por ele apresentadas.

Nas razões finais, o advogado do autor reafirmou seus pontos e o advogado do réu, além de também reforçar seus argumentos anteriores, atacou os depoimentos de Maria Joaquina e Caetana – a primeira, por ser uma "velha sem consciência", e a segunda, por ser escrava – e reforçou que o suposto contrato firmado entre Bento e a ré era "ilícito".

O juiz, então, requereu perícia da assinatura do documento, para constatar se ele havia mesmo sido assinado pelo filho da ré. Os peritos concluíram que não. O advogado do autor atacou a perícia alegando que o filho da ré havia forjado uma nova assinatura para o exame.

A sentença do juiz, José da Silva Costa, foi bastante sucinta. Ele julgou a ação de manutenção improcedente, porque esse tipo de processo só poderia ser ajuizado quando o autor efetivamente estava na posse da sua liberdade, o que não era o caso de Bento. Em respeito à capacidade contratual de Bento e à falsidade do contrato, sua decisão foi lacônica, se não escorregadia: "E quando pudesse ser havido por

184   MARIANA ARMOND DIAS PAES

verdadeiro o papel de f.4, ainda assim não fundamentava semelhante papel a intenção do Autor, vistos os termos em que é concebido".[128]

O advogado de Bento apelou da decisão, mas não obteve sucesso. O TRRJ confirmou a sentença de primeira instância "por serem jurídicos os seus fundamentos, e conformes às provas constantes dos mesmos autos". O advogado de Bento propôs, ainda, embargos, mas eles foram rejeitados pela matéria já ter sido tratada. Assim, ao final, o judiciário não reconheceu como válido o suposto contrato firmado entre Bento e a ré Joaquina.

Mais bem sucedido que Bento foi Ricardo, que ajuizou ação de liberdade perante o juízo municipal da 1ª vara cível da corte, em 11 de dezembro de 1869, contra Manoel Alves dos Santos.[129] Seu curador, José Xavier da Silva Capanema, alegou que Ricardo era escravo de Maria Theodora Meneses Martins. Sua senhora, em 27 de agosto de 1869, o autorizou a promover uma subscrição para auxiliar sua liberdade, que estava pronta a lhe conceder logo que obtivesse a quantia de 2 contos de réis, dos quais lhe fez doação de 300 mil réis. Ou seja, Ricardo ainda precisava conseguir 1 conto e 700 mil réis. Desses que ainda necessitava, recebeu do Imperador o valor de 20 mil réis. Enquanto procurava conseguir o restante do dinheiro, foi avisado de que Maria Theodora, cedendo a importunas exigências e ameaças, o vendeu a Maria da Fraga Martins pela quantia de 1 conto e 200 mil réis. Logo depois, o autor foi avisado, por Maria da Fraga, que era seu escravo e que, portanto, não tratasse mais de sua liberdade. Pouco tempo depois, ela vendeu o autor ao réu, pela quantia de 1 conto e 400 mil réis. Ocorre que, tendo em vista a declaração e a formal promessa de libertar o autor, feita por Maria Theodora, adquiriu Ricardo incontestável direito a sua liberdade, em cuja posse devia entrar logo que

---

128 Apelação cível sobre liberdade de escravos, 1867, processo n. 137, AEL, p.150-150v.

129 Apelação cível sobre liberdade de escravos, 1869, processo n. 154, AEL.

ESCRAVIDÃO E DIREITO 185

cumprisse a condição única que lhe foi imposta: o pagamento de seu valor. Tanto o réu quanto sua imediata antecessora na posse do autor tiveram conhecimento da promessa a ele feita por Maria Theodora e o compraram por quantia muito menor do que a de seu real valor, por atenção à limitação do direito de propriedade sobre o autor, resultante daquela promessa. No entanto, o réu se recusava obstinadamente a cumprir sua obrigação de aceitar o valor de 1 conto e 400 mil réis em troca da liberdade.

O advogado do réu contrariou alegando que adquiriu domínio pleno sobre o autor, sem condição alguma e esse seu direito de propriedade deveria ser garantido pelos tribunais. Nenhum valor tinha o papel apresentado por Ricardo, porquanto, estando o autor descrito como propriedade do casal no inventário de seu finado senhor Manoel Francisco Martins, não podia sua viúva e inventariante, sem licença do juízo de órfãos, expressa audiência e consentimento de todos os interessados, dispor dessa propriedade, como se fosse dela exclusivamente. Ademais, o papel continha apenas uma simples promessa, sem nenhum caráter obrigatório em relação ao réu, que nela não interveio. O contrato de compra e venda celebrado com Maria Fraga também não mencionava nada a respeito dessa promessa. Além do mais, essa promessa dependia do pagamento de 2 contos de réis, que não havia sido realizado. Sem o pagamento, o autor não tinha nenhum direito de vir a juízo, impondo a seu arbítrio novas condições ao réu, seu legítimo senhor.

O curador rebateu afirmando que, pela transação de compra e venda, não adquiriu o réu sobre a pessoa do autor mais do que um direito limitado pela faculdade a ele concedida pela promessa, que tinha inteiro vigor, porque se referia à liberdade e porque dela tinham pleno conhecimento o réu e Maria da Fraga. Se a inventariante, Maria Theodora, não podia conceder ao autor a faculdade que concedeu na promessa, muito menos o podia vender. Ademais, a promessa do documento era obrigatória para o réu pelas razões já expostas, não podendo Maria Theodora lhe transferir mais do que tinha. Assim, cabia ao réu, apenas a indenização do valor do autor, que não poderia ser superior ao valor que efetivamente pagou por ele.

Após a tréplica feita pelo advogado do réu, que repetiu os argumentos da contestação, foram ouvidas as testemunhas. Aqui, é importante indicar que uma das testemunhas do autor foi José Antonio Pimenta Bueno, o marquês de São Vicente e jurista renomado da elite brasileira. Esse fato, somado à circunstância de que Ricardo conseguiu que D. Pedro II doasse um valor para contribuir com sua alforria, demonstra que ele era um escravo com ótimas relações, o que pode ter contribuído para o sucesso de seu processo.

Em suas razões finais, o curador se limitou a reafirmar os argumentos que já tinha apresentado. Aproveitou, também, para citar Malheiro, para quem a subscrição para a alforria era uma prática frequente no Brasil Imperial e não poderia ser considerada como concessão de liberdade. Ela representava, simplesmente, uma promessa do senhor. Mas, apesar da subscrição não ser considerada uma obrigação, o escravo poderia reivindicar a alforria caso já tivesse cumprido sua parte no acordo.[130] De acordo com o curador, como Ricardo já possuía uma parte do valor acordado, a promessa feita por sua antiga senhora se tornava exigível.

Já o advogado do réu, procurou ressaltar a diferença de juridicidade que existia entre o contrato firmado entre o réu e Maria Fraga e a promessa feita por Maria Theodora a Ricardo. O primeiro era contrato que gozava de todas as formalidades do direito, enquanto o segundo não passava de uma simples promessa que, além de tudo, era condicionada ao pagamento do valor de Ricardo. Assim, sem o implemento da condição, a promessa não era uma obrigação jurídica perfeita e, portanto, não era exigível em juízo. Ademais, não existia lei que obrigasse os

---

130 MALHEIRO, A. M. P. *A escravidão no Brasil*, vol. 1, p.108.

senhores a conceder alforria a seus escravos contra sua vontade, ainda mais quando o preço era estipulado pelo próprio escravo.

Toda essa argumentação, porém, não foi suficiente para que o advogado do réu convencesse o juiz André Cordeiro d'Araújo Lima. Ele considerou que autor tinha adquirido direito à liberdade pela promessa de Maria Theodora e pelo recebimento de parte do seu valor. Assim, subsistia o efeito da promessa e o preço deveria ser regulado por aquele pelo qual o réu comprou o autor, porque era uma iniquidade fazer o autor pagar pela sua liberdade um valor maior do que aquele que o réu pagou. O réu, segundo a escritura de compra, tinha pagado pelo autor o valor de 1 conto e 400 mil réis, além do imposto de transmissão de propriedade e o custo do instrumento. Por tudo isso, o réu deveria conceder a liberdade ao autor, mediante o valor de 1 conto e 400 mil réis, mais o preço do imposto e o custo da escritura.

Salta aos olhos que Ricardo tenha conseguido, ao menos na primeira instância, o reconhecimento da obrigatoriedade do acordo feito com sua senhora, ao contrário do que ocorreu com Bento. Talvez esse reconhecimento tenha sido favorecido pelo fato de pessoas influentes, como Pimenta Bueno, terem atuado no processo. O fato é que o ordenamento jurídico reconhecia aos escravos certo nível de capacidade contratual. A realização de contratos por escravos, assim como diversos outros direitos que enfatizei ao longo deste trabalho, era precária e formalmente limitada pela necessidade de autorização senhorial. Muitas vezes, os contratos firmados por escravos não eram exigíveis em juízo, como mostra o caso de Bento. Mas, eventualmente, poderiam ser, como no caso de Ricardo.

Direitos sucessórios

Como visto, o direito de propriedade era reconhecido aos escravos, desde que com a autorização do senhor. No entanto, havia outras limitações a esse direito. Uma delas era a forma de aquisição. Os escravos poderiam adquirir bens por meio de seu trabalho, mas não pela via sucessória. Ademais, não poderiam dispor de seus bens como bem lhes aprouvesse, após sua morte.

No direito brasileiro, havia norma que expressamente proibia os escravos de fazerem testamento: "o herege, ou apóstata não pode fazer testamento, nem o escravo, nem o Religioso professo, nem o pródigo, a que é defesa, e tolhida a administração de seus bens, nem outros semelhantes a estes".[131]

Essa norma foi reafirmada por Malheiro, para quem o escravo não poderia dispor de seus bens, a menos que fosse com a autorização de seu senhor. Mas o autor enunciava uma exceção a essa regra: os escravos transmitiam seu pecúlio uns aos outros por meio de testamentos. Era uma situação fática, tolerada pelos senhores e que deveria ser respeitada pelo direito.[132]

Em relação ao direito de herdar, Carneiro afirmou que um escravo poderia ser constituído herdeiro por seu senhor, mas, nesse caso, ficaria imediatamente livre. Ou seja, para que fosse juridicamente possível que um escravo herdasse, ele deveria ser declarado livre. Caso não fosse seu senhor que o instituísse como herdeiro, mas uma terceira pessoa, o escravo poderia herdar, mas tudo o que fosse adquirido seria de seu senhor. Nesse caso, o escravo não tinha capacidade sucessória, pois os bens herdados não seriam dele, mas de seu senhor, este sim com capacidade para herdar.[133]

Já para Malheiro, valia a norma do direito romano segundo a qual os escravos não poderiam adquirir por legados e heranças porque eram incapazes. No entanto, essa regra tinha exceções no próprio direito romano – que admitia que fossem deixados legados de alimen-

---

131 ALMEIDA, C. M. *Código filipino*, vol. 4, p.909-910.

132 MALHEIRO, A. M. P. *A escravidão no Brasil*, vol. 1, p.62.

133 CARNEIRO, M. B. *Direito civil de Portugal*, tomo I, 1826, p.99; CARNEIRO, M. B. *Direito civil de Portugal*, tomo I, 1851, p.99.

ESCRAVIDÃO E DIREITO   189

tos aos escravos – e também no direito nacional – que permitia que fossem deixados legados aos escravos.[134]

Para embasar a aplicação dessa norma no direito brasileiro, Malheiro citou a já analisada Decisão n. 16, de 13 de fevereiro de 1850, fundada no título 92 e no §4º do título 81, do livro quarto, das Ordenações Filipinas. Ambas as normas já foram analisadas neste capítulo, quando invocadas por Freitas para defender que os escravos não tinham o direito de adquirir propriedade. Malheiro, assim como Freitas e o responsável por essa decisão – o então Presidente do Tesouro Nacional, Joaquim José Rodrigues Torres –, fez uma interpretação extensiva das Ordenações, para concluir a ausência de capacidade sucessória dos escravos brasileiros.

Em 1866, a Decisão n. 212, de 6 de junho de 1866, também analisada neste capítulo, corroborou a norma de que os escravos não poderiam adquirir por sucessão e nem deixar seus bens a herdeiros. Todas as decisões até aqui analisadas e que negaram direitos sucessórios a escravos se referiam a escravos da Nação. É certo que o argumento nelas apresentado é o de que os escravos da Nação não poderiam suceder, porque os escravos, de maneira geral, não tinham direitos sucessórios. Essa incapacidade geral dos escravos para adquirir, por sucessão, também foi afirmada no caso da escrava Gertrudes, para o qual o ministro da Fazenda Vasconcellos prolatou duas decisões. A primeira foi a Decisão n. 206, de 28 de julho de 1867, que tinha como destinatário o inspetor da Tesouraria de Fazenda de São Paulo.

> Zacarias de Góes e Vasconcellos, Presidente do Tribunal do Tesouro Nacional, tendo conhecimento, pelo Aviso do Ministério da Guerra de 8 do corrente, de haver falecido na Província de Santa Catarina o soldado Martinho Antonio da Silva, liberto do Convento de S. Bento,

---

134 MALHEIRO, A. M. P. *A escravidão no Brasil*, vol. 1, p.62-63, 135.

na Província de S. Paulo, e deixado a quantia de 600:000 para ser entregue à sua mãe Gertrudes do Pilar, escrava do cidadão Tristão da Cunha Cavalleiro, nesta Província; e bem assim de ter sido expedido naquela data Aviso à Presidência da mencionada Província de S. Paulo declarando que devendo, na forma da lei, os dinheiros dos órfãos estar nos cofres públicos rendendo o juro de 5% e sendo os escravos considerados em tutela, devia prevenir-se o Juiz competente da existência daquele espólio, e acautelar-se algum abuso possível; assim o comunico ao Sr. Inspetor da Tesouraria de Fazenda de S. Paulo para sua inteligência e fins convenientes.[135]

A incapacidade sucessória da escrava Gertrudes fica mais clara na segunda decisão, a n. 242, de 3 de julho de 1868:

Ilm. e Exm. Sr. Tendo presente informação dada [ilegível] do Capitão Tristão da Cunha Cavalleiro, em que pede que seja reformado o despacho pelo qual foi indeferida a petição, que fizera, de ser-lhe entregue a quantia de seiscentos mil réis, que deixará à sua mãe Gertudes, escrava do suplicante, o soldado Martinho Antonio, falecido na província de Santa Catarina em caminho do teatro da guerra contra o governo do Paraguai; declaro a V. Ex. que semelhante pretensão não tem lugar, visto que, não podendo a escrava em questão adquirir por título de sucessão a herança de seu filho falecido em estado de liberdade, não pode igualmente transmitir a 3° aquilo que não pode adquirir; e por esta ocasião, observo a V. Ex. que tendo a Ordem de 14 de Outubro do ano passado mandado conservar em depósito nos cofres da Tesouraria de Santa Catarina a supracitada

---

135 TRIBUNAL DE JUSTIÇA DO ESTADO DO RIO DE JANEIRO. *Legislação, escravidão, século XIX*, p.135.

ESCRAVIDÃO E DIREITO

soma, espólio do referido soldado, será ela, na forma do decreto n. 2.433 de 15 de Junho de 1859, entregue a quem de direito, uma vez que fique, por habilitação judicial, provada a qualidade hereditária, recursos que ficam salvos ao peticionário.[136]

Pelo menos na década de 1860, o direito brasileiro não reconhecia, formalmente, direitos sucessórios aos escravos. A Lei do Ventre Livre, porém, em certa medida, modificou esse quadro. No §1° do artigo 4° ficou determinado que, caso o escravo morresse, metade do seu pecúlio pertenceria ao cônjuge sobrevivente e a outra metade pertenceria aos herdeiros. Caso não houvesse herdeiros, o pecúlio iria para o Fundo de Emancipação.[137] Não havia nenhuma ressalva a respeito dos herdeiros e do cônjuge sobrevivente serem escravos ou não.

Para Freitas, a Decisão n. 16, de 13 de fevereiro de 1850, estava revogada pela Lei do Ventre Livre. A Decisão revogada previa que os bens deixados pelos escravos do Fisco que falecessem pertenciam à Nação, que era sua senhora, e não a seus parentes. Isso porque as normas que regulamentavam a sucessão não tinham aplicação aos escravos, que eram inábeis para adquirir e não podiam fazer testamento.[138] Segundo Freitas, apenas a determinação final dessa Decisão – os escravos não poderiam fazer testamento – estava em vigor. Assim, para o autor, ainda que os herdeiros do escravo pudessem adquirir, por he-

---

136 TRIBUNAL DE JUSTIÇA DO ESTADO DO RIO DE JANEIRO. *Legislação, escravidão, século XIX*, p.142.

137 O artigo 59 do Decreto n. 5.135 de 13 de novembro de 1872 reiterou essa norma. TRIBUNAL DE JUSTIÇA DO ESTADO DO RIO DE JANEIRO. *Legislação, escravidão, século XIX*, p.152, 175.

138 TRIBUNAL DE JUSTIÇA DO ESTADO DO RIO DE JANEIRO. *Legislação, escravidão, século XIX*, p.89.

rança, seu pecúlio, o escravo não poderia fazer testamento dispondo de seus bens como bem lhe aprouvesse.[139]

***

Diante desse quadro, não parece razoável a alegação do advogado de Bento: a aquisição de direitos civis pelos escravos brasileiros, pelo menos a partir de 1860, não era uma "blasfêmia jurídica". Existiam diversas aberturas, no ordenamento jurídico brasileiro, que permitiam a concessão de direitos civis e o exercício de atos da vida civil pelos escravos. Como demonstrei e, reafirmando o argumento do capítulo anterior, os escravos brasileiros possuíam direitos, porém limitados e precários. Geralmente, seu exercício dependia da autorização senhorial, ainda que formal. O direito brasileiro era, também, extremamente rígido no que dizia respeito aos direitos sucessórios dos escravos, que viriam a ser limitadamente reconhecidos após a Lei do Ventre Livre.

Mas, como se sabe, a mera aquisição de direitos civis não era suficiente. Muitas vezes, a exigibilidade judicial desses direitos dependia de fatores externos ao direito, como, por exemplo, o auxílio de pessoas importantes. Frequentemente, a incapacidade civil dos escravos andava de mãos dadas com outras incapacidades civis previstas no ordenamento, como, por exemplo, a da mulher casada.

---

139 Na segunda edição da *Consolidação das leis civis*, que é anterior à Lei do Ventre Livre, Freitas foi categórico em afirmar que os escravos não poderiam herdar. Isso com base tanto na Decisão n. 16, de 13 de fevereiro de 1850, quanto no *caput* do título 92, do livro quarto das Ordenações Filipinas, sobre o qual já falei anteriormente. Para Freitas, essa ordenação deveria ser interpretada no sentido de que, para herdar, o filho da escrava alheia deveria estar forro quando seu pai morresse. Logo, não seria um escravo herdando, mas uma pessoa livre. FREITAS, A. T. *Consolidação das leis civis*, 1865, p.473. FREITAS, A. T. *Consolidação das leis civis*, 1876, p.559, 587, 597.

CAPÍTULO 4

"Viviam como livres": personalidade jurídica e posse da liberdade

Neste capítulo, argumento que o exercício de uma condição social – viver como livre ou como escravo – durante determinado período de tempo, poderia levar à confirmação judicial de um estatuto jurídico. Trato de dois institutos em que as condições de vida de um libertando podiam produzir o reconhecimento judicial de sua liberdade: a prescrição aquisitiva e a prescrição extintiva. Analiso, também, as relações entre esses institutos ao longo da segunda metade do século XIX e as tensões que se produziram em torno deles.

Prescrição aquisitiva

Personalidade jurídica e teoria possessória

Caetano José Lucio e sua mulher, Maria Caetana, eram escravos do casal José Lucio Ferreira e Ana Francisca da Silva. Todos moravam na freguesia do Embaré, no termo de Lorena, província de São Paulo. Em 1837, dois anos antes de morrer, José Lucio fez testamento, no qual determinou que "o meu testamenteiro dará aos meus escravos um sítio e casas donde morem na Barra da Bocaiúva para

194   Mariana Armond Dias Paes

viverem para não venderem a pessoa de fora, um com igualdade de um aos outros".[1]

Ao longo do processo, o curador de Marianna e Antonia alegou que José Lucio concedeu liberdade a Caetano e Maria, com a condição de servirem a sua viúva por certo tempo. Ocorre que Caetano e Maria não constam do rol dos escravos libertos no testamento de José Lucio. Entretanto, no testamento, de fato, está a já mencionada disposição do sítio para os escravos. Portanto, libertos ou não, fato é que, após a morte de José Lucio, ocorrida em 1839, Caetano e Maria passaram a residir fora da casa de sua suposta senhora Ana.[2]

No ano de 1841, nasceu a filha de Caetano e Maria: Marianna. Ana, então, decidiu batizá-la como forra, já que seus outros escravos seriam alforriados em seu testamento.[3] Com esse intento, enviou um bilhete ao padre e Marianna foi batizada como liberta.

---

1   Apelação cível sobre liberdade de escravos, 1863, processo n. 103, AEL, p.45v.

2   A testemunha Bento Alves de Moura afirmou que Caetano e Maria já estavam no "gozo" de sua liberdade antes da morte de sua senhora, pois, apesar de viverem em sua companhia, trabalhavam para si, tendo, inclusive, animais seus.

3   A manumissão na "pia batismal" era uma prática relativamente comum no Brasil Império. De acordo com o título 99, do livro quinto, das Ordenações Filipinas, era obrigatório que os escravos fossem batizados. Essa norma foi reafirmada na Provisão de 29 de abril de 1719. Em razão dessa obrigação jurídica, Malheiro considerava que: "O batismo só por si não liberta; é necessário ato ou declaração do senhor". Isso porque, uma vez que o batismo era obrigatório, a vontade do senhor de libertar o escravo era necessária, caso contrário, a escravidão estaria abolida. MALHEIRO, A. M. P. *A escravidão no Brasil*, vol. 1, p.85. As normas citadas podem ser encontradas, respectivamente, em ALMEIDA, C. M. *Código filipino*, tomo V, p.1.217 e LARA, S. H. *Legislação sobre escravos africanos na América portuguesa*, p.252-253. Carneiro também afirmou que os senhores deveriam batizar seus escravos, porém, fez a ressalva de

Após a morte de Ana, a família passou a viver como agregada nas terras do alferes Francisco José da Rosa, também na freguesia do Embaré. Viviam, então, como pessoas livres. Nesse período, mais especificamente em 1862, Marianna teve uma filha chamada Antonia, que também foi batizada como liberta. A família se achava unida e tudo corria bem. Até setembro de 1862.

No dia 4 de setembro de 1862, José Lopes de Miranda, o vigário do Embaré, dirigiu-se à casa de Caetano e Maria e, aí chegando, afirmou que levaria Marianna e sua filha consigo, pois eram escravas. Caetano reagiu a essa pretensão e expulsou o vigário de sua casa. Mas isso não foi suficiente para que o religioso desistisse de seu intento. Algumas horas depois, retornou à casa de Caetano e Maria, acompanhado de mais duas pessoas, e conseguiu levar Marianna e Antonia, como escravas, para a casa de sua irmã, na cidade de Lorena.

Desesperados, Caetano e Maria foram à casa de Bento Alves de Moura, um comerciante português que era o padrinho de Antonia. Aí, chorando muito, pediram sua intervenção para a liberdade, ao menos, de Antonia, que era sua afilhada. Caetano chegou, inclusive, a prometer que, caso o português fosse bem sucedido, ele se comprometeria a pagar em serviços o valor da liberdade de sua filha e sua neta. Bento respondeu que isso "não estava em suas mãos fazer" e os consolou como pôde. Depois, foi falar com o vigário sobre a situação, recebendo deste a resposta de que nada poderia fazer, por estar apenas cumprindo ordens de um tal monsenhor Pedro Celestino.

Infrutíferas as tentativas de reaver Marianna e Antonia, Caetano foi à casa do vigário e requereu as certidões de batismo delas. O vi-

---

que eles não deveriam ser batizados contra sua vontade. CARNEIRO, M. B. *Direito civil de Portugal*, tomo I, 1826, p.99; CARNEIRO, M. B. *Direito civil de Portugal*, tomo I, 1851, p.99. Sobre as questões teológicas que poderiam ser levantadas em razão do batismo de escravos, ver GRAY, R. "The Papacy and the Atlantic Slave Trade".

gário respondeu que o batismo de Marianna não existia no livro de assentos e que não lhe daria a certidão de Antonia por ser ela inútil, uma vez que fora batizada como escrava. Caetano rebateu afirmando que isso não era possível. Sua neta tinha sido batizada como livre e os padrinhos eram testemunhas. O vigário contra-argumentou afirmando que tinha ocorrido um engano no assento, em que constava que Antonia era livre e, por isso, tinha sido aberto um novo assento de batismo, no qual Antonia figurava como escrava do monsenhor Dom Pedro Celestino de Alcântara Pacheco. Esse engano foi a ele comunicado pelas cartas de ordens que recebeu do monsenhor, que também enviou uma procuração o autorizando a abrir o novo assento.

Ao saber que sua filha e sua neta seriam vendidas, Caetano se desesperou e protocolou um pedido para que fosse iniciada uma ação de manutenção de liberdade em favor de Marianna e Antonia, perante o juízo municipal de Lorena.

Após os percalços com as nomeações do curador e do depositário, que mencionei no capítulo 2, foram ouvidas as testemunhas das autoras. Todas elas ressaltaram que: a) a família vivia como forra, já no tempo em que Ana era viva; b) moravam, como agregados, há muitos anos, nas terras do alferes Francisco José da Rosa; c) Marianna foi criada na casa de seus pais e vivia na posse de sua liberdade há muitos anos; d) Marianna tinha sido batizada como livre; e e) Antonia tinha sido batizada como livre e era criada por sua mãe e seus avós. Ao longo dos depoimentos, era sempre ressaltado que esses fatos eram públicos, de todos conhecidos naquela localidade e que ocorriam "sem oposição de pessoa alguma". Muitas testemunhas afirmaram, inclusive, que o finado senhor José Lucio tinha concedido liberdade a Caetano e Maria, apenas com a condição de servirem sua mulher durante sua vida.

No depoimento das testemunhas, o papel do monsenhor Pedro Celestino nesse imbróglio começou a tomar contornos mais claros. Quando Ana faleceu, em 1859, ele foi instituído seu herdeiro uni-

ESCRAVIDÃO E DIREITO   197

versal. Como tal, passou carta de liberdade aos escravos que tinham
sido libertados no testamento, inclusive, Caetano e Maria. Também se
apossou de todos os papéis da falecida, inclusive do assento de batismo de Marianna. Após tomar posse dos bens herdados, o monsenhor
Pedro não levou Marianna para o Rio de Janeiro, como fez com os
escravos que herdou.

Mas quem era esse monsenhor Pedro Celestino de Alcântara
Pacheco? De acordo com Sacramento Blake:

> [Pedro Celestino de Alcantara Pacheco] Nascido em Lo-
> rena, S. Paulo, pelo ano de 1830 e aí ordenado presbítero
> secular, foi vigário em Itajubá, Minas Gerais, e depois
> monsenhor da Capela imperial, reitor do Seminário de
> S. José, prefeito dos estudos e examinador sinodal, ca-
> valeiro da ordem de S. João de Jerusalém, etc. Escreveu:
> – O *ex-reitor* do seminário episcopal de S. José ao ilus-
> trado público, etc. Rio de Janeiro, 1864, 72 pags. in-8º – É
> resposta a alguma censura que lhe foi feita.[4]

O monsenhor Pedro Celestino, portanto, era uma figura importante da elite imperial, já que era reitor do seminário de São José, no
Rio de Janeiro, um dos seminários mais tradicionais da época.

O juiz Fernando Lourenço de Freitas considerou plenamente
provado, pelo depoimento das testemunhas, que, há muitos anos,
Marianna e Antonia gozavam da posse de suas liberdades e ordenou
a manutenção das mesmas nessa posse. E foi além: como constava
dos autos que o vigário havia nulificado um assento, que se achava
no livro das pessoas livres, abrindo outro, no livro dos cativos, sem
que, para isso, tivesse autorização do poder competente e sem que
tivesse respeitado as formalidades legais, ordenou ao escrivão que

---

4   BLAKE, S. *Dicionário bibliográfico brasileiro*, vol. 7, p.31.

extraísse cópia do depoimento das testemunhas e procedesse como fosse "de justiça".

Inconformado com a decisão, o monsenhor Pedro Celestino, finalmente, tomou corpo no processo. Deixou de ser apenas mencionado pelas partes e pelas testemunhas e embargou a sentença. Nas razões dos embargos, seu advogado adotou, como primeira estratégia, alegar que o processo era nulo, por ausência de citação com vênia. Ora, o monsenhor Pedro era o legítimo proprietário e possuidor de Marianna e Antonia e, portanto, deveria ter sido citado para defender, em juízo, seu direito sobre as mesmas. No mérito, atacou o argumento de que Marianna e Antonia já, há muitos anos, estavam na posse de suas liberdades. Para isso, alegou que o direito de propriedade sobre Marianna tinha sido constituído de maneira legítima: por herança, sobre a qual tinham sido pagos os impostos devidos. Ademais, não autorizou a liberdade de nenhuma das duas. Assim, a ele pertenciam o domínio e a posse das autoras: a primeira, por herança, e a segunda, por ser sua filha. Somava-se a isso o fato de que os documentos juntados no processo comprovariam que toda a família se considerava escrava até a morte de Ana.

No início de suas contra-razões aos embargos, o curador das autoras argumentou que não deveria subsistir a alegação de nulidade do processo por ausência de citação com vênia. Isso porque, em casos de manutenção de liberdade, nos quais ocorria esbulho clandestino da posse, deveria ser citado o detentor, único responsável pela usurpação cometida. Nesse caso, o detentor era o vigário do Embaré, não o monsenhor. Seria um "absurdo metafísico" supor que fosse necessária a citação de um indivíduo, em outra província, que não tomou parte pessoalmente no atentado cometido pelo vigário contra Marianna e Antonia. No mais, reafirmou que Marianna sempre viveu em companhia de seus pais, ainda em vida de sua antiga senhora. Isso era tanto verdade que a família ficou morando no termo de Lorena quando Ana se retirou para a província de Minas Gerais e, depois, para o Rio de

Janeiro, em companhia do monsenhor Pedro Celestino, levando consigo os escravos que possuía.

De nada adiantaram os argumentos do advogado do monsenhor. O juiz que passou a presidir o feito, José Caetano Pereira Vianna, também foi plenamente convencido das alegações de que Marianna e Antonia já se achavam, há muitos anos, na posse de sua liberdade e deveriam ser mantidas nessa situação. Não recebeu os embargos opostos em razão da "futilidade de sua matéria" e determinou que o escrivão passasse mandado de manutenção em favor das libertas Marianna e Antonia, para que fossem imediatamente restituídas na posse de sua liberdade, da qual haviam sido esbulhadas. Inconformado, Pedro Celestino apelou da sentença.

> De um fato tolerado, e mesmo consentido pelo Apelante, pretendem as apeladas deduzir uma das provas de sua liberdade; o fato de terem estado em companhia de seus pais por algum tempo.
>
> O apelante por comiseração e esmola deixou, que Mariana se conservasse em companhia de Caetano e Mariana [sic.] por algum tempo: mas constando-lhe, que os mesmos Caetano e Maria haviam mandado batizar como livre, a sua neta Antonia, hoje também apelada, como livre, sabendo aliás que era escrava, por ser filha de Mariana; ordenou a retirada da filha e da neta da companhia dos pais, atento o seu comportamento desleal e traiçoeiro: sendo essa a verdade da conservação das apeladas em companhia dos Pais; e requerendo alteração do respectivo assento de batismo ao Vigário da Freguesia no sentido do seu direito: o que se fez.[5]

---

5   Apelação cível sobre liberdade de escravos, 1863, processo n. 103, AEL, p.91.

200 MARIANA ARMOND DIAS PAES

Ao ser recebido o processo pelo TRRJ, o curador de Marianna e Antonia indicou, como novo curador das libertandas, o advogado Francisco Octaviano de Almeida Rosa. A indicação foi deferida pelo Tribunal e Francisco Octaviano passou a defender os direitos das libertandas.

> Os ilustrados julgadores concluirão, percorrendo rapidamente este singular processo, que da parte dos padres que procuram reduzir à escravidão essas pobres criaturas só há o capricho filho da ambição. [...] Essa disposição [testamento de Ana] veio apenas consagrar essa liberdade e era necessário a fim de que tal liberdade fosse respeitada em todo o tempo. Deve-se pois reconhecer que muito antes de 1859 os ascendentes das mesmas apeladas eram livres, mas vejamos o que interessa mais à questão, quais os direitos de Marianna. [...] Note-se mais que ocorre mais em favor de Marianna o seguinte: nascida em 1841, vivendo livre até hoje, tem por si a prescrição de que falam D. Libert. caus. L 10 e seg. e o Cod. de long. temp. proescr. L. 2 [dispositivos de Direito Romano], não podendo o apelante provar que no uso da liberdade havia dolo, visto como afirma solenemente que consentiu ele.[6]

O primeiro dispositivo de direito romano citado pelo advogado Francisco Octaviano era o item 10 da seção 12 (*De liberali causa*), do livro 40 do *Digesto* de Justiniano. De acordo com esse dispositivo, a expressão "em gozo da liberdade" significava que a pessoa que procurava demonstrar que vivia como livre em uma ação, por sua liberdade,

---

6 Apelação cível sobre liberdade de escravos, 1863, processo n. 103, AEL, p.91.

ESCRAVIDÃO E DIREITO 201

tinha que demonstrar que o fazia sem fraude.[7] O segundo dispositivo foi retirado do *Codex Iustinianus*, que, assim como o *Digesto*, também fazia parte do *Corpus iuris civilis*. Essa norma determinava que quem permanecesse na posse de sua liberdade, por vinte anos ininterruptos e de boa fé, passava a gozar do estado de livre.[8]

O TRRJ julgou a apelação improcedente e confirmou a sentença que concedeu a manutenção de liberdade para Marianna e Antonia. No entanto, ressalvou, ao apelante, o direito de usar dos meios competentes para fazer valer os direitos que, porventura, tivesse sobre as apeladas. É de se supor que os meios competentes se referissem ao ajuizamento de uma ação de escravidão, tendo em vista que, nas contra-razões dos embargos, o curador das autoras afirmou: "Conquanto a questão de domínio não se deve discutir neste feito, e sim numa ação real de escravidão, que o Embargante pode intentá-la contra as pretas Marianna, e Antonia, contudo alguma coisa diremos como em resposta".[9] Não foi possível identifcar se Pedro Celestino ajuizou alguma outra ação questionando o estatuto jurídico de Marianna e Antonia. Mas ele não se deu por vencido com o acórdão e apresentou embargos. Novamente, não foi bem sucedido: os embargos não foram recebidos por tratarem de matéria já debatida nos autos.

Marianna e Antonia, portanto, conseguiram convencer os juízes de que o fato de seus pais e, posteriormente, elas próprias, viverem como libertas era constitutivo de seu direito à liberdade.

> Primeiramente a base do direito de Mariana e sua filha não é a carta de liberdade de seus pais; o direito das embargadas firma-se *1º em que na época do nascimento de*

---

7 WATSON, A (trad.). *The Digest of Justinian*, vol. 2, livro 40, seção 12, item 10.

8 KRUEGER, P. *Codex iustinianus*, p.658.

9 Apelação cível sobre liberdade de escravos, 1863, processo n. 103, AEL, p.52v.

202 MARIANA ARMOND DIAS PAES

> *Mariana seus pais gozavam de liberdade, viviam como li-*
> *vres e de fato essa liberdade lhes foi confirmada por carta*
> *expressa de doação posteriormente;* 2º em que, de acor-
> do com esse espírito benéfico a respeito de seus pais, a
> mesma D. Anna mandou batizar a Embargada Mariana
> como livre, segundo o juraram as testemunhas, tendo
> desaparecido o assento do batismo ou recusando-se a
> dá-lo o já referido vigário do Embaré, tio do Embargante
> e seu procurador.[10]

Em outras palavras, o exercício de uma condição social – de libertos – era capaz de fundamentar o reconhecimento de um estatuto jurídico – de libertos. Viver como liberto, exercendo direitos que
eram reconhecidos aos libertos, poderia ter, como consequência, o
alargamento da personalidade jurídica.

Ao longo do processo, as argumentações de ambas as partes e
os depoimentos das testemunhas giravam em torno da posse e do
domínio. Da parte das autoras, era necessário mostrar que, há muitos anos, elas estiveram na "posse de sua liberdade" e que esse fato
era público, notório e nunca contestado por ninguém. Já para o réu,
era fundamental comprovar o domínio que possuía sobre as autoras,
seja por meio de documentos, seja pela argumentação de que elas se
reconheciam como sujeitas a esse domínio. Qual era o fundamento
jurídico para esse tipo de argumentação em um processo no qual se
discutia o estatuto jurídico de alguém? Para responder essa pergun-
ta, é necessário analisar alguns aspectos das teorias sobre direitos das
coisas que circulavam no meio jurídico brasileiro na segunda metade
do século XIX.

---

10 (*Grifos meus*). Apelação cível sobre liberdade de escravos, 1863, processo
n. 103, AEL, p.114v.

ESCRAVIDÃO E DIREITO

De acordo com a doutrina oitocentista, "coisa" era tudo aquilo que aumentava o patrimônio de alguém, que pertencia a determinada pessoa e a ela poderia ser útil. Podiam ser corpóreas ou não. Nesse segundo grupo – coisas incorpóreas – estavam incluídos os direitos e as ações. Assim, no século XIX, o direito à liberdade era uma coisa. Para Carneiro, inclusive, as "coisas sobre liberdade" ou outro estado do homem deveriam ser consideradas como coisas inestimáveis, mas, ainda assim, coisas.[11]

Sendo coisa, o direito à liberdade estava sujeito ao domínio. Domínio era o direito de, nos limites da lei: a) dispor livremente da coisa, b) usá-la e dela desfrutar da maneira que melhor lhe aprouvesse, c) perceber todos os seus frutos, d) excluir outras pessoas do seu uso, e e) gozar da prerrogativa de reivindicá-la de quem quer que fosse. O domínio era um direito natural. A defesa do domínio, nos casos em que não fosse possível o recurso ao judiciário, poderia ser feita,

---

11 CARNEIRO, M. B. *Direito civil de Portugal*, tomo IV, 1851, p.2-3; FREIRE, P. J. M. *Instituições de direito civil português*, livro III, p.39. LOUREIRO, L. T. *Instituições de direito civil brasileiro*, tomo I, 1851, p.117; LOUREIRO, L. T. *Instituições de direito civil brasileiro*, tomo I, 1857, p.164; LOUREIRO, L. T. *Instituições de direito civil brasileiro*, tomo I, 1862, p.198; RIBAS, A. J. *Curso de direito civil brasileiro*, tomo II, 1865, p.167-168; ROCHA, M. A. C. *Instituições de direito civil português*, tomo I, 1848, p.49; ROCHA, M. A. C. *Instituições de direito civil português*, tomo I, 1852, p.49; ROCHA, M. A. C. *Instituições de direito civil português*, tomo I, 1857, p.49; ROCHA, M. A. C. *Instituições de direito civil português*, tomo I, 1867, p.49; TEIXEIRA, A. R. L. *Curso de direito civil português*, tomo II, 1845, p.2-3; TEIXEIRA, A. R. L. *Curso de direito civil português*, tomo II, 1848, p.2-3; TELLES, J. H. C. *Digesto português*, tomo I, 1835, p.117; TELLES, J. H. C. *Digesto português*, tomo I, 1838, p.117; TELLES, J. H. C. *Digesto português*, tomo I, 1860, p.117.

204   MARIANA ARMOND DIAS PAES

inclusive, pelo uso da violência. O domínio se provava com o título pelo qual havia sido adquirido.[12]

Ao longo do livro terceiro das *Instituições de direito civil português*, Freire não utilizou o conceito de "direito de propriedade" e sim o de "domínio". Mas, no começo do século XIX, encontra-se, já em Carneiro, a identificação entre "domínio" e "direito de propriedade", conceitos utilizados indistintamente pelo autor. Teixeira e Borges também fizeram uso, ora de um, ora de outro. Telles e Rocha, por sua vez, preferiram "propriedade" a "domínio". Portanto, ao longo do século XIX, a terminologia "domínio" foi, aos poucos, substituída pelo termo "propriedade", em sua acepção liberal.

Era comum a confusão entre posse e domínio. Mas esses dois institutos não se confundiam, uma vez que era possível existir posse sem domínio e domínio sem posse. A posse era a apreensão de uma coisa com a intenção de a ter como sua. Nessa época, o ânimo, a vontade de possuir a coisa era um elemento essencial para a constituição da posse enquanto direito. Se não houvesse a vontade de possuir a

---

12   BORGES, J. F. *Dicionário jurídico-comercial*, p.136, 322; CARNEIRO, M. B. *Direito civil de Portugal*, tomo IV, 1851, p.37-40; FREIRE, P. J. M. *Instituições de direito civil português*, livro III, p.52; LOUREIRO, L. T. *Instituições de direito civil brasileiro*, tomo I, 1851, p.117, 125; LOUREIRO, L. T. *Instituições de direito civil brasileiro*, tomo I, 1857, p.180-182; LOUREIRO, L. T. *Instituições de direito civil brasileiro*, tomo I, 1862, p.214-317; ROCHA, M. A. C. *Instituições de direito civil português*, tomo II, 1848, p.220-221, 318; ROCHA, M. A. C. *Instituições de direito civil português*, tomo II, 1852, p.220-221, 318; ROCHA, M. A. C. *Instituições de direito civil português*, tomo II, 1857, p.220-221, 318; ROCHA, M. A. C. *Instituições de direito civil português*, tomo II, 1867, p.220-221, 318; TELLES, J. H. C. *Digesto português*, tomo I, 1835, p.116; TELLES, J. H. C. *Digesto português*, tomo I, 1838, p.116; TELLES, J. H. C. *Digesto português*, tomo I, 1860, p.116.

coisa como sua, haveria apenas o fato, sem o direito. O simples fato da apreensão recebia o nome de detenção.[13]

> A *detenção*, no sentido gramatical, é um fato, que consiste em determos debaixo do nosso poder físico alguma coisa corpórea com o fim de usarmos, e dispormos dela, quando quisermos, e como nos agradar. Essa relação física entre uma pessoa, e uma coisa, chamada *detenção*, é a base de toda a ideia de posse. [...] Todavia, para que esse estado puramente de fato possa transformar-se em uma *posse jurídica* (*possessio*), e dar nascimento a certos direitos, é de mister que o detentor ajunte ao mesmo fato da detenção o ânimo, ou intenção de possuir a coisa como sua (*animus possidendi*), com exclusão de todos os outros homens.[14]

---

13 BORGES, J. F. *Dicionário jurídico-comercial*, p.310; FREIRE, P. J. M. *Instituições de direito civil português*, livro III, p.54; ROCHA, M. A. C. *Instituições de direito civil português*, tomo II, 1848, p.341-347; ROCHA, M. A. C. *Instituições de direito civil português*, tomo II, 1852, p.341-347; ROCHA, M. A. C. *Instituições de direito civil português*, tomo II, 1857, p.341-347; ROCHA, M. A. C. *Instituições de direito civil português*, tomo II, 1867, p.341-347; TEIXEIRA, A. R. L. *Curso de direito civil português*, tomo II, 1845, p.38-39; TEIXEIRA, A. R. L. *Curso de direito civil português*, tomo II, 1848, p.38-39; TELLES, J. H. C. *Digesto português*, tomo I, 1835, p.91; TELLES, J. H. C. *Digesto português*, tomo I, 1838, p.91; TELLES, J. H. C. *Digesto português*, tomo I, 1860, p.91. Ver, também, os artigos publicados por Ribas, na revista *O Direito*, em que tratou de diversos aspectos da teoria possessória. Esses artigos, mais tarde, se tornariam capítulos de seu livro *Da posse e das ações possessórias*, publicado em 1883. *O Direito*, vol. 8, 1875, p.5-7, 217-221, 409-412; *O Direito*, vol. 9, 1876, p.417-423; *O Direito*, vol. 10, 1876, p.641-645.

14 LOUREIRO, L. T. *Instituições de direito civil brasileiro*, tomo I, 1862, p.219.

206   MARIANA ARMOND DIAS PAES

Era possível a existência de posse jurídica, ou seja, uma situação na qual estavam presentes tanto a apreensão quanto a vontade, sem que houvesse direito sobre a coisa. Essa era a principal diferença entre posse e domínio, que deveria ser fundado em um título justo. Nesse sentido, a posse era um direito que nascia de um fato (apreensão da coisa praticada com direito ou sem ele), enquanto o domínio era um direito que nascia de outro direito (pressupunha justo título como fundamento da aquisição da coisa). Outra diferença entre os dois institutos era que a posse terminava quando não existia mais ânimo de possuir a coisa como sua, enquanto, no caso do domínio, deveria ocorrer a privação da coisa por título expresso.[15]

Da posse, resultavam direitos para o possuidor. Um deles era o de que o possuidor poderia dispor de seu direito e transferi-lo a outrem. Também poderia defender sua posse em juízo, por meio de ações e interditos possessórios. Para Freire e Borges, mesmo o possuidor injusto, como, por exemplo, aquele cuja posse se fundava em um ato de violência ou estava eivada de má-fé, podia defender sua posse em juízo. Nos casos em que fosse configurada a boa-fé e que a posse não tivesse sido interrompida, havia, em favor do possuidor, a presunção de que ele era o senhor da coisa, o titular do domínio sobre ela. Por isso, o ônus de demonstrar o título da posse não era do possuidor. Era aquele que contestava a posse que deveria comprovar o título do domínio.[16]

---

15   BORGES, J. F. *Dicionário jurídico-comercial*, p.310; FREIRE, P. J. M. *Instituições de direito civil português*, livro III, p.52-56; LOUREIRO, L. T. *Instituições de direito civil brasileiro*, tomo I, 1851, p.127-128; LOUREIRO, L. T. *Instituições de direito civil brasileiro*, tomo I, 1857, p.184-185; LOUREIRO, L. T. *Instituições de direito civil brasileiro*, tomo I, 1862, p.220-225; TEIXEIRA, A. R. L. *Curso de direito civil português*, tomo II, 1845, p.41; TEIXEIRA, A. R. L. *Curso de direito civil português*, tomo II, 1848, p.41.

16   BORGES, J. F. *Dicionário jurídico-comercial*, p.311; CARNEIRO, M. B. *Direito civil de Portugal*, tomo IV, 1851, p.38-39; FREIRE, P. J. M. *Instituições de direito civil português*, livro III, p.52-56; LOUREIRO, L. T. *Ins-*

ESCRAVIDÃO E DIREITO

Uma das maneiras de se adquirir o domínio, ou propriedade, era pela prescrição, ou seja, pela posse sobre a coisa durante determinado tempo prescrito em lei. A prescrição era de direito natural, apesar dos prazos para que ela corresse serem fixados pelas leis civis. Borges considerava que esse instituto era essencial à ordem da sociedade, pois consolidava o direito de propriedade. Assim, partindo-se do conceito de posse, temos a norma de que, para a aquisição de uma coisa pela posse, era imprescindível que o ânimo de a possuir como sua fosse manifestado externamente, por meio do exercício de atos possessórios, pelo gozo da coisa. Se o possuidor praticasse qualquer ato de reconhecimento do direito do titular do domínio, a prescrição era interrompida e, consequentemente, o possuidor não adquiria o domínio sobre a coisa. Só poderia adquirir o domínio por prescrição o possuidor de boa-fé, que era aquele que não sabia que a coisa era alheia, que tinha motivos para se persuadir de que era o senhor da coisa. Outro requisito para a aquisição do domínio pela prescrição era que a posse fosse contínua, sem qualquer contestação ou interrupção. Ela também necessitava ser pública e inequívoca.[17]

---

tituições de direito civil brasileiro, tomo I, 1851, p.129-130; LOUREIRO, L. T. *Instituições de direito civil brasileiro*, tomo I, 1857, p.187-188; LOUREIRO, L. T. *Instituições de direito civil brasileiro*, tomo I, 1862, p.221-223; TEIXEIRA, A. R. L. *Curso de direito civil português*, tomo II, 1845, p.51-54; TEIXEIRA, A. R. L. *Curso de direito civil português*, tomo II, 1848, p.51-54; TELLES, J. H. C. *Digesto português*, tomo I, 1835, p.86-87; TELLES, J. H. C. *Digesto português*, tomo I, 1838, p.86-87; TELLES, J. H. C. *Digesto português*, tomo I, 1860, p.86-87.

17 BORGES, J. F. *Dicionário jurídico-comercial*, p.316; CARVALHO, A. A. M. *Praxe forense*, tomo I, p.146-147; FREIRE, P. J. M. *Instituições de direito civil português*, livro III, p.69-75; LOUREIRO, L. T. *Instituições de direito civil brasileiro*, tomo I, 1851, p.137-141; LOUREIRO, L. T. *Instituições de direito civil brasileiro*, tomo II, 1857, p.185-194; LOUREIRO, L. T. *Instituições de direito civil brasileiro*, tomo II, 1862, p.204-216; PINTO, J. M. F. S. *Primeiras linhas sobre o processo civil brasileiro*, tomo II, 1850,

208 MARIANA ARMOND DIAS PAES

Como dito, o direito de liberdade era uma coisa. Por isso, também podia ser possuído e ter seu domínio adquirido por prescrição. De acordo com Telles, "a posse de direitos, que não dependem da posse de coisa corpórea, só se adquire pelo exercício desses mesmos direitos".[18] A posse do direito à liberdade existia nos casos em que esse

---

p.112-128; ROCHA, M. A. C. *Instituições de direito civil português*, tomo II, 1848, p.357-366; ROCHA, M. A. C. *Instituições de direito civil português*, tomo II, 1852, p.357-366; ROCHA, M. A. C. *Instituições de direito civil português*, tomo II, 1857, p.357-366; ROCHA, M. A. C. *Instituições de direito civil português*, tomo II, 1867, p.357-366; TEIXEIRA, A. R. L. *Curso de direito civil português*, tomo II, 1845, p.42, 109-118, 126-144; TEIXEIRA, A. R. L. *Curso de direito civil português*, tomo II, 1848, p.42, 109-118, 126-144; TELLES, J. H. C. *Digesto português*, tomo I, 1835, p.211-219; TELLES, J. H. C. *Digesto português*, tomo I, 1838, p.211-219; TELLES, J. H. C. *Digesto português*, tomo I, 1860, p.211-219. Alguns autores, como, por exemplo, Teixeira e Loureiro – este último na primeira edição de seu compêndio –, utilizavam a palavra "prescrição" como sinônimo de "usucapião". Porém, a partir da segunda edição de seu trabalho, Loureiro argumentou contra a identidade conceitual entre prescrição e usucapião: "O *usucapião* exprime a ideia de adquirir o domínio das coisas corpóreas por efeito da mansa posse e uso delas pelo tempo marcado por lei para se poder adquirir por esse modo: a *prescrição* porém, significando isso mesmo, compreende também na sua significação a aquisição, e a extinção de direitos, obrigações, e ações por efeito do mesmo lapso do tempo. [...] Em Jurisprudência a prescrição encerra sempre em sua significação a ideia da aquisição de um direito para uma pessoa, e a ideia de extinção desse mesmo direito para outra. Dela portanto resulta proveito para quem adquire o direito, ou para quem se extingue a obrigação, em que estava a respeito do outro, e perda para aquele, a quem esse direito pertencia, e para quem ficou extinto por esse modo". LOUREIRO, L. T. *Instituições de direito civil brasileiro*, tomo II, 1857, p.183-184; LOUREIRO, L. T. *Instituições de direito civil brasileiro*, tomo II, 1862, p.206.

18 TELLES, J. H. C. *Digesto português*, tomo I, 1835, p.95; TELLES, J. H. C. *Digesto português*, tomo I, 1838, p.95; TELLES, J. H. C. *Digesto português*, tomo I, 1860, p.95.

ESCRAVIDÃO E DIREITO

direito fosse exercido com ânimo de adquiri-lo de forma permanente. Para Rocha e Teixeira, como a posse de direitos não se dava pela detenção propriamente dita, mas pelo exercício desses direitos, ela recebia o nome de "quase-posse".[19]

> Há porém uma posse particular em quanto às coisas incorpóreas, ou que consistem em direitos, que não admitindo a física detenção, se dizem impropriamente possuídos; mas como se gozam, se dizem quase ou como possuídos, e são objeto de quase posse, que se exerce, exercitando os direitos, dada para isso ocasião.[20]

Em vista disso, se uma determinada pessoa exercesse o direito de liberdade, de boa-fé – ou seja, considerando-se livre –, de maneira contínua, pública, inequívoca e sem contestação, ela poderia adquirir o domínio desse direito de liberdade.

Foi dentro desse paradigma doutrinário que se desenrolou o procedimento judicial de Marianna e Antonia. Era necessário que o curador das libertandas conseguisse convencer o juiz de que elas tinham adquirido a posse de sua liberdade e, portanto, deveriam ser mantidas em seu exercício. Para tanto, ele procurou demonstrar que ocorreu o exercício efetivo do direito de liberdade, tanto por elas, quanto por seus pais: a) desde a morte de José Lucio, b) com a intenção de adquiri-lo de maneira permanente, c) durante muitos anos, d)

---

19 ROCHA, M. A. C. *Instituições de direito civil português*, tomo II, 1848, p.348; ROCHA, M. A. C. *Instituições de direito civil português*, tomo II, 1852, p.348; ROCHA, M. A. C. *Instituições de direito civil português*, tomo II, 1857, p.348; ROCHA, M. A. C. *Instituições de direito civil português*, tomo II, 1867, p.348; TEIXEIRA, A. R. L. *Curso de direito civil português*, tomo II, 1845, p.40; TEIXEIRA, A. R. L. *Curso de direito civil português*, tomo II, 1848, p.40.

20 TEIXEIRA, A. R. L. *Curso de direito civil português*, tomo II, 1845, p.40; TEIXEIRA, A. R. L. *Curso de direito civil português*, tomo II, 1848, p.40.

sem contestação, e) com reconhecimento da ex-senhora e da comunidade na qual estavam inseridos, e f) de boa-fé, pois acreditavam que esse direito de liberdade havia sido legitimamente conferido por sua ex-senhora. Era em razão dos pressupostos teóricos que acabo de analisar que era importante comprovar, por meio de documentos e depoimentos de testemunhas, que todos esses elementos estavam presentes no caso em questão.

O advogado do monsenhor Pedro Celestino, por sua vez, procurou comprovar o domínio sobre Marianna e Antonia por meio da apresentação de vários documentos (inventários, testamentos, matrícula, recolhimento de impostos). Entretanto, o juiz e o TRRJ não os consideraram títulos hábeis à comprovação do direito de propriedade e suficientes para ensejar a desconsideração da presunção da posse em favor das libertandas. Outra estratégia, também fracassada, foi demonstrar que havia má-fé no exercício da posse, pois Marianna e Antonia seriam reconhecidas como escravas, inclusive pelos membros de sua família.

A invocação da posse como fundamento jurídico do direito de liberdade não foi uma exclusividade do processo de Marianna e Antonia. A posse da liberdade também esteve presente na Decisão n. 54, de 9 de fevereiro de 1870. Em ofício de 18 de janeiro do mesmo ano, o chefe de polícia da Corte informou ao então ministro da Justiça, Joaquim Octavio Nebias, que Manoel Pereira de Souza tinha servido na Armada Imperial, por três anos, recebendo baixa por problemas físicos. Ele foi, então, preso como suspeito desertor e Maria Umbelina de Siqueira Ponte o reclamou como seu escravo. O ministro decidiu que, como Manoel estava no gozo de sua liberdade há três anos e tinha servido, como homem livre, na Armada, não deveria ser entregue como escravo de Maria Umbelina e deveria ser solto imediatamente. Se Maria Umbelina entendesse por bem, ela deveria ajuizar a ação competente para reaver seu suposto escravo, que provavelmente seria a ação de escravidão.[21]

Alguns meses depois, o ministro da Justiça que sucedeu Joaquim Octavio Nebias, Manuel Vieira Tosta, o Barão de Muritiba, viu-se diante de um caso bem parecido com o de Manoel. João era escravo do major Sabino Lopes do Babo. Em 1865, foi recrutado para servir na Armada, com o nome de João Antonio Ferreira, obtendo baixa em 1866. Ao morrer, seu antigo senhor deixou dívidas com a firma Leal & Santos e, algum tempo depois da baixa de João, o Banco do Brasil iniciou a liquidação da dita firma. João foi, então, considerado escravo e recolhido pelo chefe de polícia da Corte. O caso chegou ao Ministério e ficou decidido que "o fato de ter tido praça o indivíduo em questão constitui uma presunção de liberdade". Ele deveria, portanto, ser posto em liberdade, cabendo ao Banco do Brasil ajuizar a ação que julgasse competente.[22]

Assim, pelo menos desde a década de 1860, a condição social de uma pessoa poderia ser o fundamento jurídico para o reconhecimento judicial de seu estatuto jurídico de livre. Porém, a situação antagônica também poderia ocorrer: a condição social de escravo poderia embasar a declaração judicial de escravidão. Oficialmente, os juristas não admitiam a possibilidade de que a posse de alguém como escravo originasse direito de domínio sobre aquela pessoa. No entanto, no cotidiano da escravidão, o exercício da posse sobre uma pessoa poderia ser usado, nos tribunais, como prova do direito de propriedade sobre aquele indivíduo. Na próxima seção, esse procedimento de (re) escravização ficará mais claro pela análise dos fundamentos jurídi-

---

21 TRIBUNAL DE JUSTIÇA DO ESTADO DO RIO DE JANEIRO. *Legislação, escravidão, século XIX*, p.149.

22 Aviso n. 158 de 15 de junho de 1870. TRIBUNAL DE JUSTIÇA DO ESTADO DO RIO DE JANEIRO. *Legislação, escravidão, século XIX*, p.150.

212 MARIANA ARMOND DIAS PAES

cos das ações de manutenção de liberdade e do processo iniciado por Angelica e seus descendentes.

Ações de manutenção de liberdade

O processo que tratou do estatuto jurídico de Marianna e Antonia era uma ação de manutenção de liberdade. Mas, afinal, o que eram as ações de manutenção de liberdade? Qual era o seu fundamento jurídico e o que isso implicava em termos de estratégias de argumentação que deveriam ser adotadas pelas partes em litígio?

As ações de manutenção de liberdade eram um tipo de ações de manutenção. As ações de manutenção, por sua vez, eram uma espécie de ação possessória.[23]

Pereira e Sousa, ao tratar dos embargos de terceiro, apresentou pressupostos jurídicos comuns aos remédios possessórios. Para o ajuizamento desse tipo de ação, bastava a alegação da posse, pois o possuidor se presumia o senhor da coisa até prova em contrário. Para ele, mesmo o possuidor injusto deveria ser conservado na posse da coisa até ser "ordinariamente" ouvido.[24]

Telles, por sua vez, foi mais claro ao tratar das ações de manutenção:

> Compete [a ação de manutenção ou o *interdicto uti possidetis*] ao possuidor de qualquer coisa, ainda que móvel, ou incorporal, contra aquele, que o perturba na posse: pede que seja condenado a desistir da turbação, e lhe seja cominada pena, no caso de lhe fazer nova moléstia, e nas perdas e danos, que se liquidarem.[25]

---

23 TELLES, J. H. C. *Doutrina das ações*, 1824, p.77; TELLES, J. H. C. *Doutrina das ações*, 1869, p.90.

24 SOUSA, J. J. C. P. *Primeiras linhas sobre o processo civil*, tomo III, p.93-94.

25 TELLES, J. H. C. *Doutrina das ações*, 1824, p.77; TELLES, J. H. C. *Doutrina das ações*, 1869, p.90.

Assim, a turbação de direitos podia ser fundamento para o ajuizamento de ações de manutenção. Não bastava que houvesse ameaça de turbação da posse, ela deveria ter ocorrido de fato para que tivesse cabimento a ação de manutenção.[26]

No Brasil, Malheiro elencou alguns aspectos específicos das ações de manutenção de liberdade. Esse procedimento deveria ser ajuizado quando alguém já estava de posse de sua liberdade e temia ter essa posse esbulhada. O outro nome que ele deu à "posse da liberdade" foi "posse de estado".[27] De acordo com ele, se alguém já estava na posse de sua liberdade, essa pessoa não precisaria ser representada por um curador e ser depositada. Mas, como já mostrei no capítulo 2, todos os libertandos foram representados por curador e depositados. Malheiro também afirmou que, se nas ações de manutenção de liberdade, o libertando já estava na posse de sua liberdade – o que era o pressuposto para o ajuizamento desse tipo de ação, apesar de nem sempre ser respeitado –, o ônus da prova era de quem estava litigando a favor da escravidão.[28]

Além de Malheiro, o único jurista brasileiro, dentre os analisados, que mencionou as ações de manutenção de liberdade foi Freitas. No entanto, ele não discorreu sobre seus fundamentos jurídicos ou sobre como elas deveriam ser processadas. Ele afirmou que, durante o curso desses processos, o libertando deveria contratar seus serviços e seu salário deveria ser entregue à parte que vencesse a ação. Essa norma estava estabelecida no §2°, do artigo 81, do Decreto n. 5.135, de 13

---

26 TELLES, J. H. C. *Doutrina das ações*, 1824, p.77-81; TELLES, J. H. C. *Doutrina das ações*, 1869, p.77-94.

27 Sobre a posse de estado, ver CONTE, E., MANNINO, V., VECCHI, P. M. *Uso, tempo, possesso dei diritti*; HESPANHA, A. M. *Como os juristas viam o mundo*, p.355-356, 653.

28 MALHEIRO, A. M. P. *A escravidão no Brasil*, vol. 1, p.125.

214   MARIANA ARMOND DIAS PAES

de novembro de 1872. Esse Decreto não estabeleceu nenhuma outra regulamentação a respeito das ações de manutenção de liberdade.[29]

As ações de manutenção de liberdade eram processos recorrentemente ajuizados por escravos e libertos que objetivavam ter sua liberdade assegurada contra a investida de seus supostos senhores.[30] Os fundamentos jurídicos dessas ações e as regras que iriam nortear seu prosseguimento, eram, muitas vezes, definidos na prática dos tribunais, não na legislação ou nos livros de processo civil. Mas é importante ressaltar que essa formação, que se dava no âmbito dos tribunais, não ocorria como resultado contingente do arbítrio das partes. As regras que foram se estabelecendo para as ações de manutenção de liberdade respeitaram os parâmetros delimitados pela teoria possessória, analisada na seção anterior. Um exemplo foi a resposta proferida pelo juiz de direito de Pelotas, Tito Augusto Pereira de Mattos, contra um agravo interposto sobre sua decisão:

> O possessório retinendae, uti possidetis, ou o remédio da manutenção, se divide em possessório ordinário, sumário, ou sumaríssimo.
>
> Intenta-se, e se subentende intentado o remédio da manutenção sumário, ou ordinário, quando o agravante, alegando a sua posse, e a turbação nela pelo adversário, pretende que, justificada ela, seja por sentença definitiva manutenido na mesma enquanto não for convencido por ação ordinária sobre a causa da propriedade; e que

---

29   Decreto n. 5.135 de 13 de novembro de 1872. FREITAS, A. T. *Consolidação das leis civis*, 1876, p.316.

30   Grinberg, por exemplo, identificou 108 ações de manutenção de liberdade e ações de escravidão em um total de 402 ações envolvendo liberdade de escravos no TRRJ, entre 1808 e 1888. A autora não especifica quantas dessas 108 ações são de manutenção de liberdade e quantas são de escravidão. GRINBERG, K. "Reescravização, direitos e justiças no Brasil", p.106.

ESCRAVIDÃO E DIREITO 215

> se cominem penas ao adversário para que mais o não
> perturbe na posse, enquanto não for assim convencido
> na causa da propriedade.
>
> Ora na petição de fl. 2 o pardo Pedro, dizendo-se livre, e
> na posse da sua liberdade, pede mandado de manuten-
> ção da mesma, e a cominação de um conto de réis contra
> os que o perturbarem naquela posse.
>
> É pois claro que trata-se do remédio da manutenção, ao
> qual tem toda aplicação os princípios de direito, e que
> devia ser requerido no foro da residência de seu senhor,
> para onde deve ser remetido diretamente pelo Juízo o
> escravo Pedro com as peças deste processo.
>
> E que outro nome se poderá dar ao requerido pelo agra-
> vante? E que outro remédio devia este usar, que não fosse
> o da manutenção, mais ou menos sumário, para ao de-
> pois discutir-se o seu contestado direito de liberdade na
> ação competente?[31]

Na prática, o pedido de manutenção de liberdade poderia constituir uma ação independente, como no caso de Marianna e Antonia,
ou um pedido preparatório para o futuro ajuizamento de ação de liberdade. Essa segunda possibilidade foi a que ocorreu na ação ajuizada por Angelica, Escolástica, Firmino, Manuel, Prudêncio, Pedro e
Jacinta, contra João Antonio de Mello, em 3 de julho de 1865, perante
o juízo municipal de Antonina.

Os autores alegavam que Angelica era livre, porque era filha de
Escolástica, liberta. Assim, de acordo com o princípio "o parto segue o
ventre", seus filhos – Escolástica, Firmino, Prudêncio, Pedro, Jacinta –
e seu neto – Manuel, filho de Jacinta – eram todos livres. Com a petição inicial, foi juntada a certidão de batismo de Angelica, em que esta
constava como filha de Escolástica, liberta. Também foram juntadas

---

31 *O Direito*, vol. 10, 1876, p.105-106.

as certidões de batismo dos demais autores, com o único objetivo de provar sua ascendência, uma vez que tinham sido fraudulentamente batizados como escravos pelo réu.[32]

Como venho argumentando ao longo deste capítulo, em ações que tinham como pano de fundo os institutos jurídicos de direitos das coisas e, mais especificamente, a teoria possessória, cabia às partes comprovar a posse ou o domínio. Assim, os autores alegaram que a certidão de batismo de Angelica, na qual esta constava como filha de Escolástica liberta, tinha força de escritura pública e, portanto, era documento hábil para comprovar que tanto Angelica quanto seus descendentes tinham nascido de ventre livre.

Francisco Antonio de Sousa, procurador do réu João Antonio de Mello, contra-argumentou que Escolástica, mãe de Angelica, era escrava do capitão José Joaquim Pinto do Valle e foi lançada como liberta no assento de batismo de Angelica por erro do padre. Escolástica só tinha sido liberta por Valle em 5 de setembro de 1832, ou seja, depois do nascimento de Angelica. De um equívoco claro, não poderiam ser deduzidos direitos. Valle nem mesmo sabia desse erro nos assentos, ou seja, nunca consentiu, ainda que tacitamente, com uma possível liberdade de Angelica. Ademais, os assentos de batismo não tinham força de escritura pública. Mas, para comprovar o direito de propriedade que o réu tinha sobre os autores, não bastava que o solicitador, Francisco, atacasse os títulos apresentados. Era necessário também comprovar que seu direito de propriedade tinha um fundamento jurídico legítimo. Para isso, alegou que a origem do direito de propriedade sobre os autores era a herança que Valle tinha recebido de sua mulher, herança da qual fazia parte Angelica. Outra estratégia era atacar a suposta posse da liberdade: afirmou que, há 33 anos, Angelica era escrava de Valle, "sem a menor oposição de ninguém". Como escravos, os autores tinham vivido por todos esses anos.

---

32 Apelação cível sobre liberdade de escravos, 1865, processo n. 123, AEL.

As testemunhas indicadas pelo advogado dos autores foram extremamente prejudicais a eles em seus depoimentos. Com exceção de uma, as testemunhas afirmaram que não sabiam serem os autores livres, que sempre foram considerados escravos de Valle e tratados como tal. Na condição de escravos, tinham sempre vivido sob o domínio do réu. As testemunhas apresentadas pelo réu corroboraram que os autores viviam como escravos, ou seja, minaram uma suposta posse da liberdade, e, além disso, atacaram os títulos apresentados. Afirmaram que o vigário Linhares, apesar de ser um homem honrado, costumava embriagar-se e, nessas ocasiões, cometia erros nos assentos de batismo. Assim, de nada valia o assento no qual Escolástica, mãe de Angelica, constava como liberta, pois, naquele dia, o vigário encontrava-se embriagado.

Talvez por ter percebido que não era suficientemente forte o argumento de que o assento de batismo de Angelica era título hábil para provar sua condição de livre, o curador mudou de tática e passou a apostar em um outro fundamento jurídico: a vontade senhorial. Alegou, então, que Escolástica era filha de Valle com uma escrava de sua mulher, Joanna. Joanna, tendo desavenças com seu marido, decidiu libertar as escravas que eram filhas de Valle, dentre elas, Escolástica. A despeito da vontade de Joanna, legítima senhora de Escolástica, Valle continuou a mantendo em cativeiro. Em 1826, Valle foi acometido por uma doença e, com medo de morrer, decidiu passar carta de liberdade a sua filha Escolástica, que já era forra por vontade de Joanna, e mandar fazer o assento de batismo de Angelica no qual a mesma constava como filha de Escolástica liberta. No entanto, logo ao se ver curado da doença, Valle se calou sobre o que tinha feito e tudo continuou como antes. Em 1832, tendo Valle certeza de que morreria e acometido por remorsos, mandou que fosse concedida liberdade a Escolástica por escritura pública. Com esses argumentos, o curador procurava, então, demonstrar que era vontade de Joanna que Escolástica fosse liberta e que essa vontade foi corroborada por

Valle tanto em 1826 quanto em 1832. Assim, a despeito dos autores terem sempre vivido como cativos e dos assentos de batismo não serem considerados títulos hábeis para fundamentar seu direito à liberdade, a vontade de seus antigos senhores deveria ser respeitada.

O juiz municipal José Antonio de Mendonça considerou que o réu contestava a propriedade dos autores se fundamentando na posse sobre os mesmos, como escravos, por mais de vinte anos. Tendo em vista que a liberdade deveria ser favorecida contra a escravidão, a única alegação que seria suficiente para fundamentar a pretensão do réu seria a apresentação de documento que comprovasse que havia adquirido domínio sob Angelica por herança. Os autores, então, foram considerados livres.

O réu embargou, sob o argumento de que cabia a ele apenas provar a condição de escravos dos autores, não a origem do seu domínio. Eram os autores que deveriam ter produzido provas de seu direito à liberdade. Apesar de não ter juntado documento que comprovasse ter adquirido o domínio sobre Angelica por herança, outros documentos haviam sido juntados, como, por exemplo, a certidão de matrícula de Angelica como escrava. O curador dos autores rebateu alegando que a matrícula não era título hábil para provar o domínio, uma vez que, como os autores não sabiam que eram livres, o réu os podia matricular "a seu bel prazer". Na réplica, o procurador do réu, contestou, ainda, a possibilidade de uma ação de manutenção ter sido ajuizada para a resolução do caso e de ter-se o processo iniciado no juízo de órfãos, não no juízo municipal, que era o competente para esses casos:

> Acresce ainda; que os Embargados nem podiam ter o direito à ação proposta sob o apoio de uma manutenção, porque só pode manutenir-se em liberdade aquele que já gozou dela, ou que, sendo livre, fosse esbulhado da posse e exercício dessa liberdade. Os escravos que pretendem

ESCRAVIDÃO E DIREITO

219

> ou pensam ter direito de discuti-la, a ação é inteiramente diversa; não podem manutenir-se.
>
> Os Embargados escravos, e sempre escravos, pretenderam manutenir-se sem fórmula, sem direito, devendo, pois concluir-se que todo o irregular processado até a propositura da ação a f.47 em juízo incompetente, no de órfãos, é nulo, e quando muito, sendo um ato independente da ação movida em juízo próprio, só pode ser considerado como preparatório da ação que se ia propor, porque, ainda quando competente fosse aquele juízo, donde se declinou como que por um encanto ou magia para o foro comum, procedeu-se sem figura nem forma ou ordem de juízo, e o que é de direito público não pode ser alterado nem modificado à vontade das Partes, e portanto aquele processado não representa uma discussão em forma, uma justificação ou ação qualquer.
>
> Foi esse ato, pois, tumultuário, a que só acompanhamos em defesa dos nossos direitos, inverteu-se a ordem do juízo, deslocou-se os legítimos trâmites da discussão, e portanto não mostrou garantia alguma da manifestação da verdade, além de ter violado o preceito da Lei.[33]

Assim, atacou o mérito da questão alegando que: a) o ônus da prova era dos autores e não dele, b) tinha comprovado o domínio sobre os mesmos, c) eles tinham sempre vivido como escravos e d) nunca tinha sido vontade de seu senhor libertá-los. Em relação a procedimentos formais, o procurador do réu tentou anular todo o processo sob dois argumentos: a impossibilidade de ajuizamento de ação de manutenção e a incompetência do juízo.

Os embargos foram então julgados pelo juiz, Antonio José de Faria, que considerou os autores escravos. De acordo com a fun-

---

33 Apelação cível sobre liberdade de escravos, 1865, processo n. 123, AEL, p.131-132.

damentação da sentença, não foi provada a liberdade do ventre de Escolástica quando Angelica nasceu: "e tanto mais que os assentos de batismos por si não podem ter força de escritura pública para prova de alienação de domínio (o que importa uma doação de liberdade) sem que por ele se prove o consentimento do senhor".[34]

Os autores apelaram e o réu contra-argumentou, reiterando a impossibilidade da manutenção:

> Com razão se disse que não tendo Angelica, nem seus filhos, e neto jamais entrado em posse de liberdade, [ilegível] e injurídico foi o procedimento tanto preparatório de manutenção de posse de liberdade, como o modo de propositura da ação.
>
> E com efeito se é verdade e o confessa o Apelado que nem Angelica nem seus filhos e neto gozaram de liberdade: se aquela tendo sido sempre considerada como propriedade de José Joaquim Pinto do Valle passou apara o Apelado pela maneira constante do documento a f.120, isto é por título hábil de herança, e foi depois disso que houve os filhos e neto, a quererem disputar liberdade, só o podiam fora pedindo depósito, e por meio de ação ordinária, pois que só assim poderiam provar a condição de livres que invocam, e cuja prova neste caso lhes incumbia.[35]

O curador dos autores não rebateu os argumentos que atacavam as formalidades do processo nem nesse momento, nem na primeira oportunidade em que eles foram alegados. O juiz Antonio de Faria e os desembargadores do TRRJ tampouco se manifestaram sobre o

---

34 Apelação cível sobre liberdade de escravos, 1865, processo n. 123, AEL, p.135v-136.

35 Apelação cível sobre liberdade de escravos, 1865, processo n. 123, AEL, p.181-181v.

tema. Isso pode ser um indicativo de que, na prática do foro, muitas vezes fazia-se vista grossa para irregularidades na forma das ações. Fosse por economia processual ou por complacência com a falta de formação jurídica de vários dos funcionários do judiciário, os juízes pareciam preferir não anular um processo inteiro por causa de irregularidades formais.

O TRRJ confirmou a sentença apelada. Foram, ainda, apresentados embargos, mas eles foram desprezados. Ao fim, Angelica, Escolástica, Firmino, Manuel, Prudêncio, Pedro e Jacinta permaneceram no cativeiro. Não conseguiram apresentar provas hábeis a fundamentar seu direito à liberdade dentro do quadro conceitual da teoria possessória, em que se deu a ação por eles proposta.

Em 13 de agosto de 1872, o TRRJ julgou a ação de manutenção proposta por Eva. Os desembargadores confirmaram a sentença de primeira instância, que tinha entendimento similar ao esboçado no caso de Angelica e seus descendentes: "não tendo gozado de liberdade, não podia regularmente ser manutenida a Autora na posse de sua liberdade".[36] Essa decisão acatou o alegado pelo advogado do réu, segundo o qual:

> [...] à Apelante nunca foi conferida carta de liberdade: que nunca deixou de ser considerada escrava, tanto em vida, como depois da morte de sua mulher; sendo como escrava inventariada, e lançada em quinhão da sua meação na partilha julgada por sentença de 18 de Fevereiro de 1871, documento a fl. 26, etc. e considerando, que a Apelante poderia ter requerido depósito para intentar a ação de liberdade; mas não podia ser manutenida na posse de liberdade, que nunca teve.[37]

---

36   *O Direito*, vol. 2, 1873, p.193-195.

37   Essa citação foi retirada do relatório elaborado pelo desembargador Marianni. *O Direito*, vol. 2, 1873, p.195.

222 MARIANA ARMOND DIAS PAES

É importante notar que esse caso foi publicado no segundo volume da revista *O Direito* e vinha precedido da seguinte ementa: "Manutenido pode ser o que tem gozo de liberdade, e não o escravo, ao qual só cabe requerer depósito para propor a competente ação".[38] É necessário interpretar essa ementa dentro do contexto histórico no qual ela estava inserida.

Já argumentei que, no século XIX, a doutrina jurídica tinha um caráter formativo do direito vigente, não apenas informativo. Especificamente em relação às revistas jurídicas, Henrique Cesar Monteiro Barahona Ramos afirma que elas surgiram em decorrência dos intensos debates a respeito de concepções concorrentes de direito e de qual deveria ser a conformação das normas. As revistas jurídicas possuíam, portanto, a finalidade estratégica de reunir argumentos em prol da defesa das diversas correntes de pensamento existentes no oitocentos. Os editores dos periódicos jurídicos procuraram, ainda, demarcar a diferença de suas revistas dos demais jornais em circulação: de acordo com os jurisconsultos responsáveis por essas revistas, era necessário promover uma sistematização científica do direito, apresentando o conjunto de normas e princípios de maneira neutra, desvinculada da política. Dessa maneira, as revistas jurídicas do século XIX constituíram importantes campos de batalha em torno da conformação do direito brasileiro.[39]

É nesse contexto, portanto, que se deve interpretar a ementa apresentada pela revista *O Direito*. Os fundamentos que autorizavam a propositura de ações de manutenção de liberdade estavam, assim, em disputa no âmbito do Judiciário. Ao publicar uma decisão segundo a qual era necessário já estar na posse da liberdade para ajuizar

---

38 *O Direito*, vol. 2, 1873, p.193.

39 RAMOS, H. C. M. B. "O periodismo jurídico brasileiro do século XIX", p.60-68, 80-88, 91-92. Ver também FORMIGA, A. S. C. *Periodismo jurídico no Brasil do século XIX*.

ESCRAVIDÃO E DIREITO   223

uma ação desse tipo, a revista, mais do que informar o direito vigente, estava tentando moldá-lo. Essa atitude ficou ainda mais clara pela redação da ementa: ela não fazia referência a um caso específico, mas expressava um enunciado de caráter geral, que deveria ser aplicado a todos os casos.

Como demonstrei ao longo deste trabalho, o direito da escravidão – assim como todo o direito vigente – abria inúmeras possibilidades de disputas e de conflitos sobre o significado de suas normas. Disputas estas que se davam dentro dos paradigmas doutrinários hegemônicos, como, no caso das ações de manutenção de liberdade, a teoria possessória. Os fundamentos jurídicos da ação de manutenção de liberdade foram mais um exemplo dessa disputa pela determinação do direito vigente. Além desse exemplo, passo a tratar de mais uma norma que também foi forjada nessa arena de conflitos: a prescrição da ação de escravidão.

Prescrição extintiva

De acordo com o que argumentei neste capítulo, no direito brasileiro da escravidão, vigorava a norma da prescrição aquisitiva: pelo exercício da posse do direito de liberdade, o escravo adquiria o estatuto jurídico de liberto. Desde pelo menos o século XVIII, já era comum o argumento de que a condição social de uma pessoa constituía fundamento jurídico para a declaração de seu estatuto jurídico de livre ou liberta.[40] Mesmo quando a posse da liberdade não era o argumento central da fundamentação de um pleito por liberdade, ela era invoca-

---

40 PINHEIRO, F. A. D. *Em defesa da liberdade*, p.21-33. Ver, por exemplo, a Provisão de 12 de abril de 1822, que decidiu pela liberdade de Jenoveva e seu filho José. O argumento de Jenoveva se fundamentava em carta de liberdade passada por seus antigos senhores. Mas foi fundamental para o convencimento da Mesa do Desembargo do Paço o fato de que ela tinha vivido como livre por mais de doze anos. Ou seja, o reconhecimento do modo como ela vivia – como livre – foi importante para legitimar a carta

224 MARIANA ARMOND DIAS PAES

da como uma espécie de reforço do argumento principal. Da mesma maneira, afirmar que determinada pessoa tinha sempre vivido como escrava era uma estratégia bastante utilizada para convencer os juízes de um direito de escravidão legítimo.[41] Mas, na década de 1860, além da prescrição aquisitiva, também a prescrição extintiva passou a fazer parte dos argumentos jurídicos mobilizados nas disputas que envolviam a escravidão.

Em 10 de março de 1682, foi promulgado um Alvará no qual se determinava que os escravos que faziam parte do quilombo de Palmares poderiam ser demandados por seus senhores pelo prazo de cinco anos. Passado esse tempo, estava prescrito o direito de ação dos supostos senhores, "por não ser conveniente ao governo político do dito meu Estado do Brasil que por mais do dito tempo seja incerta a liberdade nos que possuem, não devendo o descuido ou negligência, fora dele, aproveitar aos senhores".[42]

Grinberg analisou 402 ações de liberdade, escravidão e manutenção de liberdade que tramitaram perante o TRRJ, entre os anos de 1808 e 1888. Nessas ações, o alvará de 10 de março de 1682 foi mencionado apenas 16 vezes. Especificamente em relação às ações de manutenção de liberdade, o alvará foi mencionado em um processo que se iniciou em 1830 e, depois, só foi mencionado novamente em processos ajuizados em 1862, 1863, 1864, 1866, 1867, 1868, 1869,

---

de liberdade por ela apresentada. ARAÚJO, J. P. F. N. *Legislação brasileira*, tomo III, p.270.

41 Em uma amostra de 30 ações que tramitaram perante o TRRJ, entre 1860 e 1888, em 8 ações, pelo menos uma das partes ou o juiz fez menção à condição social como estratégia para corroborar determinado estatuto jurídico.

42 LARA, S. H. *Legislação sobre escravos africanos na América portuguesa*, p.187.

1871, 1872, 1873 e 1880.[43] A hipótese levantada pela autora para explicar o aparecimento de referências a um alvará de 1682 na década de 1860 é uma decisão prolatada pelo Supremo Tribunal de Justiça (STJ) em 1862.[44]

Em 1862, chegou ao STJ o recurso de Rosalina Fernandes de Almeida e seus filhos contra Pedro José de Almeida. Os desembargadores decidiram que Rosalina vivia como livre desde fevereiro de 1840, quando morreu seu senhor, Antônio Fernandes de Almeida. Por isso, em 1846, quando Joaquim de Sousa Trepa, o procurador dos herdeiros de seu antigo senhor, a perturbou no gozo dessa liberdade, ela já assim vivia há seis anos e, portanto, havia decorrido o prazo prescricional de cinco anos previsto no Alvará de 10 de março de 1682.[45]

> E, conquanto este Alvará fosse expedido em circunstâncias especiais, são todavia genéricas as razões de conveniência pública exaradas no mesmo parágrafo, e em tudo se conforma com o espírito cristão e humanitário com que a legislação que nos rege, e repetidos atos do Gover-

---

43 Grinberg também identificou citações ao referido Alvará em decisões publicadas nos seguintes números da revista O Direito: vol. 17, 1878, p.261-265; vol. 22, 1880, p.617-637; vol. 26, 1881, p.196-200; vol. 27, 1882, p.193-198; vol. 28, 1882, p.70-75; vol. 30, 1883, p.399; vol. 36, 1885, p.107-114. GRINBERG, K. "Re-enslavement, Rights and Justice in Nineteenth-Century Brazil", p.154. O Alvará de 10 de março de 1682 também foi invocado pelos desembargadores do Tribunal da Relação do Ceará para confirmar a liberdade concedida a Brígida e seus filhos. O Direito, vol. 11, 1876, p.365-366.

44 GRINBERG, K. "Re-enslavement, Rights and Justice in Nineteenth-Century Brazil", p.147-153.

45 Revista do Instituto da Ordem dos Advogados Brasileiros, tomo II, n. 1, 1863, p.20-23.

226 MARIANA ARMOND DIAS PAES

no Supremo tem providenciado em bem dos miseráveis (como a lei os intitula) sujeitos à condição de escravos.[46]

O recurso de revista foi, então, julgado procedente e os autos foram remetidos para o Tribunal da Relação de Pernambuco, para novo julgamento. Ocorre que essa decisão do STJ foi publicada na *Revista do Instituto da Ordem dos Advogados Brasileiros*, de 1862/1863, período em que o presidente do Instituto da Ordem dos Advogados Brasileiros (IAB) era Malheiro.

Em seu livro *A escravidão no Brasil*, Malheiro tratou tanto da prescrição aquisitiva quanto da extintiva. Antes de adentrar propriamente no assunto, ele afirmou que trataria não só da "doutrina geral" da prescrição, mas também da "modificação profunda que importou o Cristianismo". Ele considerava, como "doutrina geral", a prescrição aquisitiva que, no direito romano, seria de dez anos. A prescrição era um instituto de direito positivo e constituía uma das possibilidades de alforria forçada – sem a anuência do senhor.[47]

Em relação à prescrição aquisitiva, ele afirmou que ninguém se tornava escravo por prescrição, por maior que fosse o tempo decorrido. No entanto, a liberdade poderia ser adquirida por prescrição. No que diz respeito ao direito material, o autor não deu mais detalhes.[48]

Seu foco foi a prescrição no direito processual. A ação de liberdade era imprescritível, ou seja, poderia ser ajuizada a qualquer tempo. Isso não ocorria com a ação de escravidão, contra a qual

---

46 *Revista do Instituto da Ordem dos Advogados Brasileiros*, tomo II, n. 1, 1863, p.22-23.

47 MALHEIRO, A. M. P. *A escravidão no Brasil*, vol. 1, p.97, 100. Malheiro discorreu sobre a prescrição no direito romano antes e depois de Justiniano em MALHEIRO, A. M. P. *A escravidão no Brasil*, vol. 1, p.123-124.

48 MALHEIRO, A. M. P. *A escravidão no Brasil*, vol. 1, p.81, 90, 110, 121, 128, 173-179, 183.

ESCRAVIDÃO E DIREITO 227

corria a prescrição de cinco anos.[49] Em nota, Malheiro afirmou que Telles argumentava que a ação de escravidão prescrevia em dez anos. Contudo, não concordava com essa afirmação do autor português, tendo em vista o Alvará de 10 de março de 1682 e a confirmação de sua vigência pela decisão do STJ em 1862: a prescrição da ação de escravidão deveria ser de cinco anos.[50]

Além de Malheiro, Telles foi o único autor, dentre os analisados, que mencionou a possibilidade de prescrição da ação de escravidão. Para Telles, "a posse pacífica da liberdade por tempo de dez anos, à face d'aquele que se diga senhor de um escravo, obsta àquele, se intentar reduzi-lo à escravidão". Porém, Telles não citou, como fundamento dessa norma, o Alvará de 10 de março de 1682, mas dispositivos de direito romano. Na *Doutrina das ações*, corroborou essa afirmação, mas acrescentou que a prescrição deveria ser de boa-fé, ou seja, a pessoa deveria ter elementos para acreditar que, realmente, era livre.[51]

---

49 MALHEIRO, A. M. P. *A escravidão no Brasil*, vol. 1, p.35, 37, 58, 81.

50 Malheiro afirmou, ainda, que mesmo dentro do prazo de cinco anos, não poderiam ser reduzidos à escravidão o escravo que: fez votos religiosos; servisse ao Estado na guerra ou por outra circunstância; se estabelecesse como livre, se casasse e constituísse família; se estabelecesse no comércio, na lavoura, na indústria ou em outra profissão de utilidade pública. Outro ponto levantado pelo autor foi que a coisa julgada declarando alguém escravo não impedia o ajuizamento de ação de liberdade. Mas a coisa julgada declarando alguém livre impedia que fosse proposta uma ação de escravidão. MALHEIRO, A. M. P. *A escravidão no Brasil*, vol. 1, p.81, 90, 110, 121, 128, 173-179, 183. Na prática, entretanto, essa norma não necessariamente era respeitada. No caso de Brasilia, por exemplo, existia sentença que a declarava livre transitada em julgado e, ainda assim, foi admitida a propositura de uma ação de escravidão contra ela. Apelação cível sobre liberdade de escravos, 1871, processo n. 178, AEL

51 TELLES, J. H. C. *Digesto português*, tomo II, 1835, p.220; TELLES, J. H. C. *Digesto português*, tomo II, 1838, p.220; TELLES, J. H. C. *Digesto por-*

228 MARIANA ARMOND DIAS PAES

Lenine Nequete argumenta que essa prescrição decenal era ainda menos usada do que a de cinco anos. Ele transcreve uma decisão proferida por Bernardo Guilherme Carneiro, juiz em Campos, em 1859, que fez uso da prescrição de dez anos. Mas ressalta que o juiz não indicou nenhuma jurisprudência ou texto doutrinário que a embasasse.[52]

As fontes históricas devem ser analisadas em seu contexto. A decisão do STJ, de 1862, veiculou o uso de uma legislação que não era comumente mencionada em ações sobre definição de estatuto jurídico. Como visto, Grinberg não encontrou, salvo por um único processo, referências ao Alvará, de 10 de março de 1682, antes que ele fosse citado pela decisão do STJ. Também já argumentei que o paradigma conceitual mais comum em ações de definição de estatuto jurídico era o da prescrição aquisitiva pela posse da liberdade e não o da prescrição extintiva da ação de escravidão. Ao decidir publicar a decisão do STJ, os responsáveis pela *Revista do Instituto da Ordem dos Advogados Brasileiros* procuravam impor esse novo paradigma como a norma mais acertada a ser adotada nessas situações.

Chama a atenção a maneira pela qual o livro de Malheiro, *A escravidão no Brasil,* é estruturado. Ao tratar de cada tema, o autor adotou a estratégia de fazer uma espécie de escorço histórico, basicamente centrado no direito romano, e, só depois disso, argumentava sobre qual era o direito brasileiro vigente para determinada questão. Apesar da deferência que esboçava em relação ao direito romano, fica claro que, ao longo da obra, procurou deslegitimá-lo face ao direito brasileiro. De acordo com ele, o direito brasileiro era menos rígido do que o romano, uma vez que era norteado por princípios cristãos

---

tuguês, tomo II, 1860, p.220; TELLES, J. H. C. *Doutrina das ações*, 1824, p.12-13; TELLES, J. H. C. *Doutrina das ações*, 1869, p.13-14.

52 NEQUETE, L. *O escravo na jurisprudência brasileira*, p.268-271.

e, principalmente, jusnaturalistas.[53] As normas jurídicas propugnadas por Malheiro eram, muitas vezes, claramente diversas das que eram defendidas pelos outros juristas portugueses e brasileiros. A prescrição da ação de escravidão é mais um exemplo desse "desvio" da obra de Malheiro. Como vimos, não havia "tradição" no direito brasileiro sobre esse tema. Pelo contrário, a prescrição da escravidão era aquisitiva, não extintiva.

Além disso, ao longo de seu livro, Malheiro demonstrou um amplo conhecimento sobre o direito da escravidão em outras jurisdições americanas. São constantes as referências, por exemplo, ao *Code Noir*, vigente nas colônias francesas, e ao Código Civil da Louisiana, de 1825.[54] Este último, por exemplo, no seu artigo 3.510, estabelecia a prescrição do direito de ação do senhor contra o escravo, caso este vivesse como livre por dez anos (se residisse no Estado) ou por vinte anos (se residisse fora do Estado).[55] Por tudo isso, a defesa de Malheiro da prescrição da ação de escravidão parece muito mais uma tentativa de definir um "novo" direito da escravidão – talvez mais ligado à experiência escravista do território americano – do que um ímpeto de informar qual era esse direito.

---

53 Por exemplo, ao tratar dos modos de extinção da escravidão, ele afirmou que: "Prescindindo, porém, deste histórico e da legislação respectiva, remontemos aos Romanos, de cujo Direito nos teremos de socorrer muitas vezes como subsidiário ao nosso, mas bem entendido, segundo o uso moderno, quando conforme à boa razão, ao espírito do Direito atual, às ideias do século, costumes e índole da Nação". E em nota a esse parágrafo: "Teremos o cuidado de ir fazendo a aplicação que nos parecer aceitável desse Direito; outros farão o mesmo; o pensamento é livre, e esta liberdade deve ser respeitada". MALHEIRO, A. M. P. *A escravidão no Brasil*, vol. 1, p.83.

54 Por exemplo, MALHEIRO, A. M. P. *A escravidão no Brasil*, vol. 1, p.93, 95, 114, 119-121, 137.

55 Para uma análise dos usos do instituto da prescrição no caso de Adélaide Métayer, ver SCOTT, R. J. "Paper thin".

230 MARIANA ARMOND DIAS PAES

Deve-se ter em mente, ainda, que Malheiro era um jurista muito bem relacionado com a elite política imperial e ocupou diversos cargos de destaque no governo.[56] Talvez não seja por acaso que, em 1876, essa concepção acerca da prescrição de cinco anos tenha sido corroborada pelo executivo e pelo Conselho de Estado. Nesse ano, o juiz de órfãos do termo de Marmellada, província de Minas Gerais, consultou o Ministério dos Negócios da Agricultura sobre a seguinte questão: de acordo com o artigo 34 do Decreto n. 5.135, de 13 de novembro de 1872, as reclamações contra a ordem de preferência dos escravos que seriam libertados pelo Fundo de Emancipação deveriam ser interpostas perante o juiz de órfãos no prazo de um mês. Tendo decorrido o prazo de um mês, sem nenhuma contestação, o juiz queria saber se poderia entregar aos escravos suas cartas de liberdade. A princesa Isabel, então, encaminhou consulta à Seção de Justiça do Conselho de Estado, cujo primeiro quesito era:

> 1° Em que prazo prescreve o direito do proprietário de escravos para usar do recurso que lhe permite o art. 19 do regulamento n. 4.835 de 1° de Dezembro de 1871[57] e se conviria pedir ao corpo legislativo alguma medida, e qual, sobre este assunto, atendendo-se, já que fora desumano fazer voltar à escravidão o indivíduo que por

---

56 Sobre Malheiro, ver GILENO, C. H. *Perdigão Malheiro e as crises do sistema escravocrata e do Império* e PENA, E. S. *Pajens da casa imperial.*

57 Artigo 19 do Regulamento n. 4.835 de 1° de dezembro de 1871: "Os escravos que, por culpa ou omissão dos interessados, não forem dados à matricula até o dia 30 de Setembro de 1873, serão por este fato considerados libertos, salvo aos mesmos interessados o meio de provarem em acção ordinária, com citação e audiência dos libertos e de seus curadores: 1° O dominio que têm sobre eles; 2° Que não houve culpa ou omissão de sua parte em não serem dados à matricula dentro dos prazos dos arts. 10 e 16".

largo tempo houvesse sido considerado liberto por não ter sido matriculado, já que o escravo em tais condições, a seguirem-se as regras da prescrição ordinária, ficaria em pior situação do que aquele que houvesse sido dado à matrícula, visto poder este ser classificado e libertado pelo fundo de emancipação enquanto aquele ficaria privado deste favor da lei durante todo o tempo em que, não matriculado, fosse reputado liberto.[58]

Esse quesito não estava diretamente relacionado com o objeto da consulta. A consulta era sobre a ausência de reclamações sobre a classificação para libertação pelo Fundo de Emancipação. O quesito, por sua vez, dizia respeito à ausência de matrícula de escravos por parte de seus senhores. Essa discrepância pode indicar que havia um interesse do Estado brasileiro em reafirmar a doutrina da prescrição de cinco anos e que essa consulta teria se configurado como uma ocasião adequada para isso. É de se ressaltar, ainda, que a consulta e a decisão da Seção de Justiça do Conselho de Estado foram publicadas na revista *O Direito*, o que contribuiu para sua afirmação e difusão:

> Que a ação que ao proprietário do escravo permite o art. 19 do regulamento n. 4.835 do 1º de Dezembro de 1871, só pode ser exercida no prazo de cinco anos, estabelecido no §5º do Alvará de 10 de Março de 1762 [sic], cuja aplicação tem por si, além da nova jurisprudência (revista de 6 de Dezembro de 1862, transcrita na obra do Dr. Mafra, Tom. 3º pag. 18, n. 219) o princípio consagrado pela Ord. Liv. 4º Tit. 2º: – em favor da liberdade são muitas coisas outorgadas contra as regras gerais.
>
> A razão política, expressa no citado alvará, prevalece hoje por mór força de razão depois da Lei de 28 de Se-

---

58 *O Direito*, vol. 11, 1876, p.948-949.

232   Mariana Armond Dias Paes

> tembro de 1871, com a qual seria repugnante a prescrição ordinária, tornando-se irrisória a disposição, do art. 8°, §2° da mesma lei.
> Já pelo direito romano a ação de escravidão prescreve em 10 anos. (Corrêa Telles. Dout. Acções §25).
> Outro prazo mais breve fora para desejar, mas só por lei seria ele cabível.[59]

A ideia de que a ação de escravidão prescrevia em cinco anos era uma concepção que tentava se afirmar no repertório normativo do direito da escravidão brasileiro. Malheiro e os responsáveis pela *Revista do Instituo da Ordem dos Advogados Brasileiros* e pela revista *O Direito* procuravam passar a impressão de que este era um entendimento já consolidado. No entanto, vozes se levantavam contra a utilização do Alvará de 10 de março de 1682. Uma delas foi "A Redação", da *Gazeta Jurídica*, outro periódico jurídico importante ao longo do século XIX.

Em 28 de maio de 1877, no Maranhão, o juiz Umbelino Moreira d'Oliveira Lima julgou procedente a ação de escravidão ajuizada pelo capitão Bento Marianno da Costa Leite contra Theodoro, Rosendo e Marcolino. Ele considerou, como verdadeiro, o fato de que o autor era senhor da escrava Sebastiana, mãe da escrava Anastácia. Em 1861, Anastácia fugiu para encontrar seu marido nos quilombos de São Benedito e São Sebastião. No período em que esteve fugida, deu à luz os autores. Mãe e filhos foram matriculados pelo autor com a nota de fugidos. Eram, portanto, incontestáveis "o senhorio e direito do Autor" sobre os réus.[60]

Os desembargadores do Tribunal da Relação do Maranhão confirmaram a sentença do juiz de primeira instância. Votaram a favor: Vasconcellos e Silva Braga. O desembargador Catanho foi voto venci-

---

59   *O Direito*, vol. 11, 1876, p.950.

60   *Gazeta jurídica*, vol. 24, 1879, p, 213-214.

ESCRAVIDÃO E DIREITO

do: ele considerou que o capitão Bento não tinha apresentado provas suficientes de seu domínio sobre os réus. O acórdão foi embargado, mas reafirmado em segundo julgamento. Novamente, Catanho foi voto vencido, pelos mesmos fundamentos.[61]

O processo seguiu, então, para o STJ e, em 17 de maio de 1879, os desembargadores reformaram o acórdão do Tribunal da Relação do Maranhão e enviaram o processo para novo julgamento pelo Tribunal da Relação do Recife. De acordo com a decisão do STJ, Theodoro, Rosendo e Marcolino deveriam ser considerados livres, porque, a seu favor, tinha decorrido a prescrição de cinco anos prevista no Alvará, de 10 de março de 1682. Além disso:

> [...] como já foi reconhecido por este Supremo Tribunal, em Acórdão de 6 de Dezembro de 1862, os referidos julgados não aplicaram tão benéfica exceção aos Recorrentes com manifesta infração do preceito legal, que não podia ser preterido sob qualquer fundamento.[62]

Nessa decisão, o STJ não só reiterou seu entendimento de que o Alvará, de 1682, era norma de caráter geral. Além disso, ele afirmou que a prescrição de cinco anos corria, inclusive, a favor de escravos fugidos.[63] Essa interpretação, de tal maneira extensiva, sofreu

---

61 *Gazeta jurídica*, vol. 24, 1879, p, 214-217.

62 *Gazeta jurídica*, vol. 24, 1879, p, 217.

63 De acordo com Malheiro, os escravos fugidos não poderiam adquirir a si mesmos por prescrição, "porque este roubava a si mesmo e assim lhe obstava a *má fé*". No caso dos escravos fugidos, os senhores conservavam sobre eles a posse civil. Porém, caso os escravos fugidos vivessem como livres por mais de trinta anos, a eles beneficiava a prescrição. Aos filhos dos escravos fugidos, se aplicaria a prescrição de cinco anos. MALHEIRO, A. M. P. *A escravidão no Brasil*, vol. 1, p.81, 100. Carneiro também não admitia que os escravos fugidos adquirissem sua liberdade por pres-

234 MARIANA ARMOND DIAS PAES

oposição mesmo dentro do tribunal: os desembargadores Coito, Silva Guimarães, e Reis e Silva votaram contra esse entendimento. Não votaram os desembargadores Travassos e Almeida Albuquerque, "por se terem retirado por incomodados". Não se sabe que tipo de incômodo era esse...[64]

Como já mencionamos, contrária a esse entendimento foi também "A Redação", da *Gazeta Jurídica*,[65] que expressou o seguinte descontentamento em nota à decisão publicada:

> Não sabemos até onde pode ir a Jurisprudência do Supremo Tribunal em casos iguais ao que aqui foi ventilado; porque importa em nada menos que na condenação do senhor sem culpa sua ou perda da sua propriedade contra o tão conhecido e racional *res ubicumque est suo dominio est*.
>
> A que propósito vem aqui a *prescrição* do Alvará de 10 de Março? Porventura essa disposição veio transtornar os princípios invioláveis e reguladores da propriedade, e pregar a *prescrição ex-officio* sem ser alegada nem provada? E depois, quando até fosse esse o benéfico pensamento do legislador por exceção e em favor da liberdade, pode a prescrição vingar contra a diligência contínua do senhor em haver a sua propriedade escravo [sic]?
>
> Pois os atos do senhor, entre eles o de dar à matrícula o escravo, não interromperá essa prescrição *não alegada* nem provada?

---

crição. CARNEIRO, M. B. *Direito civil de Portugal*, tomo I, 1826, p.99; CARNEIRO, M. B. *Direito civil de Portugal*, tomo I, 1851, p.99.

64 *Gazeta jurídica*, vol. 24, 1879, p, 217-218.

65 Oficialmente, o redator da *Gazeta Jurídica* era Carlos Frederico Marques Perdigão, advogado formado em Olinda, membro do IAB e cavalheiro da Casa Imperial. BLAKE, S. *Dicionário bibliográfico brasileiro*, vol. 2, p.68-69.

ESCRAVIDÃO E DIREITO

A segunda razão da concessão da Revista não é menos improcedente, senão mais grave como princípio a seguir. Restringe-se aí o grande elemento da prova que o Direito, tanto nosso como o universalmente seguido manda aceitar, querendo este Tribunal que, em casos tais, só prevaleça a certidão de batismo vinda do livro eclesiástico!

A Sentença da 1ª Instância quanto a nós foi a única que decidiu bem do caso.[66]

O processo foi, então, remetido ao Tribunal da Relação do Recife. Os desembargadores desse Tribunal decidiram pela liberdade de Theodoro, Rosendo e Marcolino, mas não a fundamentaram na espinhosa prescrição de cinco anos. Seu argumento foi que o capitão Bento não havia apresentado provas suficientes de que eles descendiam de ventre escravo.[67]

***

A análise desses embates pela declaração judicial da liberdade mostra que o estatuto jurídico de uma pessoa poderia estar intimamente relacionado com a maneira como essa pessoa vivia e era reconhecida pelos membros da comunidade na qual estava inserida. Se a posse da liberdade, por um certo período de tempo – longo o bastante para convencer os juízes –, fosse provado, o libertando tinha chances reais de ser judicialmente declarado livre ou liberto; ou seja, teria ampliado seu rol de direitos, a abrangência de sua personalidade jurídica. Por outro lado, se um suposto senhor fosse capaz de provar que o libertando tinha sido sempre considerado como escravo e vivia como tal, o libertando corria o risco de ser judicialmente declarado escravo, ainda que a escravidão por prescrição fosse contrária ao direito vigen-

---

66 *Gazeta jurídica*, vol. 24, 1879, p, 212-213.

67 NEQUETE, L. *O escravo na jurisprudência brasileira*, p.268.

te. Em ambos os casos, era necessário apresentar evidências robustas e consistentes para derrubar a situação fática de liberdade ou escravidão. Em alguns casos, como, por exemplo, o de Marianna e Antonia, nem mesmo o título de domínio foi suficiente para derrubar a posse da liberdade. Em outros, como no de Angelica e seus descendentes, a prova de que os libertandos tinham sempre vivido como escravos fortaleceu, consideravelmente, os títulos de propriedade – que eram frequentemente forjados – e derrubou o documento que comprovaria a situação de liberdade.

Não era incomum que uma situação de escravidão existisse sem um título de propriedade legítimo que a embasasse. Em várias situações, o exercício dos poderes inerentes ao direito de propriedade sobre uma pessoa não estava, necessariamente, associado à existência de um direito de propriedade. O exercício dos poderes inerentes ao direito de propriedade, ou seja, os exercícios de atos de posse, poderia ser suficiente para o reconhecimento judicial de um direito de propriedade. Da mesma forma, o não-exercício dos poderes inerentes ao direito de propriedade poderia fundamentar o reconhecimento judicial de um direito de liberdade adquirido por um escravo pela prescrição. Então, a escravidão poderia ser uma relação estabelecida entre duas pessoas pela força e, só depois, ser ratificada pelo direito. Também a liberdade poderia ser uma condição social posteriormente reconhecida pelo ordenamento jurídico. Assim, o estatuto jurídico de alguém poderia ser "ajustado" para ratificar uma condição social duradoura.

Por muitas décadas, esse "ajuste" entre estatuto jurídico e condição social foi fundamentado na teoria possessória e na prescrição aquisitiva do direito de liberdade. De acordo com essa orientação doutrinária e judicial, não era claro quanto tempo era necessário para o reconhecimento da aquisição da liberdade por prescrição. Os juristas não mencionavam especificamente nenhum prazo para esse tipo de prescrição e os juízes usavam expressões como "por muitos anos", "por muito tempo", "sempre", etc.

Na década de 1860, alguns juristas tentaram inserir no ordenamento jurídico uma nova interpretação no que dizia respeito ao direito das relações entre personalidade jurídica e prescrição. Com base no Alvará de 10 de março de 1682, eles argumentaram que o direito reconhecido pelo exercício da liberdade tinha um prazo prescricional específico: cinco anos. Essa doutrina corroborou a ideia de que o exercício da liberdade gerava direito à ela, mas em um sentido processual: era o senhor quem perdia o direito sobre o escravo, não o escravo que adquiria direito sobre si mesmo. Nesse movimento teórico, os escravos ganharam em certeza: o prazo prescricional seria de cinco anos; a prescrição não mais dependeria da arbitrariedade e da indeterminação de expressões como "há muito tempo". Por outro lado, os escravos perderam no que dizia respeito ao entendimento doutrinário de seu direito à liberdade. A atuação do escravo que exercia atos de liberdade e assim gerava para si um novo estatuto jurídico, deu lugar à atuação do Estado. Agora, seria o Estado o ator que determinaria a solução para esse tipo de conflito. Agora, era uma norma positiva – no sentido de posta pelo Estado – que reconhecia direitos aos escravos. Os direitos dos escravos, nessas questões, não seriam mais determinados por noções de direito natural, que indiretamente orientavam a tese da aquisição da liberdade por prescrição. Apesar da oposição a essa nova orientação, ela foi bem sucedida em certos casos, a partir da década de 1860: foi fundamento jurídico de algumas decisões judiciais; foi reafirmada pelo livro de Malheiro, que era bastante lido no período; e foi reforçada pelo Conselho de Estado.

CAPÍTULO 5

"A justa decisão da nossa vontade": o voluntarismo do direito civil e os direitos dos escravos

Nesta seção, enfatizarei uma questão já discutida: a vontade senhorial. Como ideologia de dominação, a vontade senhorial encontrava, no princípio da autonomia da vontade, seu correspondente jurídico. Até aqui, foi visto que a vontade do senhor constituía um elemento importante para o reconhecimento de direitos aos escravos. Agora, me deterei no papel da vontade do senhor na concessão da liberdade aos escravos, ou seja, na ampliação da abrangência de sua personalidade jurídica.

A vontade como princípio jurídico

No dia 7 de fevereiro de 1861, José Delfino da Silva, morador do distrito de São José da Lagoa, na cidade de Itabira do Mato Dentro,[1] foi ao Arraial de São Miguel do Piracicaba cuidar de seus negócios. Nessa ocasião, também se encontrava ali o frei Francisco de Coriolano, missionário capuchino. Assim que José Delfino chegou, os emissários do frei Francisco trataram de denunciar ao frei que José Delfino conservava em cativeiro suas cunhadas, Joanna e Anna, e seus

---

1 Atualmente, a cidade de Itabira do Mato Dentro é conhecida apenas como Itabira e está localizada no estado de Minas Gerais.

sobrinhos, Flavio e Ricardo. O frei, então, pediu a José Delfino que o acompanhasse até sua casa, juntamente com o vigário da Lagoa, João Alvarez Alves, e o padre Evencio.[2]

Chegando na casa de frei Francisco, este trancou José Delfino em um quarto e lhe afirmou que era necessário alforriar os escravos Joanna, Anna, Flavio e Ricardo, porque eram seus parentes. José Delfino afirmou que não cabia a ele, mas ao pai de sua mulher, reconhecer o parentesco e alforriar os ditos escravos. Também argumentou que possuía muitas dívidas, não estando, portanto, em condições de "fazer tamanha graça". O frei procurou argumentar que, justamente porque os credores iriam se apossar de seus parentes, era necessário que ele cumprisse o "agrado de Deus" e lhes concedesse a liberdade.

Diante da insistente recusa de José Delfino, frei Francisco se enfureceu e bradou que ele estava excomungado, não seria enterrado em terra santa e arderia nas chamas do inferno. Voltou-se, então, para o vigário e lhe perguntou se ele absolvia José Delfino. O vigário, por ser o sacerdote local e não querer se indispor com José Delfino e nem com frei Francisco, vacilou na resposta. O frei então perguntou ao padre Evencio e este respondeu que não, não absolvia José Delfino.

Frei Francisco, então, mandou chamar Guilhermino de Vasconcellos para escrever as cartas de liberdade dos escravos. Enquanto elas eram ditadas pelo frei, José Delfino bradava "pelo amor de Deus" que o deixassem sair, que iria consultar sua mulher sobre a questão e depois voltaria. Suas súplicas não foram atendidas e, depois de prontos os documentos, José Delfino recusou-se a assiná-los. Isso então fez aumentar a fúria do frei, que pegou uma "imagem do crucificado" e, novamente, afirmou que José Delfino seria excomungado, enterrado em local para pasto de animais. José Delfino, por fim, assinou as cartas de liberdade, enquanto levava as mãos à cabeça e chamava por Nossa Senhora.

---

2 Apelação cível sobre liberdade de escravos, 1861, processo n. 93, AEL.

ESCRAVIDÃO E DIREITO   241

O frei, então, pediu a Antonio Fernandes Dinis que levasse as cartas para registro no cartório de notas, pagando ele mesmo as despesas. Quando Antonio retornou, José Delfino deixou a casa e saiu pelas ruas bradando aos quatro ventos o acontecido. Foi então que o capitão Felício o "chamou a juízo" e o vigário da Lagoa, também empenhado em ajudar José Delfino, consultou "pessoas doutas e de boa fé" que o ajudassem a resolver a questão.

Foi então que decidiu vender Joanna, Anna, Flavio e Ricardo.[3] Entretanto, diversas tentativas de venda foram feitas, mas poucos dias depois eram anuladas pelos compradores, que eram informados de que essas vendas não poderiam ter sido realizadas, pois se tratavam de libertos. Nesse ínterim, por medo de serem vendidos, os libertos fugiram. Não tendo seu direito de propriedade reconhecido por meio das transações de compra e venda, no dia 4 de outubro de 1861, José Delfino compareceu ao cartório do juízo municipal e requereu a resolução da situação: o juiz deveria reconhecer o seu direito de propriedade ou declarar a liberdade de Joanna, Anna, Flavio e Ricardo.

Após a autuação do processo, o curador geral de órfãos, Pedro Anacleto da Silva Lopes, requereu certidão do teor das cartas de liberdade:

> Digo eu abaixo assinado José Delfino da Silva, que entre os bens que possuo dou liberdade à crioula Joanna, e Anna com dois filhos Flavio e Ricardo, isto o faço *de*

---

3   Provavelmente, a estratégia de José Delfino seria vender os supostos escravos para anular, na prática, a alforria concedida a Joanna, Anna, Flavio e Ricardo. Em alguns momentos do processo, José Delfino afirmou que a escrava Joanna já estava vendida ao capitão Felício, antes da concessão da carta de alforria. Entretanto, ao longo da leitura das peças processuais e dos depoimentos das testemunhas não ficou claro se ela já havia, de fato, sido vendida e, daí, o empenho do capitão Felício em ajudar José Delfino a recuperar seus escravos, ou se essa venda anterior teria sido forjada no intento de deslegitimar a alforria concedida a Joanna.

> *minha espontânea vontade*, por serem aquelas irmãs de minha mulher, e por isso passo esta carta, pela qual lhes confiro a liberdade, não podendo nem meus herdeiros reclamar em tempo algum que esta graça feita sem coação; com a condição única de ficarem em minha companhia, aquelas pelo tempo de seis anos e os filhos [ilegível] de vinte anos.[4]

Está expresso na carta de alforria que ela foi passada de "espontânea vontade". E toda a discussão processual girou em torno dessa afirmação. Ao longo de suas peças processuais, o advogado de José Delfino, defendeu a tese de que frei Francisco abusou de sua autoridade, coagindo José Delfino a assinar a carta, por meio de ameaças aterradoras, como a perda da comunhão e a impossibilidade da salvação eterna. Tais ameaças assustariam qualquer pessoa "animosa", quanto mais José Delfino, que, por ser "ignorante", facilmente se iludiu com as ameaças do frei. A liberdade não teria sido concedida se não fosse a coação. Assim, houve um vício na concessão da liberdade: ela não expressava a vontade de José Delfino. O vigário da Lagoa afirmou em declaração juntada aos autos:

> [...] então ele [José Delfino] ficou sucumbido e assinou a carta muito atrapalhado e o Missionário mandou nas notas e me deu para guardar e eu não achei bonito [ilegível] contra a vontade. Então mandei contar tudo a algumas pessoas entendidas e de boa fé e me responderam que a carta não valia de nada porque foi passada contra vontade de José Delfino.[5]

---

4   (*Grifos meus*). Apelação cível sobre liberdade de escravos, 1861, processo n. 93, AEL, p.18v.

5   Apelação cível sobre liberdade de escravos, 1861, processo n. 93, AEL, p.23-23v.

Percebe-se, portanto, que, na tentativa de ajudar José Delfino, o vigário da Lagoa acabou se informando sobre a norma jurídica de que o consentimento era elemento essencial do contrato. Ou seja, para que a concessão da liberdade fosse um ato jurídico válido, era necessária a livre e espontânea manifestação da vontade de José Delfino. A essa tese se prendeu a argumentação do advogado do réu. Todo o processo foi conduzido nessa linha: ao longo da inquirição das testemunhas, o advogado procurou sempre demonstrar que José Delfino, no momento de assinatura da carta, foi coagido pelas ameaças do frei, que teriam aterrorizado qualquer pessoa, e que não teria assinado o ato se não estivesse sob violência. Mas por que o advogado do réu optou por seguir essa via argumentativa? Passo, agora, à análise dessa opção dentro do contexto do direito civil brasileiro.

A livre manifestação da vontade, como princípio norteador dos atos jurídicos regidos pelo direito civil, era já uma construção consolidada entre os juristas portugueses e brasileiros. As doutrinas jurídicas portuguesas e brasileiras, que se firmaram no século XIX, eram herdeiras do jusnaturalismo individualista dos séculos XVII e XVIII. Nesse período, procurou-se sobrepujar a tradição do direito comum europeu, impondo-se um direito nacional fundamentado no "moderno direito natural, já de raiz individualista e espiritualmente ligado às luzes".[6] O corolário do individualismo jurídico era o voluntarismo do direito civil. É possível perceber, claramente, essa matriz voluntarista do direito civil no trecho da obra de Freire – o arauto do Marquês de Pombal no campo do direito –, em que o autor definiu a "regra máxima na doutrina dos pactos":

---

6   HESPANHA, A. M. *A história do direito na história social*, p.76. Sobre os antecedentes seiscentistas e setecentistas do jusnaturalismo individualista, ver HESPANHA, A. M. *Cultura jurídica européia*, p.301-318.

244 MARIANA ARMOND DIAS PAES

> § III – Desta regra resultam, entre outras, as seguintes consequências: só podem pactuar os que podem consentir e gozam de perfeito juízo; por isso, os furiosos, os mentecaptos, e os pródigos, a quem se interdisse a administração dos bens, os impúberes, os menores, e os filhos-família não podem pactuar nem obrigar-se civilmente, sem consentimento, ordem, e autoridade do tutor, curador, ou pai; são igualmente de nenhum valor os pactos dos maiores, quando arrancados pelo dolo, força, ou medo, ou contrários às leis escritas e aos bons costumes; e o mais que no tit. *De pactis* das Pandectas ensinaram os Romanos segundo o direito natural, e se guarda igualmente em Portugal e em todas as nações.[7]

O autor afirmou que "podem pactuar os que podem consentir", ou seja, a capacidade de expressar a vontade era o primeiro requisito para a existência jurídica de um contrato. Mas a capacidade da pessoa não bastava. Era necessário, ainda, que essa vontade expressa não sofresse nenhum tipo de vício, ou seja, não tivesse vindo à tona em razão de dolo, força ou medo. Também deveria estar em conformidade com o direito vigente. Assim, a vontade jurídica era o fundamento de todos os contratos.[8]

Com o avançar do século XIX, a doutrina da vontade começa a ganhar cores de princípio interpretativo dos contratos.[9] Telles, por exemplo, afirmou que "em todo o contrato ou obrigação deve-se aten-

---

7   FREIRE, P. J. M. *Instituições de direito civil português*, livro IV, p.42-43.

8   TELLES, J. H. C. *Digesto português*, tomo I, 1835, p.39-45; TELLES, J. H. C. *Digesto português*, tomo I, 1838, p.38-44; TELLES, J. H. C. *Digesto português*, tomo I, 1860, p.39-45.

9   TELLES, J. H. C. *Digesto português*, tomo I, 1835, p.64-65; TELLES, J. H. C. *Digesto português*, tomo I, 1838, p.62-64; TELLES, J. H. C. *Digesto português*, tomo I, 1860, p.64-65.

der à intenção, que as partes tiveram" e que "nem pode ser tirado a cada um o seu direito, sem o seu consentimento".[10]

Em meados do século XIX, Rocha apresentou, de maneira ainda mais contundente, o papel da vontade como elemento essencial dos atos jurídicos civis. Essa discussão deixou de ser atrelada às questões contratuais e ganhou ares de teoria geral:

> Diz-se ato, ou ação neste sentido, todo o fato, ou omissão, praticado por uma pessoa no uso da sua razão. Quando desta ação resulta a criação, extinção, ou alteração de direitos, ou obrigações, é um *ato de direito*. Estes atos podem ser *lícitos*, ou *ilícitos*. Os atos *ilícitos* não podem produzir para seus autores direitos, mas produzem obrigações. *Cod. da Pr. P. 1. tit 3. art. 35*. Além disto em alguns atos dá-se a manifestação da vontade, a qual é considerada como a base da aquisição ou alteração dos direitos: a estes chamamos propriamente *atos jurídicos*, de que aqui tratamos. Nos atos, em que se não dá manifestação de vontade, não resultam outros direitos e obrigações, senão aqueles, que as leis expressamente determinam.[11]

O que diferenciava os atos jurídicos dos outros atos era a manifestação da vontade, que também podia ser entendida como consentimento. Essa vontade era elemento essencial do ato jurídico, ou

---

10 TELLES, J. H. C. *Digesto português*, tomo I, 1835, p.10, 64; TELLES, J. H. C. *Digesto português*, tomo I, 1838, p.10, 62; TELLES, J. H. C. *Digesto português*, tomo I, 1860, p.10, 64.

11 ROCHA, M. A. C. *Instituições de direito civil português*, tomo I, 1848, p.63-64; ROCHA, M. A. C. *Instituições de direito civil português*, tomo I, 1852, p.63-64; ROCHA, M. A. C. *Instituições de direito civil português*, tomo I, 1857, p.63-64; ROCHA, M. A. C. *Instituições de direito civil português*, tomo I, 1867, p.63-64.

246   Mariana Armond Dias Paes

seja, sem manifestação da vontade o ato jurídico era nulo. Havia vício no consentimento quando ele fosse manifestado por erro, ignorância, com dolo, sob medo ou sujeito a violência.[12]

Loureiro, por sua vez, não apresentou uma teoria geral do ato jurídico, mas tratou do consentimento, na parte de sua obra em que abordou as normas que regiam os contratos. Entretanto, acrescentou novos elementos aos já apresentados por Freire e Telles. Para ele, eram requisitos essenciais à validade dos contratos: a) capacidade natural e civil das partes, b) expresso consentimento de ambas as partes, c) objeto lícito e d) cumprimento das fórmulas estabelecidas pela lei. Era nulo o consentimento: a) se fosse extorquido por força ou ameaça de perda da vida, saúde, honra ou liberdade; b) se houvesse erro sobre a substância da coisa que era o objeto do contrato; c) se houvesse erro em relação à pessoa; d) no caso de contratos firmados com pessoas retidas em cárcere privado; e) no caso de contratos feitos com quem estava em cadeia pública, por aquele que requereu sua prisão, sem autorização do juiz; f) se houvesse dolo de uma das partes; g) se uma das partes usasse enganos e malícias para obrigar a outra a mais do que lhe devia; h) quando uma das partes fosse enganada em mais da metade do valor do objeto contratado, mesmo sem dolo da parte contrária; i) se houvesse renúncia da ação de lesão; e j) nos casos de contratos simulados.[13]

---

12   ROCHA, M. A. C. *Instituições de direito civil português*, tomo I, 1848, p.65-69; ROCHA, M. A. C. *Instituições de direito civil português*, tomo I, 1852, p.65-69; ROCHA, M. A. C. *Instituições de direito civil português*, tomo I, 1857, p.65-69; ROCHA, M. A. C. *Instituições de direito civil português*, tomo I, 1867, p.65-69.

13   LOUREIRO, L. T. *Instituições de direito civil brasileiro*, tomo II, 1851, p.124-126. Para um maior detalhamento desses pontos, ver LOUREIRO, L. T. *Instituições de direito civil brasileiro*, tomo II, 1857, p.210-212; LOUREIRO, L. T. *Instituições de direito civil brasileiro*, tomo II, 1862, p.247-249. E ainda, FREITAS, A. T. *Consolidação das leis civis*, 1857, p.126-152; FREITAS, A. T. *Consolidação das leis civis*, 1865, p.178-226. Na segunda edição

ESCRAVIDÃO E DIREITO   247

Malheiro elaborou sua teoria sobre o fim do cativeiro também com base nesse fundamento voluntarista do direito civil brasileiro. Para ele "o que se diz propriamente manumissão" era o ato voluntário do senhor que restituía a liberdade ao escravo. Assim, a ausência de vontade do senhor para alforriar seu escravo constituía "nulidade visceral ou radical" e ensejava a anulação do ato jurídico. As outras hipóteses de nulidade insanável elencadas pelo autor ressaltavam ainda mais o elemento da vontade, já que eram situações nas quais ele não existiria. Tais hipóteses também ensejavam a nulidade dos atos jurídicos de direito civil em geral. Eram elas: a) erro substancial, b) violência ou coação, c) incapacidade do manumissor.[14]

O voluntarismo, como princípio jurídico fundamental dos atos civis, era tão forte que Freitas chegou a afirmar que, se um senhor declarasse, em juízo, que seu escravo era livre, com o objetivo de eximi-lo de castigos, isso não poderia ser considerado alforria. Não havia manumissão, apesar da existência de uma declaração feita perante o judiciário, porque o senhor não tinha real "intenção de libertar seu escravo".[15]

---

da *Consolidação das leis civis*, Freitas afirmou que "não há contrato sem declaração de vontade, e não há declaração de vontade sem manifestação exterior". FREITAS, A. T. *Consolidação das leis civis*, 1865, p.197.

14 MALHEIRO, A. M. P. *A escravidão no Brasil*, vol. 1, p.85-94. Malheiro ressaltou que a intenção do senhor era essencial para a alforria do escravo em diversos outros trechos de sua obra. MALHEIRO, A. M. P. *A escravidão no Brasil*, vol. 1, p.84, 106, 107. Os surdos, mudos e cegos também eram considerados incapazes pelo direito brasileiro oitocentista. No entanto, Malheiro argumentou que, caso eles fossem capazes de expressar sua vontade, as alforrias por eles concedidas deveriam ser consideradas válidas. MALHEIRO, A. M. P. *A escravidão no Brasil*, vol. 1, p.88.

15 FREITAS, A. T. *Consolidação das leis civis*, 1865, p.27. FREITAS, A. T. *Consolidação das leis civis*, 1876, p.37. Chegando ao final da *Consolidação das leis civis*, Freitas fez um grande apanhado de normas que regiam

248   Mariana Armond Dias Paes

Diante de um princípio jurídico tão consolidado, o curador dos libertandos, no processo que moviam contra José Delfino, também se prendeu à questão da livre manifestação da vontade. Ele não contestou os fatos em si, mas optou por tentar convencer o juiz de que a vontade de José Delfino não estava sob coação naquele momento. Na carta de liberdade, José Delfino afirmava expressamente que estava agindo sem coação, de livre e espontânea vontade. Ademais, o fato da alforria ter sido concedida com a cláusula de que Joanna, Anna, Flavio e Ricardo deveriam continuar lhe servindo demonstrava que não existiu coação por parte do frei Francisco. Se tivesse existido, ele exigiria que os escravos entrassem naquele momento no pleno gozo de suas liberdades, como deveria ser, tendo em vista o parentesco próximo entre eles e José Delfino. As testemunhas também não eram suficientes para comprovar a coação, porque não estavam presentes no momento, mas "ouviram dizer" a outras pessoas. O que ocorreu foi que o frei procurou convencer José Delfino de que ele estava praticando um ato imoral: manter em cativeiro suas cunhadas e seus sobrinhos. Como missionário, seu objetivo era mostrar a José Delfino que essa situação era um ato de desumanidade, que ia de encontro com os ensinamentos da "santa religião católica apostólica". José Delfino logo foi convencido da humanidade desses argumentos e anuiu com a liberdade, embora ficasse ligeiramente confuso em razão das dívidas que possuía. Também ficou confuso porque se lembrou que já tinha vendido Joanna ao capitão Felício, e esta lembrança o encheu de remorsos. Assim, essa confusão não significaria coação, ela teria ocorrido por causa da aflição que sentiu por já ter vendido uma de suas cunhadas. E ainda que tivesse agido por medo, nessa situação, o medo seria reverencial e, portanto, não seria suficiente para anular o ato.

---

as concessões de alforria. Nelas, a vontade do senhor se fazia presente contundentemente. FREITAS, A. T. *Consolidação das leis civis*, 1865, p.526-530. FREITAS, A. T. *Consolidação das leis civis*, 1876, p.653-657.

ESCRAVIDÃO E DIREITO   249

O juiz, Joaquim Roberto de Carvalho Pinto, não se convenceu dos argumentos do curador. Para ele, ficou exaustivamente provado que José Delfino não praticaria o ato se estivesse em seu estado "normal". Não houve, consequentemente, inteligência e liberdade, requisitos essenciais do consentimento.

O curador recorreu da sentença, mas o TRRJ não conheceu a apelação, afirmando que sua interposição ocorreu de maneira irregular, contrária ao artigo 15 da Disposição Provisória Acerca da Administração da Justiça Civil.[16]

Os atos jurídicos de direito civil eram norteados pelo princípio da vontade. Sem vontade, os atos jurídicos não eram válidos. Mas, por que o voluntarismo também se aplicava às alforrias de escravos? Eram as alforrias atos jurídicos de direito civil?

Na década de 1860, existiam controvérsias a respeito do enquadramento da alforria como doação. O título 63, do livro 4º, das Ordenações Filipinas, tratava "das doações e alforria, que se podem revogar por causa de ingratidão". As alforrias, portanto, eram tratadas por esse dispositivo normativo como uma espécie de doação. Os juristas portugueses do início do século corroboravam, em parte, esse entendimento. De acordo com o jurista português Carneiro, eram espécies de alforria a concedida pela lei e a concedida pelo senhor. A liberdade poderia ser concedida pelo senhor, por testamento, fideicomisso ou outros meios legais.[17] Para Telles, a manumissão poderia

---

16 Lei de 29 de novembro de 1832, artigo 15 da Disposição Provisória Acerca da Administração da Justiça Civil: "Toda a provocação interposta da sentença definitiva, ou que tem força de definitiva, do Juiz inferior para superior afim de reparar-se a injustiça, será de apelação, extintas para esse fim as distinções entre Juízes de maior, ou menor graduação. Esta interposição pode ser na audiência, ou por despacho do Juiz, e termo nos autos, como convier ao Apelante, intimada a outra parte, ou seu Procurador".

17 CARNEIRO, M. B. *Direito civil de Portugal*, tomo I, 1826, p.99-100; CARNEIRO, M. B. *Direito civil de Portugal*, tomo I, 1851, p.99-100.

250   MARIANA ARMOND DIAS PAES

ser dada ao escravo, por disposição de última vontade ou por doação, como era permitido para os bens móveis.[18]

Os juristas brasileiros davam um tratamento diferente à questão. Na segunda edição da *Consolidação das leis civis*, Freitas afirmou que a alforria tinha analogia com a doação. Por isso, deveria ser considerada como um ato unilateral antes de ser aceita pelo donatário e como um ato bilateral após a aceitação.[19] Porém, em outro trecho do livro, afirmou que as alforrias não eram doações propriamente ditas. Quando um senhor libertava seu escravo, ele abria mão de uma parte de seus bens, de uma propriedade. Mas o que era transmitido ao escravo não era uma propriedade, mas um direito, a sua liberdade. Assim, as condições essenciais da doação verificavam-se apenas da parte do doador.[20]

Malheiro defendeu outro posicionamento a respeito desse instituto. Antes de discorrer sobre o tema, avisou: "Prescindamos de todas essas ficções, anacrônicas, obsoletas, sem aplicação ao nosso estado, e vamos à realidade das coisas; investiguemos a verdade em toda sua virginal e cândida nudez". Afirmou que a legislação brasileira parecia ter admitido que as alforrias eram uma espécie de doação, uma vez que as Ordenações Filipinas tratavam de ambas no mesmo título. No

---

18   TELLES, J. H. C. *Digesto português*, tomo II, 1835, p.221; TELLES, J. H. C. *Digesto português*, tomo II, 1838, p.221; TELLES, J. H. C. *Digesto português*, tomo II, 1860, p.221.

19   Em razão dessa regra, nas alforrias concedidas por um senhor falecido e achadas entre seus papéis, sem que os escravos dela tivessem conhecimento, só produziriam efeitos após o falecimento do senhor. Assim, os filhos de escrava libertada por esse tipo de alforria, tidos antes do conhecimento da alforria, eram escravos. FREITAS, A. T. *Consolidação das leis civis*, 1876, p.285-287.

20   ALMEIDA, C. M. *Código filipino*, vol. 4, p.863; FREITAS, A. T. *Consolidação das leis civis*, 1865, p.234; FREITAS, A. T. *Consolidação das leis civis*, 1876, p.295-296.

entanto, não se tratava de uma doação, pois nas alforrias não existia sujeito, nem objeto. Admitir a possibilidade de o escravo adquirir, apesar de escravo, a sua liberdade ou escravidão seria uma "ficção quase pueril". "A realidade das coisas" era que, na manumissão, o que o senhor fazia era *demitir de si o domínio e o poder* que tinha (contra direito) sobre o escravo, restituindo-o ao seu *estado natural de livre*, em que todos os homens nascem". A alforria era, então, a renúncia que o senhor fazia de seus direitos sobre o escravo. A manumissão reintegrava o escravo no gozo de sua liberdade, que estava suspenso, por ser ele vítima do fato da escravidão. A conclusão era que o escravo, por natureza, sempre conservou a sua liberdade, que estava latente em razão do arbítrio do direito positivo.[21]

A despeito das controvérsias sobre ser a alforria uma espécie de doação ou não, percebe-se que os juristas, invariavelmente, consideravam-na como um instituto do direito civil. Nesse sentido, sua concessão deveria respeitar as formalidades necessárias à validade dos atos jurídicos de direito civil, ou seja, deveria ser a consequência de uma manifestação de vontade livre.

Voluntarismo jurídico e vontade senhorial

Esse quadro teórico, que tinha a vontade como um dos núcleos constitutivos e interpretativos das relações de direito civil, estava inserido em um contexto histórico de hegemonia do que Sidney Chalhoub chama de "ideologia senhorial".

Chalhoub identifica a década de 1850 como um momento de hegemonia política e cultural do projeto saquarema, fundamentalmente baseado na inviolabilidade da vontade senhorial e na ideologia da produção de dependentes e que, portanto, reproduzia relações

---

21 MALHEIRO, A. M. P. *A escravidão no Brasil*, vol. 1, p.117-118. Em nota, o autor elencou diversos dispositivos legais que corroborariam seu argumento.

252   MARIANA ARMOND DIAS PAES

sociais extremamente desiguais. Nesse período, "a vontade do chefe de família, do senhor-proprietário, é inviolável, e é essa vontade que organiza e dá sentido às relações sociais que a circundam".[22] As pessoas eram vistas, pelos grupos hegemônicos, como extensão da vontade senhorial e sua existência era entendida como uma concessão dessa vontade. Para os sujeitos históricos que encampavam a ideologia senhorial, pautada por relações sociais desiguais, não havia possibilidade de alteridade e, portanto, de reconhecimento de direitos alheios à vontade senhorial. Os integrantes da classe senhorial, sabiam da existência de práticas de solidariedade entre os dependentes e, até mesmo, aceitavam algumas práticas costumeiras. Entretanto, isso era visto por eles como uma concessão da vontade senhorial, não como práticas autônomas, antagônicas ao sistema de dominação paternalista. O que não fosse entendido como concessão da vontade senhorial era visto como insubordinação e deveria ser fortemente reprimido.[23]

Entretanto, esse era um mundo que a classe senhorial gostava de imaginar, não era o que ocorria de fato. É essa idealização da realidade social que se pode chamar de paternalismo. Os dependentes e, dentre eles, os que estavam sujeitos à dominação mais violenta – os escravos –, não necessariamente interpretavam a realidade de acordo com essa ideologia e nem se submetiam a ela passivamente. Maneiras próprias de interpretar e intervir no processo histórico eram forjadas na luta cotidiana contra a situação de dependência e subordinação.[24]

Havia, também, o que Chalhoub chama de "territórios do diálogo". No desenrolar das atividades cotidianas, existiam diálogos possíveis entre a classe senhorial e seus dependentes, fossem eles livres ou escravos. Entretanto, nesse contexto, os dominados deveriam ser cautelosos e adotar um "discurso político possível", ou seja, usar a linguagem re-

---

22 CHALHOUB, S. *Machado de Assis, historiador*, p.18-20.

23 CHALHOUB, S. *Machado de Assis, historiador*, p.26, 28; 38; 61.

24 CHALHOUB, S. *Machado de Assis, historiador*, p.31; 47-48; 60-61; 99.

ESCRAVIDÃO E DIREITO 253

conhecida pela classe senhorial, o que, não necessariamente, garantiria o seu sucesso e poderia, inclusive, lhe render castigos violentos. Nesses casos, assumindo a existência de diálogos possíveis entre sujeitos históricos submetidos a uma situação de intensa desigualdade social, o mais efetivo era não questionar o domínio da vontade senhorial e procurar provocar, individualmente, em cada representante da classe senhorial, a vontade de realização de seus objetivos próprios. Ou seja, era necessário perseguir interesses próprios dentro do sistema de dominação paternalista e de hegemonia da vontade senhorial.[25]

Era esse o contexto histórico no qual se desenrolou o processo entre José Delfino e Joanna, Anna, Flavio e Ricardo. Ideologia senhorial e voluntarismo do direito civil eram mutuamente constitutivos. Por um lado, a hegemonia do domínio senhorial possibilitava a consolidação de uma vertente teórico-jurídica que considerava a manifestação da vontade como fundamento essencial dos atos jurídicos; por outro, essa construção jurídica possibilitava que a vontade senhorial se reafirmasse como fonte hegemônica do reconhecimento de direitos. Dentro desse quadro, ao curador dos libertandos, não restava outra saída que não procurar demonstrar que era vontade do senhor José Delfino que os escravos adquirissem direito à liberdade, ou seja, direito ao estatuto jurídico de libertos, o que implicaria a ampliação de sua personalidade jurídica. Seria inútil contestar a vontade senhorial como origem do direito à liberdade. O caminho era argumentar dentro desse paradigma. Mas, como visto, nem essa argumentação foi bem sucedida. A vontade de José Delfino foi considerada viciada e, consequentemente, inapta a provocar o reconhecimento do direito à liberdade de Joanna, Anna, Flavio e Ricardo.

---

25 CHALHOUB, S. *Machado de Assis, historiador*, p.61-63.

O voluntarismo jurídico nas alforrias concedidas por testamento

Em 29 de janeiro de 1857, na cidade de São Gabriel, província de São Pedro do Rio Grande do Sul, dois dias antes de sua morte, Domingas passou carta de alforria a sua escrava Maria das Mercês. Como ela não sabia escrever, o papel foi assinado por Joaquim Alves Lucas. Dias depois, procedeu-se ao inventário da finada. Nele, Maria das Mercês foi avaliada na quantia de 800 mil réis e alguns herdeiros apresentaram petição requerendo a alforria da escrava com base na última vontade da senhora. Porém, o Curador Geral de Órfãos, João Xavier Pestana, afirmou que o testamento não possuía todas as formalidades necessárias e a alforria da escrava acarretaria prejuízo aos herdeiros-órfãos. O juiz de órfãos, que cuidou do inventário, concordou que, de fato, o testamento não estava revestido de todas as formalidades necessárias, mas, "em razão do favor à liberdade", partilhou Maria das Mercês entre os herdeiros signatários da petição e o inventariante, para que eles fizessem cumprir a última vontade da falecida.[26]

Diante dessa situação, em 14 de fevereiro de 1861, Maria das Mercês, representada por seu curador Thomaz d'Azevedo Caripuna, ajuizou ação de liberdade perante o juízo municipal de São Gabriel, contra José Rufino dos Santos Menezes, para quem os herdeiros a haviam vendido depois da partilha. Seu curador, que também atuou como advogado, argumentou que Maria das Mercês ficou liberta por falecimento de sua senhora e, portanto, não poderia ser repartida entre os herdeiros como escrava. Também "contra todo o direito", foi ela vendida pelos herdeiros ao réu, o que configuraria o crime de redução à escravidão, previsto no artigo 179 do Código Criminal.[27] Maria das

---

26 Apelação cível sobre liberdade de escravos, 1861, processo n. 91, AEL, p.1-19v.

27 Lei de 16 de dezembro de 1830, artigo 179: "Reduzir à escravidão a pessoa livre, que se achar em posse da sua liberdade. Penas – de prisão por

ESCRAVIDÃO E DIREITO 255

Mercês deveria ser considerada como na posse de sua liberdade desde a morte de sua senhora. Além disso, os herdeiros agiram de má-fé, pois reconheceram sua qualidade de liberta quando pediram ao juiz de órfãos que fosse passada sua carta de liberdade.

Em resposta ao libelo apresentado pelo curador, Clementino Ignácio da Silveira, advogado do réu, atacou a ausência de formalidades do testamento. O papel no qual a autora fundava seu direito à liberdade era nulo porque não cumpria as formalidades das Ordenações Filipinas[28] e da legislação testamentária. Além do mais, quando as testemunhas foram assinar, elas não ouviam o que a finada dizia porque ela já estava moribunda. Somava-se a isso o fato de que o curador estava agindo de má-fé, pois era desafeto do réu.

Como prova, o advogado do réu também juntou aos autos uma carta, de Manoel Soares Machado, na qual declarava que foi ele quem pediu a Joaquim Alves que fizesse o papel de liberdade e o assinasse a rogo de sua mãe, para proteger a escrava e que, nesse momento, sua

---

três a nove anos, e de multa correspondente à terça parte do tempo; nunca porém o tempo de prisão será menor, do que o cativeiro injusto, e mais uma terça parte".

28 Ordenações Filipinas, livro 4º, título 80, §3º: "E se o testamento for feito pelo Testador, ou por outra pessoa privada, e não tiver instrumento público de aprovação nas costas, nem for feito por Tabelião, esse Testador, por cuja mão for feito, ou assinado o testamento, e bem assim qualquer outra pessoa, por cuja mão for feito e assinado, seja havido em lugar de Tabelião, de maneira que com esse Testador, por cuja mão for feito, ou assinado, ou com a pessoa privada, que o fizer, ou assinar, sejam seis testemunhas: as quais testemunhas assinarão no testamento, sendo primeiro lido perante elas, e serão varões maiores de quatorze anos, e livres, ou tidos por tais. E neste caso, quando for feito pelo Testador, ou por outra pessoa privada sem instrumento público nas costas, deve tal testamento ser publicado depois da morte do Testador por autoridade de Justiça, citando as partes, a que pertencer, segundo forma de Direito". ALMEIDA, C. M. *Código filipino*, vol. 4, p.905-906.

mãe já não estava em seu perfeito juízo. As testemunhas apresentadas pelo réu se esmeraram em convencer o juiz de que, no momento da confecção do testamento que concedia liberdade a Maria das Mercês, Domingas já estava moribunda, que não era possível entender o que ela dizia e a alforria tinha sido concedida a pedido de seu filho Manoel. Domingas, portanto, não expressou sua vontade.

A estratégia do curador para atacar os depoimentos favoráveis ao réu foi inquirir as testemunhas, que estavam presentes no ato, se era vontade da finada que Maria das Mercês fosse forra, ao que elas responderam que sim. As testemunhas da autora, por sua vez, afirmavam que era vontade de Domingas que Maria das Mercês fosse liberta e que, após a morte de sua senhora, ela passou a ser reconhecida como liberta, inclusive pelos herdeiros. Ao inquirir as testemunhas do autor, o advogado do réu fez perguntas a respeito do juízo da finada no momento da concessão da alforria. Assim, enquanto o advogado do réu procurava atacar as formalidades da manifestação da vontade de Domingas, o curador tinha como objetivo mostrar que Maria das Mercês possuía direito à liberdade, porque esta era a vontade de sua senhora. Mais uma vez, o embate processual se dava no campo do princípio da livre manifestação da vontade como fundamento dos atos jurídicos civis.

Em suas razões finais, o curador da autora alegou que o documento que embasava o direito de liberdade, sendo disposição de última vontade sem instituição de herdeiros, feito no campo, longe de grandes povoados e em presença de três testemunhas, poderia valer como codicilo nuncupativo se fosse reduzido a pública forma e assim julgado pelo juiz competente. No entanto, a falta dessas formalidades não era suficiente para o não reconhecimento do direito da autora. A declaração de última vontade de Domingas era válida, porque, naquele momento, ela fez doação da liberdade, como poderia ter feito por qualquer outro meio legítimo. Ademais, a autora tinha a seu favor a presunção de direito, pois achava-se na posse e gozo de sua liberdade desde a morte de

Domingas até o momento de sua venda ilegal. O réu, alegando o domínio sobre a autora, não o provou exibindo a escritura de venda. E nem o poderia fazer, pois não pagou o imposto instituído em lei.

A essas razões, o advogado do réu respondeu ressaltando o direito de propriedade legítimo que o réu tinha sobre a autora. O direito de propriedade era garantido em sua plenitude pela Constituição do Império e Maria das Mercês reconhecia que foi vendida, admitindo, portanto, que era propriedade de José Rufino. Diante disso, era incabível a alegação de que o réu deveria apresentar escritura de venda, como prova de seu direito de propriedade. Ademais, ressaltou que, tendo em vista que ela foi depositada sem prestar fiança de seus serviços, o réu se achava esbulhado de seu direito de propriedade há mais de um ano.

Em sua sentença, o juiz Porfírio da Cruz Metello, considerou que o documento apresentado, apesar de não estar revestido das formalidades de um testamento, deveria valer como título de doação de liberdade, pois a falecida havia manifestado de modo indubitável a vontade de libertar a autora. Além disso, o título estava assinado por três testemunhas e foi ratificado pelos herdeiros, quando da petição ao juiz do inventário. Assim, Maria das Mercês foi julgada livre.

O réu apelou da decisão. Ao receberem o processo, os desembargadores do TRRJ determinaram que os autos fossem remetidos ao juízo municipal da 1ª vara da Corte para se proceder à avaliação da causa e sua averbação. Infelizmente, esse é o fim do documento.

Assim como no caso de Joanna, Anna, Flavio e Ricardo, nesse processo, as partes procuraram argumentar dentro dos limites instituídos pelo voluntarismo jurídico do direito civil, que também se aplicava aos testamentos. Os curadores que quisessem que seus escravos tivessem seu direito à liberdade reconhecido deveriam ser capazes de comprovar que esse direito tinha como fundamento último um ato de vontade do senhor do escravo. Em outras palavras, a luta pelo direito à liberdade estava, em muitas ocasiões, atrelada à vontade como princípio jurídico e como ideologia hegemônica.

Os testamentos representavam a perpetuação da vontade senhorial do falecido, uma vez que eram sua manifestação no sentido de determinar as maneiras pelas quais deveriam agir os herdeiros e demais envolvidos na sucessão.[29]

> Os testamentos constituem um artigo mui importante na legislação de todos os povos em razão das vantagens, que deles resultam para a sociedade. 1º A liberdade de dispor de seus bens, ainda além da morte, é um veemente incentivo para o trabalho e economia, que são o germe de todas as virtudes, assim morais, como sociais. 2º No testamento exerce o homem para com as pessoas, com quem tem relações, o último ato de benevolência, de gratidão, ou de justiça, que as leis não podem inutilizar, sem proscrever ao mesmo tempo estas virtudes. 3º Finalmente no testamento fica consignada uma memória, cuja esperança tinha lisonjeado o defunto, assim como a sua recordação enche de satisfação o herdeiro. Mas prevenir os abusos e fraudes, que neste ato facilmente se poderiam cometer, as leis sujeitaram-no a muitas e escrupulosas solenidades.[30]

Também no testamento, a vontade senhorial encontrava seu correlato jurídico no voluntarismo. Para Freire, o testamento era "a justa decisão da nossa vontade sobre aquilo que alguém quer que se faça após a sua morte". Telles definiu testamento como "a disposição, em que alguém institui um ou muitos herdeiros". Teixeira, por sua vez,

---

29 CHALHOUB, S. *Machado de Assis, historiador*, p.20.

30 ROCHA, M. A. C. *Instituições de direito civil português*, tomo II, 1848, p.531; ROCHA, M. A. C. *Instituições de direito civil português*, tomo II, 1852, p.531; ROCHA, M. A. C. *Instituições de direito civil português*, tomo II, 1857, p.531; ROCHA, M. A. C. *Instituições de direito civil português*, tomo II, 1867, p.531.

afirmou que "testamento é a declaração regular, que faz um homem, de sua última vontade, para ser executada depois da sua morte". Já para Rocha, "testamento é o ato revogável e solene, pelo qual uma pessoa dispõe de todos, ou parte de seus bens para depois da sua morte". O testamento, de acordo com Loureiro, era "a justa declaração da nossa vontade a respeito do que queremos que se faça depois da nossa morte".[31] Essa definição mudou, consideravelmente, na segunda edição de sua obra:

> *Testamento* é um ato jurídico, e solene, autorizado, e regulado pelo Direito Civil de cada Estado, pelo qual cada um de seus súditos testáveis pode dispor de todos, ou de parte de seus bens para depois de sua morte; e que durante sua vida pode revogar quando lhe aprouver.[32]

Já Borges conceituou testamento como "a declaração legal, que faz o homem da sua última vontade para ser executada depois da sua morte". Na *Consolidação das leis civis*, Freitas não apresentou uma definição explícita de testamento, mas, da nota 21 ao artigo 1.007,

---

31 FREIRE, P. J. M. *Instituições de direito civil português*, livro III, p.79. LOUREIRO, L. T. *Instituições de direito civil brasileiro*, tomo I, 1851, p.144; TEIXEIRA, A. R. L. *Curso de direito civil português*, tomo II, 1845, p.162; TEIXEIRA, A. R. L. *Curso de direito civil português*, tomo II, 1848, p.162; ROCHA, M. A. C. *Instituições de direito civil português*, tomo II, 1848, p.530; ROCHA, M. A. C. *Instituições de direito civil português*, tomo II, 1852, p.530; ROCHA, M. A. C. *Instituições de direito civil português*, tomo II, 1857, p.530; ROCHA, M. A. C. *Instituições de direito civil português*, tomo II, 1867, p.530; TELLES, J. H. C. *Digesto português*, tomo III, 1835, p.240; TELLES, J. H. C. *Digesto português*, tomo III, 1838, p.240; TELLES, J. H. C. *Digesto português*, tomo III, 1860, p.240.

32 LOUREIRO, L. T. *Instituições de direito civil brasileiro*, tomo I, 1857, p.203.

260   MARIANA ARMOND DIAS PAES

conclui-se que, para ele, o testamento era uma espécie de "disposição legal de última vontade".[33]

A partir dessas definições, nota-se que, na década de 1860, circulavam entre os juristas brasileiros dois tipos fundamentais de definição de testamento. O primeiro deles expressamente definia o testamento como uma manifestação da vontade, defendido por Freire; Teixeira; Loureiro, na primeira edição de seu compêndio; Borges; e Freitas. O segundo tipo de definição ressaltava o caráter de ato jurídico de direito civil do testamento, sem deixar o elemento da vontade explícito, encampado por Telles; Rocha; e Loureiro, nas segunda e terceira edições de seu livro. Todavia, mesmo para os autores que não deixavam o elemento da vontade explícito na sua definição de testamento, o consentimento livre era uma solenidade interna, sem a qual o testamento era nulo.[34]

---

33   BORGES, J. F. *Dicionário jurídico-comercial*, p.400; FREITAS, A. T. *Consolidação das leis civis*, 1865, p.484.

34   BORGES, J. F. *Dicionário jurídico-comercial*, p.400; FREITAS, A. T. *Consolidação das leis civis*, 1857, p.371-372; FREITAS, A. T. *Consolidação das leis civis*, 1865, p.493-495; FREIRE, P. J. M. *Instituições de direito civil português*, livro III, p.92, 100-101; LOUREIRO, L. T. *Instituições de direito civil brasileiro*, tomo I, 1851, p.158, 164. LOUREIRO, L. T. *Instituições de direito civil brasileiro*, tomo I, 1857, p.203; LOUREIRO, L. T. *Instituições de direito civil brasileiro*, tomo II, 1862, p.1-2; TEIXEIRA, A. R. L. *Curso de direito civil português*, tomo II, 1845, p.160-162, 207-208, 220-224; TEIXEIRA, A. R. L. *Curso de direito civil português*, tomo II, 1848, p.160-162, 207-208, 220-224; ROCHA, M. A. C. *Instituições de direito civil português*, tomo II, 1848, p.530-533; ROCHA, M. A. C. *Instituições de direito civil português*, tomo II, 1852, p.530-533; ROCHA, M. A. C. *Instituições de direito civil português*, tomo II, 1857, p.530-533; ROCHA, M. A. C. *Instituições de direito civil português*, tomo II, 1867, p.530-533; TELLES, J. H. C. *Digesto português*, tomo III, 1835, p.240-244; TELLES, J. H. C. *Digesto português*, tomo III, 1838, p.240-244; TELLES, J. H. C. *Digesto português*, tomo III, 1860, p.240-244.

Não basta para a disposição ser constituída validamente, que o autor tenha a faculdade ou facção testamentária ativa: outro requisito visceral, deve concorrer com ela. Consiste na plena ou perfeita liberdade, sem o que não existe essencialmente testamento; pois que é este a exposição da vontade própria, com relação ao tempo depois da morte, o que importa necessidade de perfeita liberdade, porque vontade sem liberdade é coisa repugnante, a falta desta é a não existência daquela, e por isso a não existência do testamento. Do que resulta não poderem, como vimos, testar nem as pessoas, que não tem vontade, como o pupilo, o furioso e mentecapto, nem também as que, tendo-a, por um vício físico, a não podem expor livremente como o surdo-mudo, quando não sabe escrever: o que procede igualmente, quando um estorvo moral obsta a manifestação livre da vontade.[35]

O "princípio" do respeito à última vontade era de tal maneira "sagrado" e absoluto, que o advogado Guilherme Bandeira de Gouvea, no caso de Adão, afirmou:

> O direito de legislar sobre o que nos pertence, até depois que a lousa nos cobre, é uma das mais antigas bases da vida pública; é um direito quase religioso; é uma doutrina que o direito romano classificava entre os sacra privata. As suas formalidades exteriores têm variado, conforme os tempos e os lugares; mas a própria faculdade de impor a vontade aos vindouros, é objeto de acatamento.[36]

---

35 TEIXEIRA, A. R. L. *Curso de direito civil português*, tomo II, 1845, p.220-221; TEIXEIRA, A. R. L. *Curso de direito civil português*, tomo II, 1848, p.220-221.

36 Apelação cível sobre liberdade de escravos, 1865, processo n. 124, AEL, p.35.

262   Mariana Armond Dias Paes

Outro ponto era ainda discutido pelos juristas brasileiros no que dizia respeito à alforria por testamento: o que fazer quando o senhor chegou a escrever a manumissão no testamento, mas desistiu de concede-la? Nesse caso, Malheiro acreditava que a nova vontade senhorial deveria ser seguida. Ou seja, caso um senhor tivesse concedido liberdade a um escravo em seu testamento e, antes de morrer, vendesse esse escravo, por exemplo, haveria a revogação tácita dessa cláusula testamentária. Isso porque, nesses casos, a liberdade ainda não estava "perfeitamente conferida", ainda "estava na mente do senhor" – o testamento era visto como uma extensão da mente senhorial. Essa norma também se aplicava nos casos de testamentos cerrados ou cartas de alforria que não tinham ainda sido entregues ou registradas. Isso porque a manumissão era "apenas um ato *intencional*, puramente de *consciência*, do qual nenhum direito vem ao escravo". O mesmo não deveria ocorrer quando os testamentos eram abertos.[37]

* * *

Os casos analisados neste capítulo deixam claro que, muitas vezes, a afirmação da personalidade jurídica dos escravos, o reconhecimento de seus direitos, deveria passar pelo aval do senhor. Para que os tribunais reconhecessem, por exemplo, o estatuto jurídico de livre ou de liberto de alguém, era frequente que fosse feito um minucioso escrutínio para apurar se aquela era, realmente, a vontade do senhor do escravo.

A vontade senhorial, enquanto ideologia de domínio e desigualdade social no Brasil oitocentista, tinha, assim, seu correlato jurídico: o voluntarismo do direito civil. Como afirmou Hespanha:

> Portanto, na base de todo o direito civil vêm a estar os
> direitos subjetivos, definidos como "poderes de vonta-

---

37   MALHEIRO, A. M. P. *A escravidão no Brasil*, vol. 1, p.93-94.

de garantidos pelo direito". [...] Todos estes (e outros) direitos subjetivos corresponderiam à expressão de uma *vontade*. Não haveria, mesmo, efeitos de direito senão os provocados pela manifestação de uma vontade.[38]

O direito da escravidão não era um direito de exceção. Ele era regido pelas normas do direito civil liberal. Como tal, estava inserido na ótica individualista e voluntarista desse direito. Essa era a orientação a partir da qual as questões levantadas pelo instituto jurídico da escravidão eram resolvidas. Portanto, a vontade era um elemento central tanto para a validade dos atos jurídicos em geral, quanto para os atos estavam relacionados à escravidão. E, assim, o voluntarismo jurídico atuava sancionando a lógica de dependência e de desigualdade que a ideologia da vontade senhorial procurava manter.

---

38 HESPANHA, A. M. *Cultura jurídica européia*, p.308-309.

CAPÍTULO 6

O "verdadeiro dédalo" do direito brasileiro? personalidade jurídica e categorização das pessoas na civilística

Até agora, tratei (1) do conceito geral de "personalidade jurídica"; (2) dos direitos processuais reconhecidos aos escravos; (3) do direito civil material e suas relações com a vida cotidiana dos escravos; (4) das vias jurídicas que lhes permitiam requerer o reconhecimento de uma situação fática de liberdade; e (5) da vontade como fundamento dos atos de direito civil que regulavam as relações escravistas. Pois bem, neste capítulo, trato especificamente da personalidade jurídica dos escravos, do modo como ela era tratada na doutrina e de como os civilistas estruturavam a categorização das pessoas a partir do binômio escravidão-liberdade, contribuindo, assim, para o ocultamento da existência de estatutos jurídicos intermediários.

Na primeira parte da obra de Malheiro, o capítulo que trata da regulamentação da escravidão no direito civil é o mais extenso. Logo no segundo parágrafo, o autor afirmou que:

> [...] resta saber qual o direito que rege as relações dos escravos entre si, com seus senhores, e com terceiros, quanto aos direitos e obrigações civis e naturais, verdadeiro Dédalo, em que a própria legislação Romana (fonte mais abundante e rica de disposições a respeito) tantas

vezes flutuou contraditória e incerta, rompendo quase sempre contra as regras gerais. Por modo que se pode dizer que as leis que regem essas relações são todas de exceção ao Direito Civil Comum.[1]

Assim, Malheiro argumentou que as normas de direito civil que abrangiam os escravos formavam tortuosos labirintos, como aquele construído por Dédalo para prender o Minotauro. Vários caminhos desse labirinto foram percorridos nos capítulos anteriores. Tendo-o conhecido parcialmente, talvez, agora, possamos encontrar o fio de Ariadne, que nos conduza para fora dele. Daí, então, poderemos voltar os olhos ao direito que regia as relações escravistas e perceber que ele não era assim tão tortuoso, tão excepcional, como queriam fazer parecer alguns juristas.

A personalidade jurídica dos escravos e a civilística

Paschoal José de Melo Freire

Freire limitou-se a afirmar, sobre o estatuto jurídico dos escravos, que o direito português não fazia distinção entre os vocábulos "pessoa" e "homem". Todo ente da espécie humana era juridicamente considerado pessoa. Daí decorria que a "suprema divisão dos homens" era entre livres e escravos. Não se aplicava ao direito português a instituição de direito romano da *capitis diminutio maxima*, segundo a qual o escravo perdia a liberdade, a cidadania e a família. Freire afirmou, também, que não havia mais escravos "entre nós". Porém, no Brasil, "toleram-se os escravos negros".[2]

---

1   MALHEIRO, A. M. P. *A escravidão no Brasil*, vol. 1, p.53-54.
2   FREIRE, P. J. M. *Instituições de direito civil português*, livro II, p.10-11, 13-14.

No Brasil e noutros domínios dos Descobrimentos toleram-se os escravos negros, mas confesso que ignoro em
absoluto com que direito e a que título. Bem sei que o
comércio, a agricultura, a indústria, as minas de ouro, e
outras atividades lucrativas destas regiões só podem ser
vantajosamente exercidas com o emprego desses homens
rudes; mas uma coisa é utilizar o seu trabalho e serviço, e
outra tê-los como escravos e em verdadeira propriedade.
Seria para desejar que, em assunto tão grave, se harmo-
nizassem de qualquer modo as razões de humanidade e
as razões civis, como na medida do possível, tentam hoje
fazê-lo alguns Políticos.[3]

Aos escravos brasileiros se aplicavam, ainda, as seguintes restrições: a) não podiam ser testemunhas, apenas se fossem por todos
considerados como livres; b) não podiam ser tutores; c) não podiam
testar; e d) poderiam ter sua alforria revogada.[4]

Manuel Borges Carneiro

Já para Carneiro, "Pessoa é o homem considerado em seus direitos, qualquer que seja a sua idade, sexo, condição". Assim, "os escravos são pois verdadeiras pessoas". Uma possibilidade de classificação
das pessoas e de seus direitos era a sua qualidade ou condição. Nesse
caso, as pessoas se dividiam em livres e escravas. Assim como outros
autores, Carneiro estabeleceu diferenças entre o direito português e
o romano. Ao contrário do que ocorria no direito português, para o
qual os escravos seriam pessoas, no direito romano, os escravos "não
são pessoas, mas coisas, e se reputam mortos". Por direito romano,
eram incapazes para exercer atos jurídicos.[5]

---

3   FREIRE, P. J. M. *Instituições de direito civil português*, livro II, p.18.

4   FREIRE, P. J. M. *Instituições de direito civil português*, livro II, p.18.

5   CARNEIRO, M. B. *Direito civil de Portugal*, tomo I, 1826, p.65, 69, 97;
CARNEIRO, M. B. *Direito civil de Portugal*, tomo I, 1851, p.65, 69, 97.

268   Mariana Armond Dias Paes

Aos escravos, era proibido: a) ocupar ofício público, com exceção do de homens da vara; b) ser tutor; c) ser testemunha; d) viver em casa separada de seu senhor, mesmo com autorização deste; e) fazer ajuntamentos e bailes com outros escravos; f) andar à noite pelas ruas de Lisboa; g) portar espada ou outras armas, se não estivesse acompanhado de seu senhor; e h) jogar dados e cartas.[6] Carneiro afirmou, também, que:

> A escravidão, objeto de tantos títulos do D.R. [direito romano], e apoiada por tantos Legisladores da antiguidade, é contudo oposta à dignidade da natureza humana; induz no Estado indecência, confusão e ódios entre os Cidadãos, e inutiliza os daquela infeliz condição para os empregos públicos e para prestar outros serviços ao Estado.[7]

Ora, o autor, portanto, considerava que os escravos eram juridicamente pessoas, possuíam direitos. No entanto, esses direitos sofriam diversas restrições. Tal situação de restrição era contrária à dignidade humana, princípio que também se aplicava aos cativos.

José Homem Corrêa Telles

Logo no início de sua seção sobre os escravos, Telles afirmou que eles não deveriam ser tratados com mais dureza do que um "criado de condição livre". Outras normas que regiam o estatuto jurídico dos escravos eram: a) quem fosse tratado como escravo, não o sendo, poderia recorrer aos tribunais, sem que corresse prescrição; e b)

---

6   CARNEIRO, M. B. *Direito civil de Portugal*, tomo I, 1826, p.97-98; CARNEIRO, M. B. *Direito civil de Portugal*, tomo I, 1851, p.97-98.

7   CARNEIRO, M. B. *Direito civil de Portugal*, tomo I, 1826, p.97; CARNEIRO, M. B. *Direito civil de Portugal*, tomo I, 1851, p.97.

a posse pacífica da liberdade por dez anos obstava o ajuizamento de ação de escravidão.[8]

Telles não discorreu, especificamente, sobre a personalidade jurídica dos escravos. Em seu *Digesto português*, a regulamentação da escravidão estava incluída no título "Dos criados". Esse título era um apêndice ao livro II "Dos direitos e obrigações das pessoas de uma família". Assim, os escravos e demais criados eram considerados, em certa medida, "pessoas de uma família", mas, o fato de sua regulamentação vir em um apêndice, indica que Telles considerava que existia um abismo, uma grande separação entre eles e os demais sujeitos de direito.

Antonio Ribeiro de Liz Teixeira

Para Teixeira, livre era o "senhor de si mesmo, vivendo sujeito às Leis". Já o escravo era quem "está debaixo do poder absoluto d'outro, o qual se diz seu senhor, e exerce sobre ele o domínio como numa coisa, isto é, como num móvel, ou num cavalo".[9]

Ele também compartilhava da noção de que todos os homens nasciam livres. Porém a escravidão foi instituída "em todas as partes do mundo" por causa da "lei do mais forte", do "direito da guerra", da "ambição", do "amor de dominar", do "luxo" e da "moleza". Também os portugueses instituíram a escravidão e tiveram suas leis manchadas, pois atentaram contra o direito natural.[10]

Em relação ao seu estatuto jurídico, Teixeira afirmou que os escravos: a) eram proibidos de serem tutores; b) não podiam ser testemunhas; c) não podiam viver fora da casa de seus senhores, mesmo

---

8 TELLES, J. H. C. *Digesto português*, tomo II, 1835, p.219; TELLES, J. H. C. *Digesto português*, tomo II, 1838, p.219; TELLES, J. H. C. *Digesto português*, tomo II, 1860, p.219.

9 TEIXEIRA, A. R. L. *Curso de direito civil português*, tomo I, 1845, p.70; TEIXEIRA, A. R. L. *Curso de direito civil português*, tomo I, 1848, p.70.

10 TEIXEIRA, A. R. L. *Curso de direito civil português*, tomo I, 1845, p.72, 77; TEIXEIRA, A. R. L. *Curso de direito civil português*, tomo I, 1848, p.72, 77.

270 Mariana Armond Dias Paes

que tivessem autorização destes; d) não poderiam se juntar e fazer bailes pelas ruas de Lisboa; e) não podiam sair pelas ruas de Lisboa depois da noite cerrada; e f) não podiam portar espada se não estivessem na companhia de seus senhores. O autor expressou, então, sua opinião sobre essas proibições: "E ameaçada tão fundamente a ordem pública pelos escravos, conservam-se os escravos! O bom senso pedia, que se acabasse com eles, dando-lhes liberdade".[11]

Pela argumentação de Teixeira segundo a qual todos os homens nasciam livres e que a escravidão era contrária ao direito natural, conclui-se que ele considerava que o escravo gozava de personalidade jurídica de direito natural.

Manuel Antonio Coelho da Rocha

Rocha também afirmou que, para o direito romano, os escravos não eram considerados pessoas, já que eram incapazes de adquirir direitos. Mas isso não acontecia no direito português, para o qual a escravidão tinha sido abolida e eram "apenas tolerados os escravos pretos em nossas possessões Africanas". Mesmo esses, apesar de não terem os mesmos direitos das pessoas livres, tinham sua condição "suavizada" pelos "princípios da humanidade". Ao final, arrematou dizendo que as "qualidades" dos homens "podem variar ao infinito".[12]

---

11 TEIXEIRA, A. R. L. *Curso de direito civil português*, tomo I, 1845, p.77-78; TEIXEIRA, A. R. L. *Curso de direito civil português*, tomo I, 1848, p.77-78.

12 ROCHA, M. A. C. *Instituições de direito civil português*, tomo I, 1848, p.34-35; ROCHA, M. A. C. *Instituições de direito civil português*, tomo I, 1852, p.34-35; ROCHA, M. A. C. *Instituições de direito civil português*, tomo I, 1857, p.34-35; ROCHA, M. A. C. *Instituições de direito civil português*, tomo I, 1867, p.34-35. Sobre os escravos das colônias portuguesas na África, seguindo a retórica eufemística de Rocha, Telles afirmou que eram "provisórios". TELLES, J. H. C. *Digesto português*, tomo II, 1835,

ESCRAVIDÃO E DIREITO   271

Rocha, portanto, defendia a personalidade jurídica dos escravos: eles eram pessoas – diferentemente do que ocorria no direito romano – que sofriam diversas limitações em seus direitos. A existência de uma pessoa com direitos extremamente limitados era possível, em razão dos estados, que estabeleciam diferenciações nas "qualidades" das pessoas.

Lourenço Trigo de Loureiro

Assim como Freire, Loureiro também identificou o conceito de pessoa com o conceito de homem. Para ele, também as pessoas se dividiam em escravas e ingênuas, ou livres. Na primeira edição de sua obra, não discorreu muito sobre o estatuto jurídico dos escravos, apenas se limitando a afirmar que eram proibidos de testar e de serem tutores, além de poderem ter revogadas, por ingratidão, as suas alforrias. Além do mais, concordou com Freire que a *capitis diminutio maxima*, do direito romano, não se aplicava ao caso brasileiro.[13]

A partir da segunda edição de seu compêndio, Loureiro desenvolveu melhor seus argumentos a respeito da personalidade jurídica dos escravos.

> Todo homem é capaz de direitos; e portanto todo o homem é *pessoa* por sua mesma natureza, e fim para si mesmo. No estado social porém os direitos dos homens variam segundo o estado, e posição, em que se acham colocados; porquanto o estado civil difere muito do estado natural. Neste os homens são iguais em direitos; naquele não; porquanto, ainda que as leis sociais, quando protegem, ou castigam, devam e possam ser iguais para todos, sem outra diferença, que não seja o

---

p.219; TELLES, J. H. C. *Digesto português*, tomo II, 1838, p.219; TELLES, J. H. C. *Digesto português*, tomo II, 1860, p.219.

13   LOUREIRO, L. T. *Instituições de direito civil brasileiro*, tomo I, 1851, p.2-4.

272 MARIANA ARMOND DIAS PAES

> merecimento de cada um, segundo seus talentos, e virtudes, essa mesma diferença cria, e firma diversidade de direitos. Daí vem que em jurisprudência os homens dividem-se (deixando outras divisões, que não são do nosso assunto) em *livres*, e *escravos*; *cidadãos*, e *estrangeiros*; *pais famílias*, e *filhos famílias*.[14]

Cada homem, na sociedade, desempenhava diferentes papéis e ocupava diversas posições sociais. A cada um desses papéis e dessas posições – desses estados –, o ordenamento conferia direitos e obrigações determinados. Os três estados – liberdade, cidade e família – eram a "fonte original de todos os direitos, e de todas as obrigações sociais, em cuja fruição e observância consiste a perfeita vida social". Como dito, para o autor, todo homem era capaz de adquirir direitos e obrigações. Porém, os direitos e obrigações que seriam adquiridos por determinada pessoa variavam segundo seu estado.[15]

Eram livres as pessoas que não estavam "em injusta sujeição" ou sob o domínio de outras. Essas pessoas se dividiam em libertos e ingênuos. Libertos eram aqueles que, uma vez escravos, foram restituídos à sua "liberdade natural". Eram escravos, por sua vez, "os que estão no domínio de outros homens, ainda que contra a natureza, a qual criou todos os homens igualmente livres, dotados dos mesmos direitos, e sujeitos aos mesmos deveres".[16]

---

14 LOUREIRO, L. T. *Instituições de direito civil brasileiro*, tomo I, 1857, p.2-3; LOUREIRO, L. T. *Instituições de direito civil brasileiro*, tomo I, 1862, p.31-32.

15 LOUREIRO, L. T. *Instituições de direito civil brasileiro*, tomo I, 1862, p.30-32.

16 LOUREIRO, L. T. *Instituições de direito civil brasileiro*, tomo I, 1857, p.3; LOUREIRO, L. T. *Instituições de direito civil brasileiro*, tomo I, 1862, p.32-33.

Seguindo os demais autores, Loureiro afirmou que, para o direito romano, os escravos eram coisas, não pessoas. Portanto, não eram capazes de adquirir direitos e eram equiparados aos animais domésticos. Já no caso do Brasil: "As nossas leis porém suavizaram muito a sua condição".[17]

Antonio Joaquim Ribas

Para Ribas, a identificação entre os conceitos de homem e de pessoa só ocorria no direito racional, segundo o qual todo homem era pessoa e toda pessoa era homem. No direito positivo, ao contrário, isso não acontecia. A legislação criou outras pessoas além do homem, como, por exemplo, as pessoas jurídicas. Mas também "privou até certo ponto alguns homens da qualidade de pessoa", como era o caso dos escravos. Além disso, os direitos não eram iguais para todas as pessoas, eles estavam "distribuídos em gradações diversas".[18] Segundo ele: "Já vimos que a expressão – pessoa não é sempre idêntica consigo mesma; posto que signifique sempre um ente capaz de direitos, não determina a mesma extensão desta capacidade em todos os casos".[19]

Ribas também adotava a teoria dos estados para classificar as pessoas. Assim, a capacidade jurídica dos escravos, por terem perdido a liberdade, era restringida da maior maneira possível. Portanto, em relação ao direito de liberdade, as pessoas se dividiam em livres e escravas, sendo que os livres se dividiam em libertos e ingênuos.[20]

---

17 LOUREIRO, L. T. *Instituições de direito civil brasileiro*, tomo I, 1857, p.5; LOUREIRO, L. T. *Instituições de direito civil brasileiro*, tomo I, 1862, p.35.

18 RIBAS, A. J. *Curso de direito civil brasileiro*, tomo II, 1865, p.8-9; RIBAS, A. J. *Curso de direito civil brasileiro*, tomo II, 2003, p.19, 28.

19 RIBAS, A. J. *Curso de direito civil brasileiro*, tomo II, 1865, p.25; RIBAS, A. J. *Curso de direito civil brasileiro*, tomo II, 2003, p.46-47.

20 RIBAS, A. J. *Curso de direito civil brasileiro*, tomo II, 1865, p.25-27; RIBAS, A. J. *Curso de direito civil brasileiro*, tomo II, 2003, p.47-50.

274   MARIANA ARMOND DIAS PAES

Quanto à sujeição ao senhor, os escravos estavam sujeitos ao *dominium* e à *potestas*. Em relação ao *dominium*, eles eram considerados coisas; e em relação à *potestas*, pessoas. O domínio do senhor sobre o escravo não era ilimitado, como o era para todas as outras coisas das quais era proprietário. Ademais, "esta instituição não despessoalizava, pois, inteiramente o escravo, nem poderia ele sê-lo, pois que a sua incapacidade era sujeita a restrições". Ribas, então, seguiu a retórica dos outros juristas e afirmou que, ao longo do tempo, a condição dos escravos teria melhorado.[21]

> À proporção, porém, que o direito escrito se foi aproximando do racional, foi se restringindo a *dominica potestas*, e paralelamente alargando a capacidade dos escravos, esta instituição reconhecida como oposta à natureza, e à liberdade como faculdade natural.[22]

Ribas também alegou que, para o direito administrativo, o escravo deveria ser considerado como pessoa, pois, a ele, era concedida certa proteção, além do que estava sujeito a restrições que só poderiam ser aplicadas às pessoas.[23] Em seu compêndio de direito administrativo, ele chegou a afirmar: "A legislação presta certos cuidados aos escravos e até lhes reconhece alguns direitos". São exemplos: a) podiam libertar-se pelo consentimento expresso ou tácito[24] de seus

---

21 RIBAS, A. J. *Curso de direito civil brasileiro*, tomo II, 1865, p.29-31; RIBAS, A. J. *Curso de direito civil brasileiro*, tomo II, 2003, p.50-52.

22 RIBAS, A. J. *Curso de direito civil brasileiro*, tomo II, 1865, p.29-30; RIBAS, A. J. *Curso de direito civil brasileiro*, tomo II, 2003, p.51.

23 RIBAS, A. J. *Curso de direito civil brasileiro*, tomo II, 1865, p.31; RIBAS, A. J. *Curso de direito civil brasileiro*, tomo II, 2003, p.52-53.

24 Eram hipóteses de consentimento tácito: a) abandonar o escravo enquanto ainda era criança; b) abandonar escravo doente; c) prostituir escrava vendida com a condição de não ser prostituída; d) receber o va-

senhores; b) podiam libertar-se por determinação legal; c) os escravos da Fazenda Nacional poderiam libertar-se mediante apresentação de seu valor ou caso tivessem prestado "serviço público relevante"; d) se fossem bens do evento, tinham direito à liberdade caso fosse oferecido lance maior do que sua avaliação; e) podiam requerer sua venda, caso seu senhor lhe infringisse "castigos imoderados"; f) podiam ser libertados por desapropriação do governo, em casos excepcionais; g) tinham o direito de contrair matrimônio ou receber qualquer outro sacramento, mesmo sem o consentimento de seus senhores; h) podiam figurar em juízo, em nome próprio, em causas espirituais, matrimoniais e que versassem sobre a sua liberdade; e i) podiam depor como informantes.[25]

Mas o autor também ressaltou que os escravos estavam "sujeitos a certas medidas repressivas e preventivas peculiares". Eram elas: a) incorriam em penas especiais, caso fossem condenados por algum crime; b) não podiam viajar sem passaporte no interior do país – restrição que também era imposta aos africanos, fossem livres ou libertos; c) os quilombos deveriam ser prevenidos e destruídos; e d) era proibido que escravos trabalhassem em repartições públicas, existindo pessoas livres que pudessem ocupar as funções necessárias.[26] E arrematou:

> O rápido esboço que acabamos de fazer assaz manifesta que longe estamos dos tempos em que o escravo era equiparado às coisas e sujeito ao pleno alvedrio de seu proprietário. Conquanto, porém, a legislação tenha ex-

---

lor do escravo; e) casar escrava com um homem livre, constituindo-lhe dote; f) chamar o escravo de filho publicamente; g) rasgar os títulos de propriedade sobre o escravo, ou entregá-los, na presença de cinco testemunhas; e h) constituir o escravo como herdeiro. RIBAS, A. J. *Direito administrativo brasileiro*, p.369-370.

25 RIBAS, A. J. *Direito administrativo brasileiro*, p.369-374.

26 RIBAS, A. J. *Direito administrativo brasileiro*, p.376-378.

tinguido muitas das antigas origens donde emanava a escravidão e mitigado a sorte dos escravos, muito ainda lhe resta fazer neste sentido, sem atacar de frente a instituição; entre as providências desta ordem ocupa o primeiro lugar a que deve ter por fim resguardar-lhes as relações e os direitos de família.

Confiados na lei divina do progresso histórico e certos de que o dia que a Providência marcou há de chegar, esperemos que esta instituição, eminentemente pagã, se irá transformando até desaparecer dentre nós, como desapareceu das nações civilizadas da Europa, e que a legislação brasileira há de afinal sancionar todos os consectários jurídicos da doutrina evangélica.[27]

Na segunda edição de seu *Curso de direito civil brasileiro*, ele afirmou que, após a Lei de 1871, "tem entre nós o escravo um começo de *pessoalidade civil* pelo direito de adquirir bens para a formação de um pecúlio para a sua alforria".[28]

Agostinho Marques Perdigão Malheiro

Logo no primeiro capítulo de *A escravidão no Brasil*, Malheiro afirmou que os escravos não eram cidadãos. Como eles eram reduzidos "à condição de *cousa*", estavam sujeitos ao "*poder*" e ao "*domínio*" do seu senhor. Por isso, eram privados "de *todos os direitos*". Essa regra:

> [...] tem sido invariavelmente seguida entre todos os povos antigos e modernos, em cujo seio se introduziu a escravidão – *exclusão dos escravos da comunhão política, dos cargos públicos, do exercício de qualquer direito de se-*

---

27 RIBAS, A. J. *Direito administrativo brasileiro*, p.378-379.

28 RIBAS, A. J. *Curso de direito civil brasileiro*, tomo II, 2003, p.53.

melhante ordem, de qualquer participação da soberania nacional e do poder público.[29]

Por direito romano, o escravo estava sujeito ao *jus dominii* e ao *jus potestatis*. O escravo estava sujeito à *potestas* "enquanto *homem* ou *pessoa* (acepção lata)". E o que significaria "acepção lata"? Creio que, aqui, Malheiro considerou os escravos como pessoas em outro sentido que não o jurídico, no sentido de pertencentes à espécie humana.[30]

Mas ele também argumentou que, já no direito romano, os escravos não eram rigorosamente coisa. Prova disso seria a divisão das pessoas em livres e escravas. Ou seja, havia normas a respeito dos escravos que não poderiam ser de *jure rerum*, porque eram de *jure personarum*. Até mesmo alguns atos teriam efeitos civis, uma vez que o escravo era um homem "inteligente" e "livre". Eram esses casos: delitos, legados e posse.[31]

Para o direito brasileiro, os escravos eram pessoas equiparadas a coisas por uma ficção jurídica.[32] No entanto, essa ficção não obscurecia o fato de que os escravos recebiam certa proteção do ordenamento jurídico brasileiro, sendo considerados, por exemplo, também como "pessoa miserável". Segundo Malheiro, o "sentido genuíno" de miserável teria sido "firmado" pelo Aviso n. 377, de 30 de agosto de 1865, segundo o qual: "se deve ter como miserável, para o fim do mesmo artigo [art. 73 do Código do Processo Criminal], aquele que declara perante a Autoridade, e esta reconhece, que por suas circunstâncias não pode

---

29 MALHEIRO, A. M. P. *A escravidão no Brasil*, vol. 1, p.36.

30 MALHEIRO, A. M. P. *A escravidão no Brasil*, vol. 1, p.69.

31 MALHEIRO, A. M. P. *A escravidão no Brasil*, vol. 1, p.58-59.

32 MALHEIRO, A. M. P. *A escravidão no Brasil*, vol. 1, p.75.

perseguir ao ofensor"[33] Malheiro mencionou essa definição, mas apresentou uma própria: "*Miserável*, em Direito, não é só o *pobre*; é também todo aquele que, por sua *condição especial*, qual o escravo, pelas *circunstâncias de sua posição*, se reputa digno do favor e auxílio da lei"[34]

Malheiro começou o artigo em que trata, especificamente, do "estado" dos escravos, afirmando que eles eram propriedade e portanto "não tem personalidade, estado. É pois privado de toda a capacidade civil". Mas já em nota a essa mesma frase, ele a relativiza, afirmando que essa regra "na aplicação sofria e sofre notáveis modificações"[35] Ao tratar do estatuto jurídico dos escravos, de seus direitos e deveres, Malheiro foi sempre muito prudente:

> É essencial e da maior importância ir firmando estas ideias; porquanto teremos ocasião de ver que, em inúmeros casos se fazem exceções às regras e leis gerais da propriedade por inconciliáveis com os *direitos ou deveres do homem-escravo*, com os princípios de humanidade, e naturais. E assim veremos que é, de um lado, errônea a opinião daqueles que, espíritos fortes, ainda que poucos, pretendem entre nós aplicar cegamente e sem critério ao escravo todas as disposições gerais sobre a propriedade, bem como, de outro lado, não o é menos a daqueles que, levados pela extrema bondade do seu coração, deixam de aplicar as que devem sê-lo; apesar de que, em tal matéria, é menos censurável o procedimento dos últimos. – Em todas as questões, sobretudo e com especialidade nas que se referem ao estado de livre ou escravo, deve--se temperar com a maior equidade possível o rigor das

---

33 *Coleção das decisões do governo do Império do Brasil*, tomo XXVIII, 1865, p.371.

34 MALHEIRO, A. M. P. *A escravidão no Brasil*, vol. 1, p.46.

35 MALHEIRO, A. M. P. *A escravidão no Brasil*, vol. 1, p.58.

leis gerais, sem todavia ofender um direito certo, líquido, e incontestável de propriedade, resguardando-o tanto quanto seja compatível com a garantia e favor à liberdade. Nesta conciliação está toda a dificuldade.[36]

Ele também ressaltou que os escravos não tinham capacidade civil. Ao tratar dos libertos, afirmou que "o escravo assim liberto entra na massa geral dos cidadãos, readquirindo a sua capacidade civil em toda a plenitude". O escravo não possuía capacidade civil, que lhe era restituída com a manumissão.[37]

Outro argumento presente em sua obra era que os escravos, embora fossem objetos de propriedade, não deveriam ser considerados como objeto de comércio. Isso em razão da dignidade humana. A expressão "semoventes", presente no artigo 191, do Código Comercial, não deveria compreender os escravos, pois "se as leis toleram ainda a escravidão, todavia não têm degradado o escravo ao ponto de ser perfeita e inteiramente igualado aos animais irracionais, e de constituí-lo *efeito de comércio*".[38]

A aplicação do princípio da dignidade humana ao escravo foi reafirmada pelo autor em outro trecho de sua obra. Ao tratar das escravas em usufruto, ele afirmou que, por direito romano, os seus filhos seriam propriedade do usufrutuário, uma vez que deveriam ser considerados frutos, como nos casos de crias de animais. No entanto, essa norma não deveria prevalecer no direito brasileiro, pois "não pode ser fruto o homem, para quem todos os frutos foram criados". As escravas não eram destinadas a dar filhos, mas a trabalhar. Portanto, o trabalho era o fruto ao qual o usufrutuário tinha direito, não os filhos da cativa:

---

36 (*Grifos meus*). MALHEIRO, A. M. P. *A escravidão no Brasil*, vol. 1, p.59.

37 MALHEIRO, A. M. P. *A escravidão no Brasil*, vol. 1, p.85. Ver também MALHEIRO, A. M. P. *A escravidão no Brasil*, vol. 1, p.88, 118.

38 MALHEIRO, A. M. P. *A escravidão no Brasil*, vol. 1, p.74.

280   Mariana Armond Dias Paes

"É uma razão de dignidade humana, pela qual repugna igualar a mulher, embora escrava, a uma jumenta ou outro animal semelhante".[39] Ao final, Malheiro afirmou que:

> Pela manumissão, o escravo fica restituído à sua natural condição e estado de homem, de pessoa, entra para a *comunhão social*, para a *cidade*, como diziam os Romanos sem nota mesmo da antiga escravidão.
>
> É então que ele aparece na sociedade e ante as leis como *pessoa* (persona) propriamente dita, podendo exercer *livremente*, nos termos das leis, como os outros cidadãos, os seus direitos, a sua atividade, criar-se uma *família*, *adquirir plenamente para si*, *suceder* mesmo *ab intestato*, *contratar*, *dispor* por atos entre vivos ou de última vontade, praticar enfim todos os atos da vida civil, à semelhança do *menor* que *se emancipa plenamente*. Pode mesmo ser tutor ou curador.[40]

Sobre essa afirmação de Malheiro, duas considerações devem ser feitas. A primeira é que, como visto ao longo deste trabalho, ao menos parte do que o autor afirmou não serem atos jurídicos realizados por escravos, na verdade, aconteciam na vida cotidiana da escravidão brasileira. Eram limitados, sujeitos aos mais variados tipos de restrições,

---

39   MALHEIRO, A. M. P. *A escravidão no Brasil*, vol. 1, p.79-80. A condenação da equiparação de escravos a animais também está presente em MALHEIRO, A. M. P. *A escravidão no Brasil*, vol. 1, p.133. Freitas não concordava com essa distinção entre filhos de escravas e crias de animais. Para ele, "perfeita é a paridade entre estes [filhos dos animais] e os filhos de escravas". Essa distinção era feita "unicamente por sentimento da dignidade humana", e, portanto, não deveria prevalecer quando se estivesse discutindo o usufruto sobre os filhos de escravas. FREITAS, A. T. *Consolidação das leis civis*, 1876, p.695.

40   MALHEIRO, A. M. P. *A escravidão no Brasil*, vol. 1, p.141.

não eram sempre exigíveis no judiciário e eram, sobretudo, precários. Porém ocorriam. A diferença entre a prática desses atos por um escravo e por um liberto estava na sua maior segurança jurídica, apesar de a segurança jurídica dos libertos também ser bastante precária.

A segunda consideração é que esse trecho também deixa entrever que, para Malheiro, o escravo tinha personalidade jurídica. Porém, ele era equiparado ao "menor". Era pessoa, mas não podia exercer atos da vida civil "livremente". Isso o tornava uma espécie particular de pessoa jurídica, diferente da "pessoa propriamente dita".

Augusto Teixeira de Freitas

Já é bastante conhecido o fato de que Freitas omitiu normas específicas sobre a escravidão na primeira edição de sua *Consolidação das leis civis*. Ele acreditava que os códigos deveriam ter uma vida estável e longa, o que era incompatível com a "exceção" que representava a escravidão, que estaria condenada a "extinguir-se". As normas que regulavam a escravidão deveriam estar presentes em um diploma normativo diferente, em um Código Negro, inspirado no *Code Noir*, de 1685, que regulamentou a escravidão nas colônias francesas. Depois das críticas que sofreu por ter tomado essa decisão, a partir da segunda edição da compilação, acresceu a regulamentação sobre a escravidão em "notas explicativas", permanecendo o corpo do texto intacto. Nessas notas, ele afirmou ter indicado "o pouco, que temos de legislação civil relativa a escravos; e além disto um copioso subsídio, que extraímos do Direito Romano, única norma na solução dos casos ocorrentes".[41]

Para Freitas, o direito romano considerava diferentes os conceitos de "homem" e de "pessoa". A "pessoa" era "a entidade considerada em seus direitos". Esses direitos proviam de um "estado", de uma "qualidade". A existência dos estados poderia levar a restrições na capaci-

---

41 FREITAS, A. T. *Consolidação das leis civis*, 1876, p.XXXVII-XXXVIII.

dade jurídica das pessoas. Os escravos, por não gozarem do estado de liberdade, estavam sujeitos à restrição máxima da capacidade jurídica, que era a sua "privação completa".[42]

Ao tratar de processos que envolviam menores, ele afirmou que, a eles, deveria ser designado um curador à lide. Em nota, fez uma analogia com a situação dos escravos e afirmou que, costumeiramente, "como os escravos entram em o número das pessoas incapazes, a ponto de se reputarem *coisas*, e não *pessoas*, nomeia-se-lhes sempre um Curador, quando demandam ou são demandados por sua liberdade".[43]

A noção dos escravos como coisas foi reafirmada pelo autor em nota ao artigo 42 da *Consolidação das leis civis*. Esse artigo determinava que os bens poderiam ser móveis, imóveis ou ações exigíveis. A nota especificava que os escravos eram bens semoventes, uma espécie dos bens móveis. Mas, apesar disso, os escravos eram regidos por uma legislação específica, porque, apesar de serem "artigos de propriedade", não poderiam ser equiparados aos demais bens semoventes e inanimados.[44]

Além das diversas restrições que Freitas apontava à personalidade jurídica dos escravos e que apontei ao longo deste trabalho, ele também concordava com os demais civilistas no que dizia respeito à incapacidade dos escravos de serem tutores ou curadores. Essa norma estava expressa no §1º, do título 102, do livro quarto das Ordenações Filipinas. Por ela, os escravos não podiam ser tutores ou curadores, ainda que fossem nomeados como tais em testamentos.[45] Mas Freitas fez uma ressalva a essa regra, baseando-se no direito romano. O escravo não poderia ser nomeado tutor ou curador em testamento se pertencesse a terceiro, que não o testador. Caso fosse propriedade do

---

42 FREITAS, A. T. *Consolidação das leis civis*, 1876, p.CXXII-CXXIII.

43 FREITAS, A. T. *Consolidação das leis civis*, 1876, p.24.

44 FREITAS, A. T. *Consolidação das leis civis*, 1876, p.35.

45 ALMEIDA, C. M. *Código filipino*, vol. 4, p.996.

testador, poderia ser nomeado em testamento, pois, nesse caso, haveria concessão tácita da alforria.[46]

Também considerava que os escravos não poderiam ser testemunhas em testamentos. No entanto, se à época do testamento, o escravo era tido por todos como livre, o documento não seria anulado, pois haveria "erro comum".[47]

Para além da civilística

Por essa análise, percebe-se que a civilística brasileira e, principalmente, a portuguesa eram bastante reticentes em afirmar a personalidade jurídica dos escravos. Ao longo dos livros de todos esses autores, como foi apontado em diversos momentos deste trabalho, eles faziam menções a direitos e garantias que o ordenamento jurídico reconhecia aos escravos. No entanto, ao afirmar que eles eram dotados de personalidade jurídica, eles eram – uns mais, outros menos – bastante evasivos. Os textos deixam entrever que existia uma noção de que os escravos, a despeito de estarem sujeitos aos poderes inerentes ao direito de propriedade, também eram juridicamente pessoas, mas isso, em poucos momentos, foi afirmado expressamente.

Outra estratégia adotada pela civilística, que deixava transparecer a noção de que os escravos eram, juridicamente, pessoas era a sempre traçada contraposição entre o direito nacional e o direito romano. Era bastante recorrente, na doutrina, a afirmação de que, para o direito romano, os escravos eram, simplesmente, coisas. Mas, para esses juristas, os direitos brasileiro e português teriam "suavizado" esse enquadramento: os escravos, em razão dos princípios jusnaturalistas e "modernos", não deveriam mais ser, simplesmente, igualados às coisas.

---

46 FREITAS, A. T. *Consolidação das leis civis*, 1876, p.201.
47 FREITAS, A. T. *Consolidação das leis civis*, 1876, p.624, 630.

Além disso, outro ponto de destaque do tratamento que a doutrina dava à questão é o fato de tomarem as categorias de pessoas de uma maneira binária: ou eram escravos ou livres. Eventualmente, os libertos também eram mencionados. Em um número ainda menor de vezes, era reconhecido que eles também sofriam restrições de direitos. No entanto, essa classificação binária da civilística obscurece que, na prática, existiam, ainda, pessoas que gozavam de outros estatutos jurídicos, que tinham um rol de direitos diferente daquele dos escravos e dos livres e libertos. Nesta seção, trato de algumas dessas categorias de pessoas: os escravos em condomínio e os *statu-liber*.

Escravos em condomínio

Em 21 de junho de 1866, chegou ao conhecimento do juiz municipal de Itajubá, província de Minas Gerais, um ofício do Curador Geral de Órfãos a respeito de Francisca:

> Constando-me e mesmo passando por certo que a 49 meses mais ou menos na Freguesia de São José do Paraíso, se deu um fato clamoroso, de ser vendida uma mulata, de nome Francisca por João do Carmo e Silva, a José Antonio Rodrigues Guimarães depois de já gozar esta de plena liberdade, dada por sua senhora, D. Anna Ribeiro da Silva, cujo título fora passado por Joaquim Pires do Prado perante, testemunhas, que no mesmo, se assinaram e visto por algumas outras pessoas; entendendo pois não só como curador, Geral, de Órfãos deste Termo, mesmo, como [ilegível] da liberdade dessa infeliz que por um bárbaro, proceder e imoralidade desse ato; vê-se privada da liberdade que lhe fora conferida; e Publicada, e por isso garantida, pela Lei e direito natural, entretanto,

ESCRAVIDÃO E DIREITO 285

sujeita ao cativeiro. Levo o ocorrido à consideração de V.Sª para providenciar a respeito.[48]

Foi, então, aberta uma ação de justificação e foram ouvidas as testemunhas, que teriam presenciado a concessão da liberdade a Francisca. De acordo com os depoimentos e com o libelo apresentado pelo curador, Germano Pereira Vida era casado com Anna Ribeiro da Silva e, na ocasião de sua morte, foi inventariada a escrava Eva. A propriedade sobre Eva foi dividida entre Anna e sua filha, Maria Germana d'Oliveira. Maria Germana se casou com o réu, João do Carmo e Silva. Depois de julgada a partilha, Eva teve várias filhas, entre elas, a autora, Francisca. Todas ficaram pertencendo, em condomínio, a Anna e João do Carmo, já que este era o "cabeça do casal". Por saber que Francisca era sua parente em terceiro grau, Anna decidiu passar a ela carta de liberdade, na parte que lhe cabia, em janeiro de 1866. Como Anna não sabia ler nem escrever, o escrito particular foi passado "a rogo" e, então, entregue ao escrivão Nolasco, pois tinha a doadora "propósito firme" de libertar a autora e o registro da alforria pelo escrivão seria "para melhor segurança de sua liberdade". O escrivão, Nolasco, "de combinação" com o réu, extraviou a carta. Após esse fato, João do Carmo a vendeu a José Guimarães, com escritura de compra e venda passada pelo mesmo Nolasco. Ambos agiram de má-fé, pois sabiam da liberdade concedida e conservaram a autora em cativeiro ilegal desde o momento da compra até o seu depósito. Pelo dolo e má-fé, o curador requereu que fossem condenados no triplo das custas e sujeitos à ação penal cabível.

O curador de Francisca acrescentou, ainda, que, após ter sido julgada a partilha, deveria ter sido feita uma subpartilha em relação à autora e suas irmãs, para que as partes tivessem as escravas "por inteiro". No entanto, isso nunca foi feito e as escravas permaneceram

---

48 Apelação cível sobre liberdade de escravos, 1867, processo n. 136, AEL, p.6.

em condomínio. Assim, tendo Anna conferido alforria à autora, deveria a liberdade ser conferida em sua totalidade. De acordo com decisões dos "tribunais superiores", proceder-se-ia a uma subpartilha e, a Anna, seria adjudicado todo o valor de Francisca. Ademais, conferida a liberdade a escravo em condomínio por um dos condôminos, o escravo ficaria totalmente liberto, tendo apenas o ônus de pagar, com serviços ou dinheiro, a parte dos outros condôminos.

O advogado do réu contra-argumentou que Eva, no estado de condomínio, teve seis filhos: José, Maria, Anna, Bastianna, João e Francisca. A José, Anna havia concedido liberdade em sua totalidade. A todos os outros, com exceção de Francisca, Anna tinha conferido liberdade na parte que lhe cabia. Para viabilizar essas liberdades, principalmente a de José, Anna havia desistido da parte que lhe cabia em Francisca. Assim, desde 31 de dezembro de 1865, Francisca era propriedade apenas do réu. A suposta carta de liberdade a Francisca era apócrifa. Anna nunca concedeu alforria à escrava. Aliás, mesmo que o quisesse, não o poderia fazer, pois não tinha mais parte em Francisca e não poderia dar o que não era seu. Essa "fantástica liberdade" tinha sido forjada pelas testemunhas da justificação, que eram inimigas do réu.

Em relação à libertação de escravos por um dos condôminos, o advogado do réu também afirmou que não existia obrigatoriedade de que os "coartados" indenizassem os demais proprietários por meio de serviços. O que deveria ocorrer era a restituição do valor devido ao outro condômino por meio da arrematação dos serviços do escravo. Para embasar esse posicionamento, o advogado citou o Aviso, de 21 de setembro de 1863, expedido pelo Ministério dos Negócios da Justiça para o Ministério da Fazenda.[49]

---

49 O ministro da Justiça era João Lins Vieira Cansansão de Sinimbú e o ministro da Fazenda era Miguel Calmon du Pin e Almeida, o Marquês de Abrantes.

Illm. e Exm. Sr. – Em resposta ao Aviso do Ministério a cargo de V. Ex. datado de 7 de Abril do corrente ano, transmitindo por cópia o ofício em que o Coletor das Rendas Gerais do Termo de Pirahy comunicou que o Juiz Municipal mandara arrematar os serviços de libertos para indenização de parte do valor dos mesmos que entrara pela legítima de herdeiros, tenho a declarar a V. Ex. que foi jurídica a decisão do Juiz, recorrendo ao que se pratica nos casos em que há excesso no legado de um bem indivisível ou de difícil divisão, e sujeitando os escravos libertados em testamento à restituição do excesso por meio da arrematação dos seus serviços em tanto tempo quanto bastasse para aquela restituição aos herdeiros, de cuja legítima fazia parte uma fração da liberdade dos mesmos escravos sujeita ao cativeiro. Assim foram garantidas, de um lado a liberdade que a lei favorece, do outro o direito dos herdeiros que a lei protege.[50]

Na sua réplica à contestação, o curador da autora procurou reforçar que a vontade de Anna era que sua escrava fosse liberta. Afirmou que o documento juntado pelo réu, que comprovaria que Anna teria transferido sua parte em Francisca para ele, era forjado e Anna tinha sido obrigada a o assinar, em razão das ameaças do réu. Ademais, acrescentou que Francisca era filha de Baltasar, irmão de João do Carmo, com a escrava Eva, com quem era amasiado há muitos anos. Francisca era, portanto, sobrinha do réu e parente de Anna e, por isso, não poderia ser escrava deles.

Os depoimentos das testemunhas procuraram ressaltar o elemento da vontade, tão essencial aos atos da vida civil. As testemunhas da autora alegavam que Anna tinha concedido a liberdade de sua livre

---

50 *Coleção das decisões do governo do Império do Brasil*, 1863, tomo XXVI, p.436.

e espontânea vontade e que estava determinada a alforriar Francisca. As testemunhas do réu afirmavam que Anna nunca concedeu tal liberdade e que não tinha sido constrangida a transferir sua propriedade para o réu.

Em suas razões finais, o curador de Francisca elaborou melhor o argumento de que a alforria era válida, cabendo, apenas, a indenização do réu. Tendo em vista a concessão de liberdade feita por Anna, era Francisca totalmente liberta, vez que era absurdo que alguém fosse parte livre e parte escravo. Citando as *Institutas* e o *Digesto*, afirmou que Francisca adquiriu plena liberdade, ficando somente obrigada a indenizar, como liberta, João do Carmo, em serviços ou em dinheiro. Caso optasse pela indenização por serviços, ressaltou que eles seriam prestados na qualidade de pessoa livre. Ademais, de acordo com o princípio do "favor da liberdade", quando fosse feita a subpartilha, mesmo que as liberdades concedidas a Francisca e seus irmãos ultrapassassem o quinhão de Anna no condomínio, ela faria a reposição ao herdeiro.

O juiz, Francisco Antonio da Luz, considerou que Francisca era liberta.

> Uma vez, porém, conferida a liberdade em parte por quem tinha direito de o fazer, deve-se considerá-la conferida no todo?
>
> A este respeito, bem que divergentes as opiniões, é contudo de seguir-se as que tem por fundamento o direito romano. Aí davam-se casos em que o cativeiro terminava-se forçadamente; tal era por exemplo, o parentesco próximo, visto ser repugnante ao direito natural que alguém possuísse como cativo seu próprio filho.
>
> [...]
>
> Também os condôminos eram obrigados a respeitar a liberdade conferida por qualquer deles, mediante a indenização de suas quotas [...] Esta instituta veio abrogar

ESCRAVIDÃO E DIREITO 289

o direito a acrescer consagrado antigamente, restabelecendo uma modificação favorável à liberdade, não ainda conforme à boa razão, que como diz o ilustrado Dr. Perdigão Malheiro, haveria absurdo em ser alguém parte livre, e parte escravo. Isto mesmo tem sido admitido pela Provisão de 10 de outubro de 1823 mandando proteger a defesa de uma liberta a quem um dos co-herdeiros se opunha que o [ilegível] pelos outros, obrigando-o a receber a quota depositada do valor da mesma correspondente ao quinhão do herdeiro dissidente.[51]

Tendo sido provado que Anna libertou Francisca espontaneamente, o juiz a julgou liberta, salvo o direito do réu de exigir de Anna a sua respectiva cota. O réu foi condenado na maneira pedida no libelo, ou seja, teria que pagar o triplo das custas por ter agido de má-fé na venda de Francisca.

Casos como o de Francisca, em que o escravo era propriedade em condomínio de dois ou mais senhores, não eram incomuns no Brasil Império. Essa possibilidade estava até mesmo prevista no parágrafo 5°, do título 96, do livro quarto das Ordenações Filipinas.[52]

Especificamente nos casos em que um dos condôminos libertava uma parte do escravo ou que o escravo comprasse uma cota parte de si mesmo, Loureiro considerava que o escravo entrava em um

---

51 Apelação cível sobre liberdade de escravos, 1867, processo n. 136, AEL, p.110v-111.

52 Ordenações Filipinas, livro 4°, título 96, §5°: "Tendo os herdeiros, ou companheiros alguma coisa, que não possam entre si partir sem dano, assim como escravo, besta, moinho, lagar, ou outra coisa semelhante, não a devem partir, mas devem-na vender a cada um deles, ou a outro algum, qual mais quiserem, ou por seu aprazimento trocarão com outras coisas, se as houver. E se não puderem por esta maneira haver, arrendá-la-ão, e partirão a renda entre si". ALMEIDA, C. M. *Código filipino*, vol. 4, p. 957-958.

"estado de liberdade imperfeita". Ao tratar das escravas libertadas em parte de si mesmas, argumentou que: "os filhos, que ela tiver durante esse estado são meio-livres como ela".[53]

De acordo com Malheiro, em quem o juiz de primeira instância se baseou para dar sua decisão no caso de Francisca, o condômino poderia dispor do escravo da maneira que quisesse: por meio de vendas, trocas, dações *in solutum,* doações *inter vivos,* doações *causa mortis,* heranças, legados e, também, podia renunciar a sua cota sobre o escravo concedendo-lhe a liberdade. Neste último caso, o condômino que alforriasse o escravo estaria prejudicando o direito dos demais, o que era proibido nos casos de propriedade em condomínio. Porém, a manumissão do escravo por um condômino era uma exceção às regras gerais da propriedade, "a bem da liberdade" e da boa razão. Por isso, caso um condômino libertasse um escravo em sua cota parte, como era "absurdo" ser alguém parte livre e parte escravo, dever-se-ia decidir a favor da liberdade, mediante indenização dos demais condôminos. O autor acrescentou que os filhos tidos pela escrava nessa situação deveriam seguir o ventre, ou seja, deveriam também eles serem considerados livres.[54]

Ribas tinha a mesma opinião de Malheiro: caso um escravo fosse libertado por um dos condôminos, os demais eram obrigados a aceitar o valor referente a suas cotas e o escravo receberia a liberdade.[55] Ambos os autores discordavam da Resolução, de 18 de março de 1854, do Conselho de Estado,[56] que determinava que, se algum herdeiro discordasse, não se deveria aceitar o preço do escravo para sua liberdade. Os autores achavam que o mais adequado seria aplicar, ao caso da libertação de escravos em condomínio, a Provisão de 20 de

---

53 LOUREIRO, L. T. *Instituições de direito civil brasileiro,* tomo I, 1857, p.5.

54 MALHEIRO, A. M. P. *A escravidão no Brasil,* vol. 1, p.77-78, 102-104, 123.

55 RIBAS, A. J. *Direito administrativo brasileiro,* p.370.

56 CAROATÁ, J. P. J. S. *Imperiais resoluções tomadas sobre consultas da Seção de Justiça do Conselho de Estado,* p.423-427.

ESCRAVIDÃO E DIREITO

setembro de 1823[57] – já analisada –, que determinava que os herdeiros aceitassem o valor de avaliação do escravo para sua liberdade.

Ao contrário de Malheiro e Ribas, Freitas adotou um posicionamento mais duro a respeito da libertação de escravos em condomínio. Para ele, a alforria só era válida quando o outro coproprietário também a conferisse. Porém, nos casos em que um dos condôminos deixava sua parte do escravo em fideicomisso, devendo o fideicomissário o libertar, os demais condôminos eram obrigados a vender suas partes no escravo mediante avaliação.[58]

No caso de Francisca, o juiz de primeira instância decidiu que o condômino "prejudicado" com a liberdade de Francisca poderia exigir de Anna o pagamento de sua parte. Ou seja, pela sentença, era Anna, a coproprietária, que deveria pagar pela libertação, não a escrava Francisca. Já Malheiro e Ribas não deixaram claro se quem arcaria com a indenização dos demais condôminos era o que havia libertado o escravo ou se o responsável seria o próprio escravo. Também a Provisão, de 20 de setembro de 1823, não era clara se o dinheiro apresentado para a liberdade de Margarida era dela ou se tinha vindo de outra pessoa. Sobre essa questão, a Lei do Ventre Livre, no §4°, de seu artigo 4°, determinou que:

> O escravo que pertencer a condôminos, e for libertado por um destes, terá direito à sua alforria, indenizando os outros senhores da quota do valor que lhes pertencer. Esta indenização poderá ser paga com serviços prestados por prazo não maior de sete anos, em conformidade do parágrafo antecedente.[59]

---

57 ARAÚJO, J. P. F. N. *Legislação brasileira*, p.131-132.

58 FREITAS, A. T. *Consolidação das leis civis*, 1865, p.527-530. FREITAS, A. T. *Consolidação das leis civis*, 1876, p.654, 656.

59 TRIBUNAL DE JUSTIÇA DO ESTADO DO RIO DE JANEIRO. *Legislação, escravidão, século XIX*, p.152.

292   MARIANA ARMOND DIAS PAES

Ora, seguindo as disposições de direito civil vigentes dobre condomínios, cabia, ao condômino que optasse pela partilha ou pelo fim do condomínio, o dever de indenizar os demais proprietários.[60] Também era isso o que previa o §5°, do título 96, do livro quarto, das Ordenações Filipinas: a princípio, o ônus da transação não recairia sobre o escravo, mas sobre o condômino. Foi nesse sentido que decidiu o juiz no caso de Francisca. Porém, a Lei do Ventre Livre subverteu essa ordem, determinando que, ao escravo, coubesse o dever de indenizar pela sua alforria quando fosse libertado por um dos condôminos. Nesse sentido, a Lei do Ventre Livre deu com uma mão e tirou com a outra: ela positivou a obrigatoriedade da liberdade nesses casos, tornando o direito dos escravos mais claro e seguro; mas também determinou que, a eles, caberia pagar por essa liberdade.

Pela decisão no caso de Francisca e pelo entendimento hegemônico na doutrina brasileira, constata-se que o "escravo alforriado em uma cota parte de si mesmo" não tinha mais o estatuto jurídico de "escravo". Também não era, propriamente, "liberto". Seu estatuto jurídico era regido por regulamentação específica. Uma dessas normas, que eram impostas aos escravos em condomínio, era a que determinava – primeiro, de modo nebuloso; depois, literalmente afirmada pela Lei do Ventre Livre – a obrigação de indenizar. Essa indenização, em diversas ocasiões, era feita mediante a prestação de serviços. Ou seja, os escravos em condomínio eram uma categoria de pessoas que gozavam de liberdade; porém, em razão da obrigação de prestar serviços, estavam sujeitas a trabalhos compulsórios e sofriam restrições de direitos.

---

60 CARNEIRO, M. B. *Direito civil de Portugal*, tomo I, 1851, p.295-296; ROCHA, M. A. C. *Instituições de direito civil português*, tomo II, 1848, p.370-371; ROCHA, M. A. C. *Instituições de direito civil português*, tomo II, 1852, p.370-371; ROCHA, M. A. C. *Instituições de direito civil português*, tomo II, 1857, p.370-371; ROCHA, M. A. C. *Instituições de direito civil português*, tomo II, 1867, p.370-371.

Alforriados condicionalmente

Alguns capítulos atrás, analisei o caso de Bento e, na oportunidade, discuti a capacidade dos escravos para contratar e adquirir propriedade. Pois bem, nesse processo, o curador de Bento requereu ao juiz a oitiva de Caetana Cabinda. Caetana tinha sido alforriada no testamento de seu senhor, com a condição de acompanhar sua mulher, Maria Joaquina da Conceição Oliveira, até o fim de sua vida.[61]

De acordo com o estipulado, Caetana então vivia com Maria Joaquina e os demais escravos da casa. Até que, no ano de 1867, o arranjo de Bento para sua liberdade foi parar nas malhas do judiciário e Caetana foi arrolada como testemunha. Para defender que Caetana não era escrava e, portanto, poderia depor, o curador afirmou que, no ato de libertação de Caetana, não houve, explicitamente, a imposição do ônus de prestação de serviços. Assim, Caetana não era escrava e deveria ser admitida como testemunha, pois não se verificava a proibição do §3°, título 56, livro terceiro das Ordenações Filipinas.[62]

E o que dizia o ordenamento jurídico brasileiro a respeito da possibilidade de os escravos testemunharem? A regra geral, repetida pela doutrina, era de que os escravos não podiam testemunhar, pois não tinham capacidade civil. No entanto, já nas Ordenações, havia uma exceção a essa norma.

> O Varão menor de quatorze anos não pode ser testemunha nos testamentos, nem a fêmea menor de doze nos casos, em que conforme a Direito as fêmeas podem ser testemunhas nos testamentos; nem pode ser testemunha

---

61 Apelação cível sobre liberdade de escravos, 1867, processo n. 137, AEL.

62 Ordenações Filipinas, livro 3º, título 56, §3º: "[...] O escravo não pode ser testemunha, nem será perguntado geralmente em feito algum, salvo nos casos por Direito especialmente determinados". ALMEIDA, C. M. *Código filipino*, vol. 3, p.647.

o furioso, nem o mudo e surdo, nem o cego, nem o pródigo, a que é tolhida a administração de seus bens, nem o escravo; mas se ele, sendo reputado por livre ao tempo do testamento, fosse nele testemunha, e depois se achasse ser cativo, não deixará por isso de valer o testamento, pois pelo erro comum, em que todos com ele estavam, era tido por livre.[63]

Note-se que essa exceção era feita, porque se presumia que havia erro sobre o estatuto jurídico da testemunha. Não se tratava de uma exceção fundada na capacidade civil do escravo. A sua participação como testemunha ocorria pela existência de erro em relação a sua capacidade civil. Assim, em razão de uma condição fática – o escravo era tido como livre –, reconhecia-se efeitos jurídicos a um ato praticado por um escravo.

Na legislação nacional, o Código do Processo Criminal proibia o escravo de ser testemunha, mas o autorizava a ser ouvido em juízo como informante.[64]

De acordo com Malheiro, o escravo poderia ser ouvido em juízo: a) se fosse considerado por todos como livre; b) se não houvesse outro modo de se provar a verdade; e c) como informante. Ribas era mais restritivo. Para ele, o escravo só poderia ser ouvido como informante. Para proteger o escravo, ao menos formalmente, se ele "testemunhasse" contra o senhor, este teria que preencher um "termo de segurança".

---

63 ALMEIDA, C. M. *Código filipino*, vol. 4, p.919-920.

64 Código do processo criminal, artigo 89: "Não podem ser testemunhas o ascendente, descendente, marido, ou mulher, parente até o segundo grau, o escravo, e o menor de quatorze anos; mas o Juiz poderá informar-se deles sobre o objeto da queixa, ou denúncia, e reduzir a termo a informação, que será assinada pelos informantes, a quem se não deferirá juramento. Esta informação terá o crédito, que o Juiz entender que lhe deve dar, em atenção às circunstâncias".

ESCRAVIDÃO E DIREITO 295

Se esse termo fosse descumprido e o escravo castigado porque depôs contra o senhor, ele poderia requerer, judicialmente, sua venda.[65]

O juiz decidiu que o depoimento de Caetana seria tomado e, ao final da audiência, apreciado. Caetana e Maria Joaquina depuseram. Maria Joaquina, ao longo de seu depoimento, afirmou que Caetana ficou livre em testamento de seu marido, com a condição de acompanhá-la até a morte. Também se referiu a Caetana como "uma parda que lhe estava obrigada a serviços".

Caetana, por sua vez, foi qualificada pelo escrivão como "preta liberta com condição", vivendo "em companhia de dona Maria Joaquina da Conceição Oliveira". Seu depoimento foi contraditado pelo advogado da ré: Caetana tinha sido declarada como escrava, sem limitação desta condição, por Maria Joaquina, na Recebedoria do Município. Tendo em vista a proibição da ordenação, Caetana não poderia depor no processo, porque só seria livre quando a condição fosse implementada. Só poderia ser testemunha a pessoa livre sem condição alguma. Caetana contra-argumentou que era forra pela declaração de última vontade de seu senhor, tendo apenas vivido em companhia de sua ex-senhora. O juramento foi deferido pelo juiz, ou seja, Caetana não deveria ser considerada escrava.

Ao final do depoimento, o juiz municipal indagou se, quando Caetana se referia à pessoa a quem dava o tratamento de "minha senhora", ela a considerava como proprietária de sua pessoa. Caetana respondeu que a tratava dessa maneira, porque tinha sido deixada livre por seu senhor, com condição de servir à pessoa a qual se referia, até que por morte dessa senhora lhe fosse concedida a carta de liberdade. Era nesses termos que servia ainda a Maria Joaquina. Somavam-se a esse, dois outros motivos: Maria Joaquina era uma mulher de idade avançada, além do que "não tinha ela testemunha para onde ir".

---

65 MALHEIRO, A. M. P. *A escravidão no Brasil*, vol. 1, p.67. RIBAS, A. J. *Direito administrativo brasileiro*, p.374.

Em suas razões finais, o curador de Bento afirmou que o depoimento de Caetana merecia "inteira fé". "Se uma testemunha nas condições da mesma, cuja ignorância é inflexível à insinuação" reafirmava tudo o que já havia sido dito pelas outras testemunhas, "não há razão plausível para que deixe de ser acreditada". A certidão de matrícula apresentada pelo advogado da ré, na qual Caetana constava como escrava, era contrária às declarações expressas de Maria Joaquina em juízo. Se ela fosse admitida como prova, dar-se-ia o absurdo jurídico de "alguém ter escravos sem o desejar". Porque, como argumentei anteriormente, a vontade era, do ponto de vista jurídico, um elemento fundamental na caracterização do estatuto de escravo. O curador continuou afirmando que, mesmo que Caetana fosse livre condicionalmente, o implemento da condição teria ocorrido com as declarações de sua senhora em juízo.

As discussões a respeito do estatuto jurídico de Caetana terminaram por aí. Ao final, seu depoimento foi considerado válido pelo juiz. Ou seja, Caetana, apesar de alforriada condicionalmente, não estava sujeita às mesmas restrições que eram impostas aos escravos.

E o que diziam os civilistas sobre os escravos alforriados condicionalmente, também chamados de *statu-liber*?

Loureiro considerava que existiam duas categorias de libertos: os perfeitos e os imperfeitos. Os libertos imperfeitos eram aqueles que ainda não tinham entrado no "pleno gozo da liberdade natural", por ainda estarem sujeitos ao serviço de seus patronos, por tempo certo e determinado, em razão de cláusula acrescentada ao ato jurídico de alforria. O autor considerava, também, que apenas os libertos imperfeitos poderiam ter sua alforria revogada por ingratidão. Aos perfeitos, não se aplicava a hipótese de revogação porque: a) se tivessem nascido no Brasil, desde a alforria adquiriam o status de cidadão e, como tais, não poderiam perder os direitos conexos à essa situação, exceto pelas hipóteses do artigo 7° da Constituição; e b) se fossem africanos, não poderiam ser novamente reduzidos à escravidão, porque o artigo 179 do Código Criminal revogou as Ordenações Filipinas no que dizia respeito à possibilidade de revogação da alforria por ingratidão.[66]

Para Malheiro, a condição presente nas alforrias condicionais era uma condição suspensiva. Ou seja, era um tipo de aquisição que adiava o exercício de um direito, que já havia sido adquirido. Por isso, o *statu-liber* não era nem escravo nem liberto, mas uma espécie de pessoa jurídica intermediária entre os dois. Ao tratar da condenação de trazer ferro, ele afirmou: "Este mesmo artigo da lei, mandando *entregar o escravo a seu senhor*, presume que o condenado foi, é e permanece escravo. O liberto, porém, evidentemente o deixou de ser; e o *statuliber* já não é própria e rigorosamente escravo".[67]

Apesar de defender que o *statu-liber* era uma espécie de categoria intermediária, Malheiro, em diversos momentos, os tratou como se fossem libertos, gozando das mesmas prerrogativas jurídicas, apesar de estarem sujeitos ao implemento de uma condição. Um exemplo foi quando afirmou que: "A obrigação de servir, adjeta à alforria, não altera a *condição de liberto*; e não sujeita ao imposto".[68]

Ademais, aos *statu-liber*, era permitido adquirir propriedade; não poderiam ser açoitados; não poderiam ser alienados, vendidos, hipotecados ou adquiridos por usucapião; e respondiam pessoalmente por seus crimes. Quem tentasse escravizá-los, estaria sujeito às penas do artigo 179 do Código Criminal, já que eles estavam na posse de sua liberdade.[69]

O autor também ressaltou que era bem comum que o problema do *statu-liber* se manifestasse quando escravos eram adquiridos

---

66 LOUREIRO, L. T. *Instituições de direito civil brasileiro*, tomo I, 1862, p.34.

67 MALHEIRO, A. M. P. *A escravidão no Brasil*, vol. 1, p.41, 114, 106, 118-121.

68 MALHEIRO, A. M. P. *A escravidão no Brasil*, vol. 1, p.72. Ver também MALHEIRO, A. M. P. *A escravidão no Brasil*, vol. 1, p.73.

69 MALHEIRO, A. M. P. *A escravidão no Brasil*, vol. 1, p.72. Ver também MALHEIRO, A. M. P. *A escravidão no Brasil*, vol. 1, p.120-121.

a título de fideicomisso. O fideicomisso ocorria quando um bem era legado pelo testador com a imposição de uma obrigação ao herdeiro. No caso dos escravos, um exemplo era quando um senhor deixava um escravo ao herdeiro, que deveria libertá-lo decorrido certo tempo, ao longo do qual o mais comum era que o escravo prestasse serviços a esse herdeiro fiduciário. Nesses casos, durante o período do fideicomisso, Malheiro considerava o então escravo como liberto. Como tal, seus filhos nasceriam livres e ingênuos e ele gozaria de direitos de propriedade. O fiduciário não era proprietário, mas mero "executor da vontade do senhor". Ele não possuía domínio, apenas *jus utendi*, que não era incompatível com a liberdade.[70]

Em relação aos filhos da *statu-liber*, tidos durante o período de implemento da condição, afirmou que eram livres e ingênuos, já que "a condição ou o termo não mudam nem alteram a sorte da mãe quanto à sua verdadeira e essencial condição de livre".[71]

Ademais, os serviços aos quais os *statu-liber* estavam obrigados não eram propriamente servis, serviços de escravos.[72]

> Mas, dirão ainda, parece contrasenso que alguém seja livre e não possa exercer sua liberdade, que esteja na dependência de que chegue uma época ou se realize um evento. – A resposta é simples. Basta apontar tantos outros livres, que todavia não podem fazer senão nas mesmas condições, quais sejam os menores, os interditos, e outros. E já o havia prevenido em sua Filosofia Cristã o grande reformador Justiniano, quando declarou que não era incompatível ser alguém livre, e estar em usufruto a outrem. Muito menos o é, quando se não trata de usufruto, como no statuliber.

---

70 MALHEIRO, A. M. P. *A escravidão no Brasil*, vol. 1, p.109-114.

71 MALHEIRO, A. M. P. *A escravidão no Brasil*, vol. 1, p.91, 121.

72 MALHEIRO, A. M. P. *A escravidão no Brasil*, vol. 1, p.121.

O nosso Direito pátrio, mesmo moderno, ainda nos fornece outros exemplos. Aquele que se obriga a servir a outrem por tempo determinado é livre; e todavia pode ser constrangido a servir na forma ajustada.[73]

Nesse trecho, Malheiro levantou um ponto importante: a liberdade jurídica não era incompatível com o trabalho compulsório. Submeter alguém a trabalhos compulsórios não necessariamente retirava dessa pessoa sua personalidade jurídica, sua condição de sujeito de direito. E é aí que residia toda a perversidade do sistema – mas esse ponto elaborarei melhor na conclusão. Por ora, veja-se os exemplos dados, pelo autor, de pessoas livres que estavam submetidas a trabalhos compulsórios e coerção: a) os criados;[74] b) os órfãos;[75] e c)

---

73 MALHEIRO, A. M. P. *A escravidão no Brasil*, vol. 1, p.121.

74 Ordenações Filipinas, livro quarto, título 63: "O homem que deitar fora de casa o mancebo, que tomou por soldada, antes de acabar o tempo por que o tomou, pagar-lhe-á toda a soldada, pois o deitou fora, e não quer que o sirva. E se o que está por soldada, deixar o senhor, antes que acabe o tempo do serviço, sem culpa do senhor, deve-lhe tornar a soldada, se já a tiver recebida, e mais servir de graça todo o tempo que lhe faltava por servir; e se lhe ainda não tinha paga a soldada, não será obrigado a lha pagar, e será constrangido pelas Justiças, onde quer que estiver, que venha acabar de servir". ALMEIDA, C. M. *Código filipino*, vol. 4, p.811.

75 Na realidade, Malheiro não mencionou os órfãos, mas o título das Ordenações Filipinas transcrito da nota anterior – este sim, citado pelo autor – fazia remissão ao título que tratava dos órfãos e considerei pertinente incluir essa hipótese. Ordenações Filipinas, livro primeiro, título 88, §17: "E se os órfãos fugirem por culpa de seus amos, que os tinham, por os tratarem mal, serão constrangidos a lhes pagar aquele tempo, que os serviram, sem os Órfãos serem obrigados a acabar de servir o tempo da obrigação. E se a fugida for por culpa dos Órfãos, serão constrangidos a tornar a servir todos o tempo conteúdo na obrigação, e mais outro tanto, quanto deixarem de servir, por andarem fugidos por sua culpa, não passando de seis meses todo o tempo que por pena houverem de servir.

300 Mariana Armond Dias Paes

os trabalhadores que assinassem contratos de locação e prestação de serviços.[76] Além dessas pessoas mencionadas por Malheiro, podemos acrescentar, ainda, os africanos livres, que estavam sujeitos a diversos tipos de trabalhos forçados.[77]

Voltando aos *statu-liber*, Malheiro, então, considerava que a liberdade não era incompatível com trabalhos compulsórios e coerção para realizar determinados serviços. Ele chegou, inclusive, a afirmar que, quando o liberto aceitava a alforria, ele também estava, implícita e tacitamente, aceitando a contraprestação, a obrigação de prestar serviços. Essa situação configurava um "quase-contrato" ou, até mesmo, poderia ser considerado um contrato propriamente dito.[78]

Já Freitas afirmou expressamente que havia "um estado médio entre a escravidão e a liberdade". Os escravos que se encontravam nessa condição eram os chamados "estado-livres": "aquele, que está destinado a ser livre depois de certo tempo, ou depois do cumprimento de uma condição". Ele tinha direito à liberdade. Esse direito não era anulado nem se ele fosse transferido para outro proprietário, fosse por venda, por testamento ou por algum outro meio de transmissão da propriedade. No direito romano antigo, o *statu-liber* não era diferente dos outros escravos e, por isso, era punido como tal. Mas essa norma foi revogada e ele passou a ser punido como os livres. Além disso, o

---

Porém se aqueles, que os tinham, não quiserem que os acabem de servir, não serão obrigados a os tomar, não lhe sendo tornados dentro de um mês do dia, que fugiram. E se algum dinheiro tiverem recebido dante mão, tornal-o-ão solda à livra do tempo, que o Órfão serviu". ALMEIDA, C. M. *Código filipino*, vol. 1, p.212.

76 Ver todas as restrições impostas pela Lei de 13 de setembro de 1830. Ver, também, a Lei n. 108, de 11 de outubro de 1837. Sobre coerção em relações de "trabalho livre", ver MENDONÇA, J. M. N. "Sobre cadeias e coerção".

77 MAMIGONIAN, B. *To be a liberated African in Brazil*. Em especial, os capítulos 2, 3 e 4. MAMIGONIAN, B. *Africanos livres*.

78 MALHEIRO, A. M. P. *A escravidão no Brasil*, vol. 1, p.121.

alforriado sob condição só poderia ser vendido se o comprador respeitasse a condição estipulada anteriormente.[79]

Para Freitas, apesar de gozar de estatuto jurídico específico, o *statu-liber* só ficava efetivamente livre após o implemento da condição.[80] A respeito da polêmica sobre o estatuto jurídico dos filhos da *statu-liber* nascidos durante o implemento da condição,[81] Freitas afirmou que, por direito romano, eles nasciam escravos. Mas acrescentou que "tenho sempre opinado o contrário", sendo a melhor norma para o caso a que estava presente no artigo 196 do Código da Louisiana. De acordo com esse artigo, a mãe teria adquirido direito à liberdade futura e, portanto, o filho ficava livre quando a mãe o ficasse.[82] Freitas afirmou que esse direito à liberdade era "absoluto".[83]

Além de chegar aos tribunais, ser tratada pela doutrina e ter sido debatida no IAB, a questão do estatuto jurídico dos *statu-liber* também foi, em diferentes momentos, apreciada pelo executivo. A Decisão n. 8, de 17 de janeiro de 1846, deixa entrever que o escravo alforriado condicionalmente não tinha o mesmo estatuto jurídico que os escravos em geral. Isso porque, de acordo com essa Decisão, não deveria ser pago o imposto sobre escravos nos casos em que o escravo vivesse "sobre si", já houvesse pagado por uma parte de sua liberdade e estivesse prestando serviços para pagar a parte restante.[84]

No ano de 1857, em 22 de setembro, o ministro da Fazenda, Bernardo de Souza Franco, afirmou claramente o que a Decisão de

---

79 FREITAS, A. T. *Consolidação das leis civis*, 1876, p.36, 653.

80 FREITAS, A. T. *Consolidação das leis civis*, 1876, p.654.

81 Sobre a polêmica a respeito dos filhos da *statu-liber*, ver PENA, E. S. *Pajens da casa imperial*.

82 MORGAN, T. G. *Civil Code of the State of Louisiana*, p.33.

83 FREITAS, A. T. *Consolidação das leis civis*, 1876, p.36.

84 TRIBUNAL DE JUSTIÇA DO ESTADO DO RIO DE JANEIRO. *Legislação, escravidão, século XIX*, p.76.

302   MARIANA ARMOND DIAS PAES

1846 tinha deixado entrever: o escravo alforriado sob condição não tinha estatuto jurídico de escravo. Isso ocorreu na Decisão n. 324 segundo a qual Joanna Luiza de Almeida havia libertado Carolina com a condição que ela servisse Antonio Pereira Rebouças e sua família, pelo prazo de dez anos. A controvérsia era se Joanna deveria pagar a taxa de escravos referente a Carolina. O ministro decidiu, então, que não deveria ser paga a taxa, "porque a liberdade concedida àquela escrava é perfeita, havendo apenas o encargo de prestar serviços a terceiros".[85]

Em 1863, Miguel Calmon Du Pin e Almeida, ministro da Fazenda, foi ainda mais explícito sobre esse tema:

> [...] a isenção da taxa em relação às alforrias [...] é extensiva aos serviços, a que o liberto fique por ventura obrigado a prestar ao legatário; porquanto a liberdade se considera perfeita e irrevogável desde do momento em que é conferida, ainda mesmo com qualquer ônus, o qual (como a prestação de serviços a alguém) não altera a condição e estado de liberdade, retardando apenas o pleno gozo e exercício desta.[86]

Essa norma beneficiava o *statu-liber* na medida que reconhecia a ele, ainda que formalmente, um estatuto jurídico que não era de escravo. Mas ela também beneficiava a pessoa a quem o *statu-liber* estava prestando serviços, que não tinha mais que pagar a taxa de escravos. Assim, talvez alguns senhores considerassem um bom negócio alforriar um escravo condicionalmente, já que continuariam gozando de seus serviços sem ter que pagar o imposto sobre eles.[87]

---

85   *Coleção das decisões do governo do Império do Brasil*, tomo XX, 1857, p.276.

86   *Coleção das decisões do governo do Império do Brasil*, tomo XXVI, 1863, p.192.

87   Foi também o que aconteceu no caso que deu ensejo à Decisão n. 374 de 13 de agosto de 1863, expedida pelo Ministério da Fazenda. *Coleção das*

ESCRAVIDÃO E DIREITO 303

Também em 1875, mais especificamente, em 23 de junho, o governo reafirmou a norma de que eram livres os filhos nascidos de mulheres alforriadas com a condição de prestar serviços. Essa decisão foi proferida pelo ministro da Agricultura, José Fernandes da Costa Pereira Junior. O que originou a consulta foi o fato de que, em Abrantes, na Província da Bahia, o tenente-coronel Firmino Grumichama matriculou Agripina e Angelina como ingênuas. Agripina era filha de Genuina e Angelina de Palmira. Genuina e Palmira tinham sido alforriadas sob condição. O escrivão, então, queria saber como proceder em casos como esses: as crianças deveriam ser consideradas ingênuas ou livres? O ministro decidiu, então, que, "em face do direito que regula o estado civil", e de acordo com a jurisprudência, os filhos de mulheres alforriadas com a condição de prestar serviços deveriam ser considerados livres. Ademais, a Lei do Ventre Livre tinha extinguido as diferenças entre ingênuos e libertos: todos nasciam livres.[88]

A Lei do Ventre Livre regulamentou alguns aspectos do estatuto jurídico dos alforriados condicionalmente. Em seu artigo 4°, §5°, por exemplo, ficou determinado que, nos casos de alforria com cláusula de prestação de serviços, a liberdade não seria anulada pelo não-implemento da condição. Mas "o liberto seria compelido a cumpri-la por meio de trabalho nos estabelecimentos públicos ou por contratos de serviços particulares".[89] Ao apontar essa norma na *Consolidação das leis civis*, Freitas argumentou que, ao invés do verbo "compelir", utilizado pela legislação, a redação deveria ter sido feita da seguinte maneira: "mas o liberto poderá cumpri-la". Desse modo, teria sido possível evitar "o contra senso de coagir para liberdade".[90]

---

decisões do governo do Império do Brasil, tomo XXVI, 1863, p.370.

88 *O Direito*, vol. 8, 1875, p.186.

89 TRIBUNAL DE JUSTIÇA DO ESTADO DO RIO DE JANEIRO. *Legislação, escravidão, século XIX*, p.152.

90 FREITAS, A. T. *Consolidação das leis civis*, 1876, p.285.

Poderia ser até um contra senso, o "coagir para liberdade", mas era uma prática bastante comum no Brasil escravista, como visto em outros trechos deste trabalho. Foi também o que ficou determinado no Aviso n. 441, de 21 de setembro de 1863, expedido pelo ministro da Justiça, João Lins Vieira Cansansão de Sinimbú. Aconteceu que alguns escravos, em Piraí, foram libertados pelo testamento de seu senhor, mas seus valores excederam a parte disponível da herança e atingiram a legítima dos herdeiros. O juiz municipal, então, determinou que fossem arrecadados os serviços dos libertos para que se pagasse a legítima. O ministro considerou que estava correta a decisão do juiz, pois "foram garantidas, de um lado a liberdade que a lei favorece, do outro o direito dos herdeiros que a lei protege".[91] Na redação desse Aviso, foi utilizado o termo "libertos", ou seja, não era considerado pelo ministro incompatível obrigar libertos a serviços.

$$***$$

A civilística portuguesa e brasileira era muito reticente ao tratar do estatuto jurídico dos escravos. No que concerne à portuguesa, sustento seu caráter evasivo a respeito da regulamentação da escravidão e, especificamente, da personalidade jurídica dos escravos não estava relacionado à abolição da escravidão no território metropolitano, no final do século XVIII. Ou seja, não parece que os juristas portugueses tenham sido reticentes porque, supostamente, não havia mais escravos nos territórios portugueses europeus. Ao longo do século XIX, além do engajamento dos portugueses no tráfico negreiro, Portugal manteve territórios coloniais nos quais a escravidão era uma instituição juridicamente sancionada pelo Estado. Por isso, entendo que essa postura dos civilistas portugueses – que trataram da escravidão de maneira reticente e marginal, considerando os escra-

---

91 *Coleção das decisões do governo do Império do Brasil*, tomo XXVI, 1863, p.436.

ESCRAVIDÃO E DIREITO

vos como "alheios", "dos outros" – manifesta, de modo mais extremo, um aspecto comum – portanto, brasileiro e português – do projeto de construção do direito "moderno": o tratamento doutrinário da escravidão como algo ultrapassado e estranho às "modernas" bases do direito, ao lado de um tratamento judiciário da escravidão como um instituto ordinário, sobre o qual incidiriam os mesmos fundamentos da teoria geral do direito civil. Essa convivência contraditória entre silêncio doutrinário e cotidiano judicial contribuiu para a construção de uma memória que desconsidera que as sociedades modernas e, consequentemente, suas instituições jurídicas, estiveram, durante muitos séculos, atreladas a relações de violência e dominação com os territórios coloniais e imperiais. Além do mais, essa relação entre silêncio doutrinário e cotidiano judicial tem impacto na seleção das fontes pelos historiadores do direito. Afinal, uma historiografia que privilegie, como fontes, a doutrina, corre o risco de omitir as construções de diversos estatutos jurídicos que possibilitaram a persistência da escravidão e de regimes de trabalho compulsório e de restrição de direitos ao longo de todo o século XIX.[92]

Como quer que seja, não era comum que a personalidade jurídica dos escravos fosse afirmada contundentemente pela civilística a despeito de, ao longo dos livros jurídicos consultados, diversos direitos serem reconhecidos aos escravos, ainda que de forma incipiente. Ademais, a doutrina costumava trabalhar com uma divisão binária das pessoas: livres e escravas. Quando muito, havia uma referência ao fato de que os livres "se dividiam" em ingênuos e libertos.[93]

Esse modelo de categorização binária não era capaz de abarcar os diversos estatutos jurídicos presentes na sociedade brasileira. Analisei, como exemplos, os casos dos escravos em condomínio e o dos *statu-liber*, que não eram livres nem escravos, mas possuíam regu-

---

92 SILVA, C. N. *Constitucionalismo e império*.

93 MAMIGONIAN, B. *Africanos livres*.

lamentação jurídica própria. Além desses, diversos outros estatutos, como os africanos livres, os ingênuos e, mais tarde, os sexagenários, existiam e sofriam restrições de direitos específicas. No entanto, era dispensado a eles um tratamento marginal, quando não eram completamente ignorados nos livros jurídicos.

Os civilistas argumentavam, ainda, que essa divisão binária era decorrente do direito romano. Também adviria do direito romano a regulamentação da escravidão em geral. Esse tipo de argumentação poderia passar a impressão de que o direito da escravidão, no Brasil do século XIX, era um resquício antigo teimosamente persistente e, por isso mesmo, excepcional. No entanto, como mostrei, as normas utilizadas para solucionar conflitos surgidos nas relações escravistas estavam intimamente de acordo com o direito civil da época. Os conflitos eram resolvidos a partir de normas do direito civil que tinham um caráter mais geral e abrangente, que regulamentavam, também, outras relações que não as de escravidão. Assim, havia um esforço dos juristas em traçar uma linha de continuidade fictícia entre o direito romano e o direito liberal da escravidão, numa tentativa de evitar que os fundamento teóricos do ordenamento jurídico que estavam tentando consolidar se misturasse com o tema da escravidão. Os juristas encampavam a ideia, de Malheiro, de que o direito da escravidão era o verdadeiro "dédalo" do ordenamento jurídico brasileiro, mas, como visto ao longo deste trabalho, o direito da escravidão não era tão tortuoso assim: ele era definido pelos mesmos fundamentos que norteavam o direito civil como um todo.

Conclusão

Os escravos brasileiros, pelo menos a partir da década de 1860, eram considerados pessoas, sujeitos de direitos e, por isso, providos de personalidade jurídica. A abrangência de sua personalidade jurídica, entretanto, era bastante limitada e precária. Formalmente, muitos dos direitos a eles reconhecidos dependiam da autorização de seus senhores e a grande maioria deles gozava de pouca exigibilidade judicial. Assim, os escravos dispunham de direito de ação, mas eram obrigados a nomear curador e, em alguns casos, pedir vênia; tinham direito a constituir família e a mantê-la unida, porém, da família escrava, não derivavam os efeitos civis regulares do direito de família; podiam adquirir propriedade, contudo, necessitavam, ao menos formalmente, de autorização do senhor; eram providos de capacidade contratual, todavia, os contratos por eles realizados poderiam ser exigidos judicialmente apenas de maneira precária; não podiam suceder em nenhuma hipótese, até 1871, e, mesmo após essa data, só o podiam em hipóteses muito restritivas.

Além das limitações que eram impostas à pessoa do escravo, outros institutos jurídicos guardavam relação com o exercício de seus direitos. O depósito, por um lado, protegia o efetivo exercício do direito de ação dos escravos, mas, por outro, submetia todos aqueles que beneficiava à presunção da incapacidade civil. Da mesma forma, o Procurador da Coroa atuava no processo em prol da proteção do escravo, mas essa "proteção" também só era legalmente facultada aos incapazes. Além das chamadas ações de liberdade, diversos outros procedimentos podiam ser mobilizados pelos libertandos em sua luta para expandir sua capacidade civil, mesmo que esses procedimentos não fossem previstos propriamente para esse fim. O tema da incapacidade civil não afetava apenas os escravos. Ele atingia outros sujeitos de direitos, como a mulher casada, e, nas relações jurídicas entre essas pessoas de capacidade reduzida, emergiam fortes tensões no campo judicial. Os tribunais eram arena de tensões, também, nos casos em que se requeria que o estatuto jurídico de alguém fosse declarado a partir de sua condição social fática, fosse mediante o instituto da prescrição aquisitiva ou, mais tarde, pelo da prescrição extintiva.

Todos esses direitos dos escravos, suas limitações e os institutos a eles relacionados se ligavam aos fundamentos mais básicos do direito civil, notadamente, o princípio da autonomia da vontade. Por isso, não é possível afirmar que os escravos não tinham direitos perante o ordenamento jurídico brasileiro nem que a regulamentação da escravidão persistia no nosso ordenamento, como um resquício, apesar da história.

Embora estivessem sujeitos aos poderes inerentes ao direito de propriedade, os escravos eram pessoas. Negar essa condição, para afirmar a incompatibilidade entre, de um lado, a submissão aos poderes inerentes ao direito de propriedade e, de outro, a condição de sujeito de direitos, é uma atitude que isenta o direito civil liberal do modo como ele efetivamente tratou os escravos. Acreditar que é uma "blasfêmia" os escravos terem direitos é o mesmo que reforçar a noção de que o direito da escravidão era um direito de exceção, perdido no tempo, com o qual já não temos nenhuma relação. O sujeito de direito tratado como um bem não se colocava em contradição com a aquisição e o exercício de direitos civis por esse mesmo sujeito. Pelo menos, não do ponto de vista do direito liberal do Brasil oitocentista.

Entre 1860 e 1888, as normas do direito da escravidão que regulamentavam os atos civis praticados pelos escravos eram regidas pelos princípios fundamentais do direito civil. Afirmar que o direito da escravidão era "lacunoso", "cinzento", "pouco sistemático", "arbitrário", "confuso", "sujeito exclusivamente aos interesses políticos dos envolvidos", "maleável", "um verdadeiro dédalo", "tortuoso", no fundo, é encampar o discurso de juristas que, intimamente ligados à implantação de uma ordem jurídica de matriz liberal, procuravam diferenciar o direito da escravidão do direito civil em geral. Uma separação, que, no entanto, apresenta-se de maneira visivelmente artificial.

Os juristas da época faziam inúmeras remissões a um direito romano longínquo e afirmavam que a escravidão deveria ser revista à luz do jusnaturalismo, mas, na prática, os conflitos levantados pelo cotidiano das relações escravistas eram resolvidos com as normas e técnicas interpretativas do direito civil liberal. A doutrina fazia uma categorização artificial dos sujeitos de direitos em "livres" e "escravos", uma categorização que serviu para encobrir a existência de diversos sujeitos de direitos "livres", mas submetidos a diferentes tipos de trabalho compulsório e que sofriam inúmeras restrições de direitos e limitações em sua capacidade civil.

Assim, a escravidão não é um instituto jurídico estranho, pertencente a um passado remoto e não mais acessível. A escravidão não é um instituto que não cabe mais na nossa forma de conceber o direito, em especial, o direito civil. A escravidão, em suma, não é um instituto impossível numa ordem jurídica liberal. Trata-se de um instituto jurídico perfeitamente conforme à moderna teoria das capacidades, que funcionou como uma espécie de atualização e aperfeiçoamento liberal das restrições de direitos impostas pela antiga teoria dos estados. A desigualdade existente entre os sujeitos de direitos, entre as pessoas, era encoberta, sob o argumento de as proteger, por esse sistema de incapacidades, pelas restrições no reconhecimento e no exercício de direitos que ele impunha.

Do ponto de vista jurídico, a escravidão era, além da sujeição aos poderes inerentes ao direito de propriedade, a redução drástica do exercício de direitos de algumas pessoas. A restrição e a precarização de direitos e de seu exercício aconteciam no nível da prática judiciária cotidiana, mas, também, no nível teórico do que havia de mais moderno no direito civil, a teoria das capacidades.

Referências bibliográficas

Fontes primárias manuscritas

Arquivo Edgard Leuenroth

Apelação cível sobre liberdade de escravos, 1861, fundo Relação do Rio de Janeiro, série Apelação Cível, processo n. 91, microfilme RRJ mr 029.

Apelação cível sobre liberdade de escravos, 1861, fundo Relação do Rio de Janeiro, série Apelação Cível, processo n. 93, microfilme RRJ mr 030.

Apelação cível sobre liberdade de escravos, 1861, fundo Relação do Rio de Janeiro, série Apelação Cível, processo n. 165, microfilme RRJ mr 051.

Apelação cível sobre liberdade de escravos, 1863, fundo Relação do Rio de Janeiro, série Apelação Cível, processo n. 103, microfilme RRJ mr 034.

Apelação cível sobre liberdade de escravos, 1863, fundo Relação do Rio de Janeiro, série Apelação Cível, processo n. 104, microfilme RRJ mr 034.

Apelação cível sobre liberdade de escravos, 1863, fundo Relação do Rio de Janeiro, série Apelação Cível, processo n. 105, microfilme RRJ mr 034.

Apelação cível sobre liberdade de escravos, 1863, fundo Relação do Rio de Janeiro, série Apelação Cível, processo n. 203, microfilme RRJ mr 061.

Apelação cível sobre liberdade de escravos, 1865, fundo Relação do Rio de Janeiro, série Apelação Cível, processo n. 123, microfilme RRJ mr 039.

Apelação cível sobre liberdade de escravos, 1865, fundo Relação do Rio de Janeiro, série Apelação Cível, processo n. 124, microfilme RRJ mr 039.

Apelação cível sobre liberdade de escravos, 1867, fundo Relação do Rio de Janeiro, série Apelação Cível, processo n. 135, microfilme RRJ mr 042.

Apelação cível sobre liberdade de escravos, 1867, fundo Relação do Rio de Janeiro, série Apelação Cível, processo n. 136, microfilme RRJ mr 042.

Apelação cível sobre liberdade de escravos, 1867, fundo Relação do Rio de Janeiro, série Apelação Cível, processo n. 137, microfilme RRJ mr 042.

Apelação cível sobre liberdade de escravos, 1869, fundo Relação do Rio de Janeiro, série Apelação Cível, processo n. 154, microfilme RRJ mr 048.

ESCRAVIDÃO E DIREITO 313

Apelação cível sobre liberdade de escravos, 1869, fundo Relação do Rio de Janeiro, série Apelação Cível, processo n. 155, microfilme RRJ mr 048.

Apelação cível sobre liberdade de escravos, 1869, fundo Relação do Rio de Janeiro, série Apelação Cível, processo n. 158, microfilme RRJ mr 049.

Apelação cível sobre liberdade de escravos, 1871, fundo Relação do Rio de Janeiro, série Apelação Cível, processo n. 172, microfilme RRJ mr 053.

Apelação cível sobre liberdade de escravos, 1871, fundo Relação do Rio de Janeiro, série Apelação Cível, processo n. 173, microfilme RRJ mr 053.

Apelação cível sobre liberdade de escravos, 1871, fundo Relação do Rio de Janeiro, série Apelação Cível, processo n. 178, microfilme RRJ mr 054.

Apelação cível sobre liberdade de escravos, 1873, fundo Relação do Rio de Janeiro, série Apelação Cível, processo n. 194, microfilme RRJ mr 058.

Apelação cível sobre liberdade de escravos, 1873, fundo Relação do Rio de Janeiro, série Apelação Cível, processo n. 195, microfilme RRJ mr 058.

Arquivo Nacional do Rio de Janeiro

Ação de liberdade, 1875, fundo 84 Relação do Rio de Janeiro, série Apelação Cível, processo n. 36, maço 2.244.

Ação de liberdade, 1875, fundo 84 Relação do Rio de Janeiro, série Apelação Cível, processo n. 305, maço 2.354.

Ação de liberdade, 1875, fundo 84 Relação do Rio de Janeiro, série Apelação Cível, processo n. 1.639, caixa 1.651, galeria A.

Ação de liberdade, 1877, fundo 84 Relação do Rio de Janeiro, série Apelação Cível, processo n. 165, maço 10, galeria C.

Ação de liberdade, 1877, fundo 84 Relação do Rio de Janeiro, série Apelação Cível, processo n. 208, caixa 2.336.

Ação de liberdade, 1877, fundo 84 Relação do Rio de Janeiro, série Apelação Cível, processo n. 3.995, maço 1.734, galeria A.

Ação de liberdade, 1879, fundo 84 Relação do Rio de Janeiro, série Apelação Cível, processo n. 284, maço 16, galeria C.

Ação de liberdade, 1879, fundo 84 Relação do Rio de Janeiro, série Apelação Cível, processo n. 382, maço 19, galeria C.

Ação de liberdade, 1880, fundo 84 Relação do Rio de Janeiro, série Apelação Cível, processo n. 1.742, maço 216, galeria C.

Ação de liberdade, 1881, fundo 84 Relação do Rio de Janeiro, série Apelação Cível, processo n. 465, maço 2.247.

Ação de liberdade, 1881, fundo 84 Relação do Rio de Janeiro, série Apelação Cível, processo n. 1.380, maço 181, galeria C.

Ação de liberdade, 1881, fundo 84 Relação do Rio de Janeiro, série Apelação Cível, processo n. 3.243, maço 96, galeria C.

Ação de liberdade, 1883, fundo 84 Relação do Rio de Janeiro, série Apelação Cível, processo n. 208, caixa 1.825, galeria A.

Ação de liberdade, 1883, fundo 84 Relação do Rio de Janeiro, série Apelação Cível, processo n. 289, maço 2.354, galeria A.

Ação de liberdade, 1883, fundo 84 Relação do Rio de Janeiro, série Apelação Cível, processo n. 1.428, maço 213.

Ação de liberdade, 1885, fundo 84 Relação do Rio de Janeiro, série Apelação Cível, processo n. 159, maço 10, galeria C.

Ação de liberdade, 1885, fundo 84 Relação do Rio de Janeiro, série Apelação Cível, processo n. 333, maço 2.246.

Ação de liberdade, 1885, fundo 84 Relação do Rio de Janeiro, série Apelação Cível, processo n. 2.499, maço 217, galeria C.

Ação de liberdade, 1887, fundo 84 Relação do Rio de Janeiro, série Apelação Cível, processo n. 25, maço 2.351, galeria A.

Ação de liberdade, 1887, fundo 84 Relação do Rio de Janeiro, série Apelação Cível, processo n. 249, caixa 2.336, galeria A.

Ação de liberdade, 1887, fundo 84 Relação do Rio de Janeiro, série Apelação Cível, processo n. 1.321, maço 197, galeria C.

Fontes primárias impressas

Anais

Anais do Parlamento Brasileiro: Câmara dos srs. Deputados, quarto ano da duodécima legislatura, sessão de 1866. Rio de Janeiro: Tipografia Imperial e Constitucional de J. Villeneuve e Companhia, 1866. Tomo I.

Legislação

ARAÚJO, José Paulo de Figueirôa Nabuco. *Legislação brasileira: ou coleção cronológica das leis, decretos, resoluções de consulta, provisões, etc., etc., do Império do Brasil, desde o ano de 1808 até 1831 inclusive.* 7 tomos. Rio de Janeiro: Tipografia Imperial e Constitucional de J. Villeneuve e Companhia, 1844.

Base de dados Legislação: trabalhadores e trabalho em Portugal, Brasil e África colonial portuguesa, do Centro de Pesquisa em História Social da Cultura – CECULT, da Universidade Estadual de Campinas [online]. [acesso em 17 de março de 2014]. Disponível em: <http://www.ifch.unicamp.br/cecult/lex/web/>.

Brasil. Lei de 11 de agosto de 1827 [online]. Cria dois Cursos de ciências jurídicas e sociais, um na cidade de São Paulo e outro na de Olinda. [acesso em 06 de junho de 2013]. Disponível em: <http://www2.camara.leg.br/legin/fed/lei_sn/1824-1899/lei-38401-11-agosto-1827-566698-publicacaooriginal-90225-pl.html>.

Brasil. Lei de 13 de setembro de 1830 [online]. Regula o contrato por escrito sobre prestação de serviços feitos por brasileiro ou estrangeiro dentro ou fora do Império. [acesso em 17 de março de 2014]. Disponível em: <http://www2.camara.leg.br/legin/fed/lei_sn/1824-1899/lei-37984-13-setembro-1830-565648-publicacaooriginal-89398-pl.html>.

Brasil. Lei de 16 de dezembro de 1830 [online]. Manda executar o Código Criminal. [acesso em 05 de junho de 2013]. Disponível em: <http://www.planalto.gov.br/ccivil_03/leis/lim/lim-16-12-1830.htm>.

Brasil. Decreto de 7 de novembro de 1831 [online]. Aprova provisoriamente os novos estatutos para os Cursos de Ciências Jurídicas e Sociais do Império. [acesso em 08 de maio de 2013]. Disponível em: <http://www2.camara.leg.br/legin/fed/decret_sn/1824-1899/decreto-37661-7-novembro-1831-564789-publicacaooriginal-88717-pl.html>.

Brasil. Lei de 29 de novembro de 1832 [online]. Promulga o Código do Processo Criminal de primeira instância com disposição provisória acerca da administração da Justiça Civil. [acesso em 05 de junho de 2013]. Disponível em: <http://www.planalto.gov.br/ccivil_03/Leis/LIM/LIM-29-11-1832.htm>.

Brasil. Lei n. 108 de 11 de outubro de 1837 [online]. Dando várias providências sobre os contratos de locação de serviços dos colonos. [acesso em 17 de março de 2014]. Disponível em: <http://www2.

camara.leg.br/legin/fed/lei/1824-1899/lei-108-11-outubro-1837-
-559407-publicacaooriginal-85738-pl.html>.

Brasil. Decreto n. 737 de 25 de novembro de 1850 [online]. Determina a ordem do juízo no processo comercial. [acesso em 17 de março de 2014]. Disponível em: < http://www.planalto.gov.br/ CCIVIL_03/decreto/Historicos/DIM/DIM737.htm>.

Brasil. Decreto n. 1.386 de 28 de abril de 1854 [online]. Dá novos Estatutos aos Cursos Jurídicos. [acesso em 06 de junho de 2013]. Disponível em: <http://www2.camara.leg.br/legin/fed/de-cret/1824-1899/decreto-1386-28-abril-1854-590269-publicacaooori-ginal-115435-pe.html>.

Brasil. Decreto n. 2.723 de 12 de janeiro de 1861 [online]. Autoriza a criação de uma Caixa Econômica e um Monte de Socorro nesta Corte, que se regerão pelos regulamentos, que com este baixam, propostos pela comissão encarregada de sua organização observando-se as seguintes disposições. [acesso em 08 de setembro de 2013]. Disponível em: <http://www2.camara.leg.br/legin/fed/de-cret/1824-1899/decreto-2723-12-janeiro-1861-556013-publicacaooo-riginal-75580-pe.html>.

Brasil. Decreto n. 5.604 de 25 de abril de 1874 [online]. Manda observar o Regulamento desta data para execução do art. 2° da Lei n° 1829 de 9 de Setembro de 1870, na parte em que estabelece o registro civil dos nascimentos, casamentos e óbitos. [acesso em 24 de janeiro de 2017]. Disponível em: <http://legis.senado.gov.br/legislacao/ ListaTextoIntegral.action?id=57742>.

Brasil. Decreto n. 5.618 de 2 de maio de 1874 [online]. Dá novo regulamento às Relações do Império. [acesso em 17 de março de 2014]. Disponível em: < http://www.planalto.gov.br/ccivil_03/decre-to/Historicos/DIM/DIM5618.htm>.

Brasil. Decreto n. 9.360 de 17 de janeiro de 1885 [online]. Dá novos Estatutos às Faculdades de Direito. [acesso em 07 de junho de 2013]. Disponível em: <http://www2.camara.leg.br/legin/fed/de-

cret/1824-1899/decreto-9360-17-janeiro-1885-543491-publicacaoo-
riginal-53843-pe.html>.

Brasil. Lei n. 5.869 de 11 de janeiro de 1973 [online]. Institui o Código de Processo Civil. [acesso em 17 de março de 2014]. Disponível em: < http://www.planalto.gov.br/ccivil_03/leis/l5869.htm>.

Brasil. Constituição da República Federativa do Brasil de 1988 [online]. [acesso em 17 de março de 2014]. Disponível em: < http://www.planalto.gov.br/ccivil_03/constituicao/constituicao.htm>.

Constituições primeiras do arcebispado da Bahia. Brasília: Senado Federal, 2007. [Edição fac-similar].

Coleção das decisões do governo do Império do Brasil. Rio de Janeiro: Tipografia Nacional, 1857. Tomo XX.

Coleção das decisões do governo do Império do Brasil. Rio de Janeiro: Tipografia Nacional, 1863. Tomo XXVI.

Coleção das decisões do governo do Império do Brasil. Rio de Janeiro: Tipografia Nacional, 1866. Tomo XXIX.

Coleção das decisões do governo do Império do Brasil. Rio de Janeiro: Tipografia Nacional, 1870. Tomo XXXIII.

Espanha. *Las siete partidas: del rey Don Alfonso el sabio, coteja-das con varios codices antiguos por la Real Academia de la Historia.* 3 tomos. Madrid: Imprenta Real, 1807.

França. Code noir. *Recueil d'édits, declarations et arrests de sa Majesté*: concernant l'administration de la justice e la police des colonies françaises de l'Amérique, e les engagés. Paris: Libraires Associez, 1744. p.81-164.

MORGAN, Thomas Gibbes. *Civil Code of the State of Louisiana: with the statutory amendments, from 1825 to 1853, inclusive; and references to the decisions of the Supreme Court of Lousiana to the sixth volume of Annual Reports.* New Orleans: Bloomfield & Steel, 1861.

TRIBUNAL DE JUSTIÇA DO ESTADO DO RIO DE JANEIRO. *Legislação, escravidão, século XIX*: (1819-1888). Rio de Janeiro: Serviço de gestão de acervos arquivísticos permanentes, 2010.

Livros jurídicos

ALMEIDA, Candido Mendes de. *Código Filipino: ou ordenações e leis do reino de Portugal recopiladas por mandado del-rei D. Philippe I.* 4 vol. Rio de Janeiro: Tipografia do Instituto Filomático, 1870.

BORGES, José Ferreira. *Dicionário jurídico-comercial.* 2 ed. Porto: Tipografia de Sebastião José Pereira, 1856.

CAPANEMA, José Xavier da Silva. *Reforma do estado servil: discurso proferido.* Rio de Janeiro: Tipografia Imperial e Constitucional de J. Villeneuve e Companhia, 1871.

CARNEIRO, Manuel Borges. *Direito civil de Portugal: contendo três livros I. Das pessoas; II. Das coisas; III. Das obrigações e ações.* 3 tomos. Lisboa: Impressão Régia, 1826.

_____. *Direito civil de* Portugal: contendo três livros I. Das pessoas; II. Das coisas; III. Das obrigações e ações. 4 tomos. Lisboa: Tipografia de Antonio José da Rocha, 1851.

CAROATÁ, José Próspero Jeová da Silva. *Imperiaes resoluções tomadas sobre consultas da secção de justiça do Conselho de Estado, desde 1842 quando começou a funcionar até hoje.* Rio de Janeiro: B. L. Garnier, 1884.

CARVALHO, Alberto Antonio de Moraes. *Praxe forense: ou diretório prático do processo civil brasileiro conforme a atual legislação do Império.* 4 tomos. Rio de Janeiro: Eduardo e Henrique Laemmert, 1850.

FREIRE, Paschoal José de Mello. *Instituições de direito civil português: tanto público como particular* [online]. Tradução disponível na Biblioteca Digital da Faculdade de Direito da Universidade de Lisboa. 4 livros. Coimbra: Typis Academicis, 1815. [acesso 08 de maio de 2013]. Disponível em: < http://www.fd.unl.pt/Anexos/Investigacao/1077.pdf>.

FREITAS, Augusto Teixeira de. *Consolidação das leis civis.* Rio de Janeiro: Tipografia Universal de Laemmert, 1857.

320 MARIANA ARMOND DIAS PAES

_____. *Consolidação das leis civis*. 2 ed. Rio de Janeiro: Tipografia Universal de Laemmert, 1865.

_____. *Consolidação das leis civis*. 3 ed. Rio de Janeiro: B. L. Garnier, 1876.

_____. *Primeiras linhas sobre o processo civil: por Joaquim José Caetano Pereira e Souza, advogado na Casa da Suplicação, acomodadas ao foro do Brasil até o ano de 1877*. 4 tomos. Rio de Janeiro: Tipografia Perseverança, 1879.

_____. *Código civil: esboço*. 4 vol. Rio de Janeiro: Ministério da Justiça e Negócios Interiores, Serviço de documentação, 1952.

GOMES, Alexandre Caetano. *Manual prático, judicial, cível, e criminal: em que se descrevem recopiladamente os modos de processar em um, e outro juízo, ações sumárias, ordinárias, execuções, agravos, e apelações, a que acrescem ações de embargos à primeira, arrematações de real por real, ações in factum, e uma observação sobre as revistas das sentenças finais, obra muito útil, e necessária para juízes no foro eclesiástico, e secular*. Lisboa: Oficina de Jozé Antonio Plates, 1750.

HEINECIO, Juan. *Recitaciones del derecho civil*. 2 tomos. Madrid: Imprenta de P. Sanz, 1830.

KRUEGER, Paulus. *Codex iustinianus*. Berlim: Weidmannos, 1877.

LOUREIRO, Lourenço Trigo de. *Instituições de direito civil brasileiro: extraídas das Instituições de direito civil lusitano do exímio jurisconsulto português Paschoal José de Mello Freire, na parte compatível com as instituições da nossa cidade, e aumentadas nos lugares competentes com a substância das leis brasileiras*. 2 tomos. Pernambuco: Tipografia da Viúva Roma & Filhos, 1851.

_____. *Instituições de direito civil brasileiro: segunda edição mais correta e aumentada, oferecida, dedicada e consagrada a Sua Majestade Imperial o Senhor Dom Pedro II*. 2 ed. 2 tomos. Recife: Tipografia Universal, 1857.

ESCRAVIDÃO E DIREITO 321

_____. *Instituições de direito civil brasileiro: terceira edição mais correta, e aumentada, e oferecida, dedicada, e consagrada à Sua Majestade Imperial o Senhor Dom Pedro II*. 3 ed. 2 tomos. Recife: Tipografia Universal, 1861.

MALHEIRO, Agostinho Marques Perdigão. *A escravidão no Brasil: ensaio histórico, jurídico, social*. 3. ed. 2 vol. Petrópolis: Vozes, Brasília: Instituto Nacional do Livro, 1976.

PEREIRA, Lafayette Rodrigues. *Direitos de família*. Rio de Janeiro: B. L. Garnier Livreiro-editor, 1869.

PINTO, José Maria Frederico de Souza. *Primeiras linhas sobre o processo civil brasileiro*. 4 tomos. Rio de Janeiro: Eduardo e Henrique Laemmert, 1850.

_____. *Primeiras linhas sobre o processo civil brasileiro*. 2 ed. 5 tomos. Rio de Janeiro: Eduardo e Henrique Laemmert, 1875.

RAMOS, Joaquim José Pereira da Silva. *Doutrina das ações: acomodada ao foro de Portugal com adições da nova legislação do Código Comercial português e do Decreto n. 24 de 16 de maio de 1832 e outros que deram nova face à administração da justiça por José Homem Corrêa Telles, consideravelmente aumentada e expressamente acomodada ao foro do Brasil por José Maria Frederico de Souza Pinto*. 6 ed. Rio de Janeiro: Eduardo e Henrique Laemmert, 1865.

RIBAS, Antonio Joaquim. *Curso de direito civil brasileiro: parte geral*. 2 tomos. Rio de Janeiro: Tipografia Universal de Laemmert, 1865.

_____. *Direito administrativo brasileiro*. Rio de Janeiro: F. L. Pinto & C. Livreiros-editores, 1866.

_____. *Da posse e das ações possessórias: segundo o direito pátrio comparado com o direito romano e canônico*. Rio de Janeiro: H. Laemmert & C. Livreiros-editores, 1883.

_____. *Consolidação das leis do processo civil*. 3 ed. Rio de Janeiro: Jacinto Ribeiro dos Santos, 1915.

322   MARIANA ARMOND DIAS PAES

_____. *Curso de direito civil brasileiro*. 2 ed. 2 vol. Brasília: Senado Federal, 2003. [Edição fac-similar].

ROCHA, Manuel Antonio Coelho da. *Instituições de direito civil português*. 2 ed. 2 tomos. Coimbra: Imprensa da Universidade, 1848.

_____. *Instituições de direito civil português*. 3 ed. 2 tomos. Coimbra: Imprensa da Universidade, 1852.

_____. *Instituições de direito civil português*. 4 ed. 2 tomos. Coimbra: Livraria de J. Augusto Orcel, 1857.

_____. *Instituições de direito civil português*. 5 ed. 2 tomos. Coimbra: Imprensa da Universidade, 1867.

SAVIGNY, Friedrich Karl von. *Traité de droit romain*. 8 tomos. Paris: Librairie de Firmin Didot Frères, 1855.

SOUSA, Joaquim José Caetano Pereira e. *Primeiras linhas sobre o processo civil*. 4 tomos. Coimbra: Imprensa Literária, 1872.

SOUSA, Manoel de Almeida e. *Segundas linhas sobre o processo civil: ou antes adições às primeiras do bacharel Joaquim José Caetano Pereira e Sousa*. 2 tomos. Lisboa: Imprensa Nacional, 1868. Tomo I.

_____. *Segundas linhas sobre o processo civil*. 2 tomos. Lisboa: Impressão Régia, 1827. Tomo II.

TEIXEIRA, Antonio Ribeiro de Liz. *Curso de direito civil português: para o ano letivo de 1843-1844*. 3 tomos. Coimbra: Imprensa da Universidade, 1845.

_____. *Curso de direito civil português: ou comentário às Instituições do Sr. Paschoal José de Mello Freire sobre o mesmo direito*. 2 ed. 3 tomos. Coimbra: Imprensa da Universidade, 1848.

TELLES, José Homem Corrêa. *Doutrina das ações: acomodada ao foro de Portugal*. 2 ed. Lisboa: Impressão Régia, 1824.

_____. *Digesto português: ou tratado dos direitos e obrigações civis, acomodado às leis e costumes da nação portuguesa para servir de subsídio ao novo Código Civil*. 3 tomos. Coimbra: Imprensa da Universidade, 1835.

ESCRAVIDÃO E DIREITO

_____. *Adições ao Digesto português: de legislação novíssima e índice geral de toda a obra.* Coimbra: Imprensa da Universidade, 1838.

_____. *Digesto português: ou tratados dos direitos e obrigações civis, para servir de subsídio ao novo Código Civil.* 3 tomos. Pernambuco: Tipografia de M. F. de Faria, 1838.

_____. *Manual do processo civil: suplemento do Digesto Português.* 2 ed. Coimbra: Imprensa da Universidade, 1844.

_____. *Digesto português: ou tratado dos direitos e obrigações civis, acomodado às leis e costumes da nação portuguesa para servir de subsídio ao novo Código Civil.* 5 ed. 3 tomos. Coimbra: Livraria de J. Augusto Orcel, 1860.

_____. *Adições à Doutrina das ações: com um apêndice contendo diversas regras de direito civil por ordem alfabética e notas às leis do registro hipotecário.* 3 ed. Coimbra: Livraria de J. Augusto Orcel, 1861.

_____. *Doutrina das ações: acomodada ao foro de Portugal.* 5 ed. Coimbra: Casa de J. Augusto Orcel, 1869.

Obras de referência

Almanak administrativo, mercantil e industrial da corte e província do Rio de Janeiro. Rio de Janeiro: Eduardo e Henrique Laemmert, 1863.

Base da dados da Associação dos Antigos Alunos da Faculdade de Direito da Universidade de São Paulo [online]. [acesso em 17 de março de 2014]. Disponível em: <http://arcadas.org.br/antigos_alunos.php>.

BLAKE, Sacramento. *Dicionário bibliográfico brasileiro.* 7 vol. Rio de Janeiro: Tipografia Nacional, 1883.

MARTINHEIRA, José Sintra. *Catálogo dos códices do fundo do Conselho Ultramarino relativos ao Brasil existentes no Arquivo Histórico Ultramarino.* Rio de Janeiro: Real Gabinete Português de Leitura, 2000.

SILVA, Antonio de Moraes. *Dicionário da língua portuguesa*. 4 ed. 2 tomos. Lisboa: Impressão Régia, 1831.

Periódicos

Gazeta jurídica: revista mensal de doutrina, jurisprudência e legislação, 1879, vol. 24. Rio de Janeiro: Imprensa Nacional, 1879.

O Direito: revista mensal de legislação, doutrina e jurisprudência, 1873, vol. 2. Rio de Janeiro: Tipografia teatral e comercial, 1873.

O Direito: revista mensal de legislação, doutrina e jurisprudência, 1875, vol. 8. Rio de Janeiro: Tipografia teatral e comercial, 1875.

O Direito: revista mensal de legislação, doutrina e jurisprudência, 1876, vol. 9. Rio de Janeiro: Tipografia teatral e comercial, 1876.

O Direito: revista mensal de legislação, doutrina e jurisprudência, 1876, vol. 10. Rio de Janeiro: Tipografia teatral e comercial, 1876.

O Direito: revista mensal de legislação, doutrina e jurisprudência, 1876, vol. 11. Rio de Janeiro: Tipografia teatral e comercial, 1876.

O Direito: revista mensal de legislação, doutrina e jurisprudência, 1879, vol. 24. Rio de Janeiro: Tipografia teatral e comercial, 1879.

Revista do Instituto da Ordem dos Advogados Brasileiros, 1863, tomo II, n. 1. Rio de Janeiro: Tipografia de Quirino & Irmão, 1863.

Bibliografia

ALGRANTI, Leila Mezan. *O feitor ausente: estudo sobre a escravidão urbana no Rio de Janeiro*. Petrópolis: Vozes, 1988.

AMARAL, Isabela Guimarães Rabelo do. *Resistência feminina no Brasil oitocentista: as ações de divórcio e nulidade de matrimônio no bispado de Mariana*. Belo Horizonte: Faculdade de Direito, Universidade Federal de Minas Gerais, 2012. Dissertação de mestrado em Direito.

AZEVEDO, Elciene. "Para além dos tribunais: advogados e escravos no movimento abolicionista em São Paulo". LARA, Silvia Hunold; MENDONÇA, Joseli Maria Nunes (orgs.). *Direitos e justiças no Brasil: ensaios de história social.* Campinas: Editora da Unicamp, 2006. p.199-237.

_____. *O direito dos escravos: lutas jurídicas e abolicionismo na província de São Paulo.* Campinas: Editora da Unicamp, 2010.

BARBOSA, Samuel Rodrigues. "Complexidade e meios textuais de difusão e seleção do direito civil brasileiro pré-codificação". FONSECA, Ricardo Marcelo; SEELAENDER, Airton Cerqueira Leite (orgs.). *História do direito em perspectiva: do antigo regime à modernidade.* Curitiba: Juruá, 2009. p.361-373.

CANDIOTI, Magdalena. "Altaneros y libertinos: transformaciones de la condición jurídica de los afroporteños en la Buenos Aires revolucionaria (1810-1820)". *Desarrollo Económico*, vol. 50, n. 198, 2010, p.271-296.

CARVALHO, José Murilo de. *A construção da ordem: a elite política imperial; teatro de sombras: a política imperial.* Rio de Janeiro: Civilização Brasileira, 2008.

CHALHOUB, Sidney. *Visões da liberdade: uma história das últimas décadas da escravidão na corte.* São Paulo: Companhia das Letras, 1990.

_____. *Machado de Assis, historiador.* São Paulo: Companhia das Letras, 2003.

CHALHOUB, Sidney; SILVA, Fernando Teixeira da. "Sujeitos no imaginário acadêmico: escravos e trabalhadores na historiografia brasileira desde os anos 1980". *Cadernos AEL: trabalhadores, leis e direitos*, vol. 14, n. 26, primeiro semestre de 2009, p.7-47.

CONTE, Emanuele; MANNINO, Vicenzo; VECCHI, Paolo Maria. *Uso, tempo, possesso dei diritti: una ricerca storica e di diritto positivo.* Torino: G. Giappichelli, 1999.

COSTA, Mário Júlio de Almeida. *História do direito português.* Coimbra: Almedina, 2012.

DEAECTO, Marisa Midori. *O império dos livros: instituições e práticas de leitura na São Paulo oitocentista.* São Paulo: Edusp, 2011.

DE LA FUENTE, Alejandro. "Su 'único derecho': los esclavos y la ley". *Debate y perspectivas*, n. 4, 2004, p.7-21.

_____. "Slaves and the Creation of Legal Rights in Cuba: 'Coartación' and 'Papel'". *Hispanic American Historical Review*, vol. 87, n. 4, 2007, p.659-692.

DÍAS HERNÁNDEZ, Magdalena. "La identidad de los esclavos negros como miserables en Nueva España: discursos y acciones (siglos XVI-XVIII)". MARTÍN CASARES, Aurelia (org.). *Esclavitudes hispánicas (siglos XV al XXI): horizontes socioculturales*. Granada: Universidad de Granada, 2014. p.41-57.

DIDIER JR., Fredie. *Curso de direito processual civil*. 5 vol. Salvador: Editora Ius Podium, 2012. vol. 1.

DUVE, Thomas. "La condición jurídica del indio y su consideración como persona miserabilis en el derecho indiano". LOSANO, Mario (org.). *Un giudice e due leggi: pluralismo normativo conflitti agrari in Sud America*. Milano: Università degli Studi di Milano, 2004. p.3-33.

_____. "Miserabiles". CORDES, Albrecht; HAFERKAMP, Hans-Peter; LÜCK, Heiner; WERKMÜLLER, Dieter (orgs.). *Handwörterbuch zur deutschen Rechtsgeschichte*. Berlin: Schmidt. vol. 3. p. 1546-1549.

DUTRA, Pedro. *Literatura jurídica no Império*. Rio de Janeiro: Padma, 2004.

FARGE, Arlette. *O sabor do arquivo*. São Paulo: Editora da Universidade de São Paulo, 2009.

FEITLER, Bruno; SOUZA, Evergton Sales (orgs.). *A igreja no Brasil: normas e práticas durante a vigência das Constituições primeiras do arcebispado da Bahia*. São Paulo: Editora Unifesp, 2011.

FERREIRA, Roberto Guedes. "Autonomia escrava e (des)governo senhorial na cidade do Rio de Janeiro da primeira metade do século XIX". FLORENTINO, Manolo (org.). *Tráfico, cativeiro e liberdade:*

Rio de Janeiro, séculos XVII-XIX. Rio de Janeiro: Civilização Brasileira, 2005. p.229-283.

FORMIGA, Armando Soares de Castro. *Periodismo jurídico no Brasil do século XIX: história do direito em jornais e revistas*. Curitiba: Juruá, 2010.

GILENO, Carlos Henrique. *Perdigão Malheiro e as crises do sistema escravocrata e do Império*. Campinas: Instituto de Filosofia e Ciências Humanas, Universidade Estadual de Campinas, 2003. Tese de Doutorado em Sociologia.

GONZÁLEZ UNDURRAGA, Carolina. *Esclavos y esclavas demandando justicia: Chile, 1740-1823, documentación judicial por carta de libertad y papel de venta*. Santiago de Chile: Universitaria, 2014.

GORDON, Robert W. Critical Legal Histories. *Stanford Law Review*, vol. 36, n. 57, janeiro de 1984, p.57-125.

GRAY, Richard. "The Papacy and the Atlantic Slave Trade: Lourenço da Silva, the Capuchins and the Decisions of the Holy Office". *Past and Present*, n. 115, 1987, p.52-68.

GRINBERG, Keila. *Liberata, a lei da ambiguidade: as ações de liberdade da Corte de Apelação do Rio de Janeiro no século XIX*. Rio de Janeiro: Relume-Dumará, 1994.

_____. *Código civil e cidadania*. Rio de Janeiro: Jorge Zahar Editor, 2001.

_____. *O fiador dos brasileiros: cidadania, escravidão e direito civil no tempo de Antonio Pereira Rebouças*. Rio de Janeiro: Civilização Brasileira, 2002.

_____. "Reescravização, direitos e justiças no Brasil do século XIX". LARA, Silvia Hunold; MENDONÇA, Joseli Maria Nunes (orgs.). *Direitos e justiças no Brasil: ensaios de história social*. Campinas: Editora da Unicamp, 2006. p.101-128.

_____. "Senhores sem escravos: a propósito das ações de escravidão no Brasil imperial". *Almanack braziliense*, n. 6, novembro de 2007, p.4-13.

328   MARIANA ARMOND DIAS PAES

_____. "A poupança: alternativas para a compra da alforria no Brasil (segunda metade do século XIX)". *Revista de Índias*, vol. 71, 2011, p.137-158.

_____. "Re-enslavement, Rights and Justice in Nineteenth Century Brazil". *Translating the Americas*, vol. 1, 2013, p.141-159.

GUIMARÃES, Carlos Gabriel. "A Guerra do Paraguai e a atividade bancária no Rio de Janeiro no período 1865-1870: o caso Banco Rural e Hipotecário do Rio de Janeiro". *Revista HEERA*, vol. 2, n. 3, 2007, p.127-153.

HÉBRARD, Jean M.; SCOTT, Rebecca J. *Provas de liberdade: uma odisseia atlântica na era da emancipação*. Campinas: Editora da Unicamp, 2014.

HESPANHA, António Manuel. *A história do direito na história social*. Lisboa: Livros Horizonte, 1978.

_____. *Cultura jurídica europeia: síntese de um milênio*. Florianópolis: Fundação Boiteux, 2005.

_____. *O direito dos letrados no império português*. Florianópolis: Fundação Boiteux, 2006.

_____. *Imbecillitas: as bem-aventuranças da inferioridade nas sociedades de Antigo Regime*. São Paulo: Annablume, 2010.

_____. *Como os juristas viam o mundo (1550-1750): direitos, estados, pessoas, coisas, contratos, ações e crimes*. Lisboa: António Manuel Hespanha, 2015.

HOSHINO, Thiago de Azevedo Pinheiro. *Entre o espírito da lei e o espírito do século: a urdidura de uma cultura jurídica da liberdade nas malhas da escravidão (Curitiba, 1868-1888)*. Curitiba: Faculdade de Direito, Universidade Federal do Paraná, 2013. Dissertação de Mestrado em Direito.

HUNT, Lynn. *A invenção dos direitos humanos: uma história*. São Paulo: Companhia das Letras, 2009.

JIMÉNEZ MENESES, Orián; PÉREZ MORALES, Edgardo. *Voces de esclavitud y libertad: documentos y testimonios, Colombia (1701-1833)*. Popayán: Editorial Universidad del Cauca, 2013.

JOHNSON, Walter. "On Agency". *Journal of Social History*, vol. 37, n. 1, outono de 2003, p.113-124.

KARASCH, Mary C. *A vida dos escravos no Rio de Janeiro: 1808-1850*. São Paulo: Companhia das Letras, 2000.

KOERNER, Andrei. *Judiciário e cidadania na constituição da república brasileira (1841-1920)*. Curitiba: Juruá, 2010.

LARA, Silvia Hunold. "Legislação sobre africanos na América Portuguesa". ANDRÉS-GALLEGO, José (org.). *Nuevas aportaciones a la historia jurídica de Iberoamérica*. [CD-ROM]. Madrid: Fundación Histórica Tavera, 2000.

_____. "O espírito das leis: tradições legais sobre a escravidão e a liberdade no Brasil escravista". *Africana Studia: revista internacional de estudos africanos*, 2010, p.73-92.

LARA, Silvia Hunold; MENDONÇA, Joseli Maria Nunes. "Apresentação". LARA, Silvia Hunold; MENDONÇA, Joseli Maria Nunes (orgs.). *Direitos e justiças no Brasil: ensaios de história social*. Campinas: Editora da Unicamp, 2006. p.9-22.

LOUREIRO, José Pinto. *Jurisconsultos portugueses do século XIX*. 2 vol. Lisboa: Conselho Geral da Ordem dos Advogados, 1947.

MACHADO DE ASSIS, Joaquim Maria. *Memórias póstumas de Brás Cubas*. São Paulo: Abril, 2010.

MAMIGONIAN, Beatriz Gallotti. *To be a Liberated African in Brazil: Labour and Citizenship in the Nineteenth Century*. Waterloo: University of Waterloo, 2002. Tese de Doutorado em História.

_____. "O direito de ser africano livre: os escravos e as interpretações da Lei de 1831". LARA, Silvia Hunold; MENDONÇA, Joseli Maria Nunes (orgs.). *Direitos e justiças no Brasil: ensaios de história social*. Campinas: Editora da Unicamp, 2006. p.129-160.

330   MARIANA ARMOND DIAS PAES

_____. *Africanos livres: a abolição do tráfico de escravos no Brasil*. São Paulo: Companhia das Letras, 2017.

MARCOS, Rui Manuel de Figueiredo. *A legislação pombalina: alguns aspectos fundamentais*. Coimbra: Almedina, 2006.

MATTOS, Hebe Maria. *Das cores do silêncio: os significados da liberdade no Sudeste escravista*. Rio de Janeiro: Nova Fronteira, 1998.

McKINLEY, Michelle. *Fractional Freedoms: Slavery, Intimacy, and Legal Mobilization in Colonial Lima (1600-1700)*. Cambridge: Cambridge University Press, 2016.

MENDONÇA, Joseli Maria Nunes. *Entre a mão e os anéis: a lei de 1885 e os caminhos da abolição no Brasil*. Campinas: Editora da Unicamp, 2008.

_____. "Sobre cadeias e coerção: experiências de trabalho no centro-sul do Brasil no século XIX". *Revista brasileira de história*, vol. 32, n. 64, 2012, p.45-60.

MERIÑO FUENTES, María de los Ángeles; PERERA DÍAZ, Aisnara. *Estrategias de libertad: un acercamiento a las acciones legales de los esclavos en Cuba (1762-1872)*. 2 tomos. La Habana: Editorial de Ciencias Sociales, 2015.

MUAZE, Mariana. *As memórias da viscondessa: família e poder no Brasil Império*. Rio de Janeiro: Jorge Zahar Editor, 2008.

NEDER, Gizlene. "A recepção do constitucionalismo moderno em Portugal e a escrita da história do direito". *Passagens: revista internacional de história política e cultura jurídica*, vol. 4, n. 3, setembro-dezembro de 2012, p.510-533.

NEQUETE, Lenine. *O escravo na jurisprudência brasileira*. Porto Alegre: Editora do TJRS, 1988.

NOGUEIRA, José Luís de Almeida. *A Academia de São Paulo: tradições e reminiscências, estudantes, estudantões, estudantadas*. 5 vol. São Paulo: Saraiva, 1977.

PENA, Eduardo Spiller. *Pajens da casa imperial: jurisconsultos, escravidão e a Lei de 1871*. Campinas: Editora da Unicamp, 2001.

PINHEIRO, Fernanda Aparecida Domingos. "Transformações de uma prática contenciosa: as "ações de liberdade" produzidas em Mariana (1750/69 e 1850/69)". *Locus: revista de história*, vol. 17, n. 1, 2011, p.253-271.

_____. *Em defesa da liberdade: libertos e livres de cor nos tribunais do Antigo Regime português*. Campinas: Instituto de Ciências Humanas e Sociais, Universidade Estadual de Campinas, 2013. Tese de Doutorado em História.

RAMOS, Henrique Cesar Monteiro Barahona. "O periodismo jurídico brasileiro do século XIX". *Passagens: revista internacional de história política e cultura jurídica*, vol.2, n.3, janeiro de 2010, p.54-97.

REBAGLIATI, Lucas Esteban. *Pobreza, caridad y justicia en Buenos Aires: los defensores de pobres (1176-1821)*. Buenos Aires: Facultad de Filosofía y Letras, Universidad de Buenos Aires, 2015. Tese de Doutorado em História.

ROBERTO, Giordano Bruno Soares. *O direito civil nas Academias Jurídicas do Império*. Belo Horizonte: Faculdade de Direito, Universidade Federal de Minas Gerais, 2008. Tese de Doutorado em Direito.

SALMORAL, Manuel Lucena. "Leyes para esclavos: el ordenamiento jurídico sobre la condición, tratamiento, defensa y represión de los esclavos en las colonias de la América española". ANDRÉS-GALLEGO, José (org.). *Nuevas aportaciones a la historia jurídica de Iberoamérica*. [CD-ROM]. Madrid: Fundación Histórica Tavera, 2000.

SCHAFER, Judith Kelleher. *Slavery, the civil law, and the Supreme Court of Louisiana*. Baton Rouge: Louisiana State University Press, 1994.

_____. *Becoming Free, Remaining Free: Manumission and Enslavement in New Orleans (1846-1862)*. Baton Rouge: Louisiana State University Press, 2003.

SCOTT, Rebecca J. "Paper Thin: Freedom and Re-enslavement in the Diaspora of the Haitian Revolution". *Law and History Review*, vol. 29, n. 4, 2011, p.1061-1087.

SLENES, Robert Wayne. *Na senzala, uma flor: esperanças e recordações na formação da família escrava (Brasil, Sudeste, século XIX)*. Campinas: Editora da Unicamp, 2011.

SILVA, Cristina Nogueira da. *Constitucionalismo e império: a cidadania no ultramar português*. Coimbra: Almedina, 2009.

SILVA JÚNIOR, Waldomiro Lourenço da. *Entre a escrita e a prática: direito e escravidão no Brasil e em Cuba (c. 1760-1871)*. São Paulo: Faculdade de filosofia, letras e ciências humanas, Universidade de São Paulo, 2015. Tese de Doutorado em História.

SOARES, Luiz Carlos. "Os escravos de ganho no Rio de Janeiro do século XIX". *Revista brasileira de história*, vol. 8, n. 16, março/agosto de 1988, p.107-142.

TORAL, André Amaral de. "A participação dos negros escravos na guerra do Paraguai". *Estudos Avançados*, vol. 9, n. 24, 1995, p.287-296.

THOMPSON, Edward Palmer. *Senhores e caçadores: a origem da lei negra*. Rio de Janeiro: Paz e Terra, 1987.

VANDERVELDE, Lea. *Redemption Songs: Suing for Freedom Before Dred Scott*. Oxford: Oxford University Press, 2014.

VILLA, Carlos Eduardo Valencia. *Produzindo alforrias no Rio de Janeiro do século XIX*. Rio de Janeiro: Instituto de Filosofia e Ciências Humanas, Universidade Federal do Rio de Janeiro, 2008. Dissertação de Mestrado em História.

VILLEY, Michel. *La formation de la pensée juridique moderne*. Paris: Presses Universitaires de France, 2003.

VERDELHO, Telmo. "O dicionário de Morais Silva e o início da lexicografia moderna" [online]. *História da língua e história da gramática: actas do encontro*, Braga, 2003. Braga: Universidade do Minho, Instituto de Letras e Ciências Humanas, 2003. p.473-490.

WATSON, Alan. *Roman Slave Law*. Baltimore: The Johns Hopkins Univesity Press, 1987.

WATSON, Alan (trad.). *The Digest of Justinian*. 2 vol. Philadelphia: University of Pennsylvania Press, 1997.

WEHLING, Arno; WEHLING, Maria José Cavalleiro. *Direito e justiça no Brasil colonial: o Tribunal da Relação do Rio de Janeiro (1751-1808)*. Rio de Janeiro: Renovar, 2004.

Agradecimentos

O presente trabalho é o resultado de minha pesquisa de mestrado, cuja defesa ocorreu em 2014. Desde então, o texto não sofreu grandes alterações. Para esta edição, corrigi alguns erros ortográficos e gramaticais, além de atualizar a bibliografia. A conjuntura política, por outro lado, modificou-se enormemente. O golpe de 2016 ainda produz consequências especialmente danosas para a estrutura de financiamento público da educação superior e da pesquisa. Essa estrutura que vem sendo desmantelada foi o que possibilitou a elaboração e, agora, a publicação desta pesquisa.

Foram essenciais os diversos apoios concedidos pela Fundação de Amparo à Pesquisa do Estado de São Paulo – Fapesp. A Fapesp me concedeu bolsa de mestrado (processo 2012/06201-5), bolsa de estágio de pesquisa no exterior (processo 2013/00525-6) e, mais recentemente, auxílio publicação (processo 2017/05420-9). Também foi essencial o apoio do Conselho Nacional de Desenvolvimento Científico e Tecnológico – CNPq – que, no início da pesquisa, possibilitou viagens a arquivos no âmbito do projeto *História do direito civil brasileiro*, coordenado pelo professor Giordano Bruno Soares Roberto, a quem agradeço imensamente, por ter incentivado meus primeiros passos na pesquisa em história do direito.

A estrutura pública de ensino e pesquisa que sustentou o desenvolvimento deste trabalho foi além das agências de financiamento. Por isso, agradeço, também, aos funcionários que, cotidianamente, tornam possíveis a manutenção e o desenvolvimento da pesquisa acadêmica na Universidade de São Paulo, no Arquivo Nacional e no Arquivo Edgard Leuenroth.

Parte importante desta pesquisa foi feita na *University of Michigan*. Agradeço a todos os funcionários dessa instituição que fizeram com que minha estadia fosse a mais proveitosa possível. Em especial, agradeço à professora Rebecca Scott, por ter me recebido de braços abertos e por ter sempre depositado confiança em mim e no meu trabalho. Muito da forma final que este texto tomou é fruto de nossas conversas e das inspirações que tive lendo seu trabalho.

A revisão do texto para publicação foi feita no *Max-Planck-Institut für europäische Rechtsgeschichte*. Aí, tenho encontrado um estimulante ambiente de trabalho, pelo qual agradeço a todos os meus colegas, ao pessoal administrativo, e, em especial, ao diretor Thomas Duve.

Agradeço, ainda, aos membros da banca de defesa de dissertação, professores Sidney Chalhoub, Andrei Koerner e Juliano Souza Maranhão, pelos generosos comentários, críticas e sugestões. Mais do que orientar a reformulação de alguns trechos deste texto, eles foram essenciais para que eu elaborasse novos problemas de pesquisa. Ao Sidney Chalhoub, agradeço, mais uma vez, por, gentilmente, ter aceitado escrever o prefácio desta edição.

Desde muito cedo na produção desta pesquisa, o diálogo com a professora Beatriz Mamigonian foi constante. A ela, agradeço pelos diversos conselhos, comentários e críticas, por ser um exemplo de pesquisadora comprometida com a democratização da academia e da sociedade e também por ter elaborado a orelha desta edição.

Ao professor Samuel Rodrigues Barbosa, orientador na pesquisa de mestrado, faltam palavras para agradecer. Samuel sempre foi extremamente generoso e respeitoso durante todo o processo de pesquisa e elaboração da dissertação. Criticou, comentou e sugeriu, mas nunca impôs seu ponto de vista e sempre estabeleceu comigo um diálogo horizontal e, por isso mesmo, tão importante para minha formação como pesquisadora. A ele, meu sincero agradecimento.

Ao Jeferson Mariano Silva, por tudo.

Alameda nas redes sociais:

Site: www.alamedaeditorial.com.br
Facebook.com/alamedaeditorial/
Twitter.com/editoraalameda
Instagram.com/editora_alameda/

Esta obra foi impressa em São Paulo no outono de 2019. No texto foi utilizada a fonte Minion Pro em corpo 10,3 e entrelinha de 15,3 pontos.